LIANGAN GAOZHI YUANXIAO
LISHI YITI XILIE JIAOCAI

两岸高职院校理实一体系列教材

U0744895

Excel
在财务管理中的应用

主　编　姚树香　黄灯奎
副主编　林珠兰　李建清

厦门大学出版社　国家一级出版社
XIAMEN UNIVERSITY PRESS　全国百佳图书出版单位

两岸高职院校理实一体系列教材

总 主 编:潘飞南　林淑莉(台)

副总主编:张　念　刘建良(台)

编委会(按姓氏笔画排序):

文婕英　庄小兰　刘火盛(台)　朱国庆　连元宏(台)　张召强

陈建生　周旻德(台)　洪昌祺(台)　胡　焱　徐　敏　聂　菁

黄灯奎(台)　潘彦豪(台)

前　言

高等职业教育旨在培养学生的职业能力和提升学生的综合素质,这也是职业教育的首要任务,能力本位是高等职业教育的本质特征。为了培养和提升学生的综合素质和职业能力,高等职业院校必须坚持以就业为导向的原则,遵从应用型人才培养的规律,围绕职业能力的培养构建课程体系,加大实践教学建设与改革的力度,积极建立体现岗位标准和企业需求、以职业能力为本位的实践教学体系,"Excel 在财务管理中的应用"课程就是我们两岸合作开设的职业能力培养的核心课程。

基于当前高等职业院校的毕业生大部分就职于中小企业,本书对中小型企业会计工作岗位设置展开了更加细致的分析。本书基于任务引领、理实结合、学做一体的教学模式,以小企业会计工作岗位为载体,通过工作过程系统化课程开发,以企业经济业务为主线,设计了 Excel 在出纳岗位中的应用、Excel 在薪资管理岗位中的应用、Excel 在销售会计岗位中的应用、Excel 在成本管理岗位中的应用、Excel 在总账会计岗位中的应用五个模块,每个模块又分解为若干个任务,通过完成任务再完成模块,模块由浅入深、循序渐进并按照实际财务处理过程的先后顺序编排。

另外除了按照几个基本的工作岗位设置任务以外,还在模块一详细介绍了 Excel 2010 操作方面的一些基本知识和技巧,模块七详细介绍了利用 VBA 创建财务系统的方法。该书内容丰富、结构清晰、图文并茂、由浅入深,既突出基础性内容,又重视实践性应用,具有较强的实用性和可操作性,易学易懂。每个模块结构统一,并穿插了大量极富实用价值的示例,模块末尾都安排了有针对性的综合实训,以便读者巩固所学的基本概念和知识,培养实际应用的能力。

本书可供大专院校会计专业和经济管理类其他专业的学生作为教材或参考书使用,也可供企事业单位从事财务管理及相关领域实际工作的各类人员阅读和使用。

本教材由姚树香、黄灯奎主编,林珠兰、李建清副主编,其他参编人员有陈彩冬、陈秀清、黄德丽、斯群、熊海青、杨亚端、张泽兰(按姓氏拼音顺序,排名不分先后)。

在本教材编写过程中,参考了一些两岸相关的文献和著作,在此一并向这些著作和文献的作者表示感谢。由于编者经验有限,加之时间仓促,本教材难免存在错误和疏漏之处,敬请专家和读者不吝赐教。

编者

2015 年 6 月

本课程建议参考学时

模块	建议课时数（单位：课时）
模块一	10
模块二	8
模块三	8
模块四	10
模块五	8
模块六	10
模块七	10
机动	2
复习	4
考试	2
合计	72

目　录

模块一:认识电子表格 Excel 2010

学习目标

通过本章学习,掌握财务人员在使用 Excel 时应具备的基本知识和操作技能,主要包括以下几点:

1.熟悉 Excel 2010 的基本操作

2.掌握 Excel 2010 工作簿创建、打开、保存的方法

3.掌握 Excel 2010 中数据的录入、编辑方法

4.掌握 Excel 2010 中数据排序、分类汇总等操作方法

5.掌握 Excel 2010 中图表的使用

6.掌握 Excel 2010 中单变量求解、模拟分析等工具的使用方法

本模块建议课时:10 课时

任务 1-1　认识 Excel 2010 窗口界面

一、Excel 2010 的启动与退出

1.Excel 2010 的启动

启动 Excel 2010 的方法很多,下面主要介绍以下几种。

方法一:点击【开始】菜单中的【所有程序】子菜单,选择【Microsoft Office】|【Microsoft Excel 2010】启动 Excel 2010。

方法二:在桌面上建立 Excel 快捷方式图标,双击图标 ,即可启动 Excel 2010。

方法三:使用已有的 Excel 文档来启动,比如在"我的电脑"中存在 Excel 文档,双击文档图标 ,即可打开选择的 Excel 文档。

2.Excel 2010 的退出

退出 Excel 2010 工作窗口的方法很多,常用的有:

方法一:单击 Excel 2010 窗口【文件】菜单,选择【退出】项。

方法二:单击 Excel 2010 工作窗口右上角的 按钮。

如果用户还未保存文档,在退出 Excel 文档之前,系统会提示是否将正在编辑的文档保存。

二、Excel 2010 的窗口界面

Excel 2010 的窗口界面主要由控制图标、快速访问工具栏及自定义按钮、标题栏、功能区、编辑栏、工作区、状态栏和滚动条等部分组成,见图 1-1 所示。

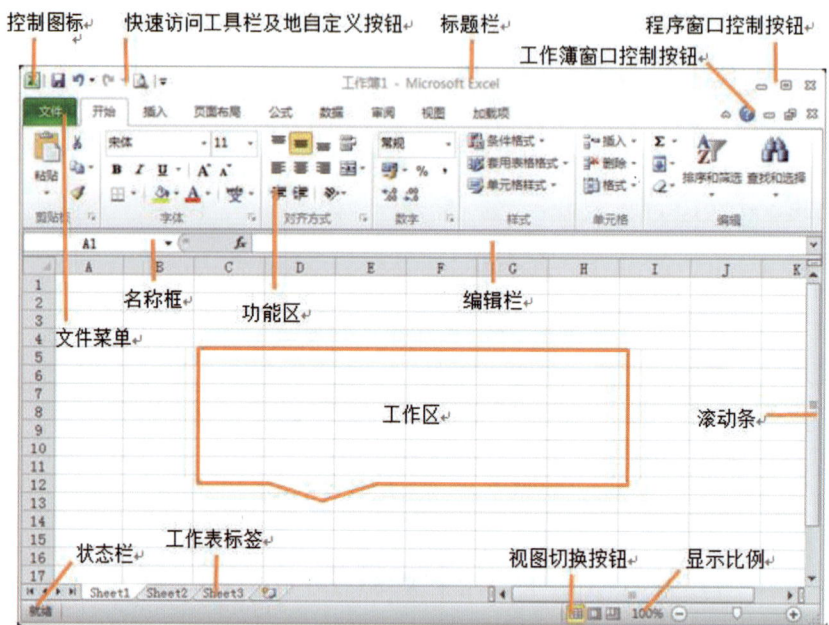

图 1-1　Excel 2010 初始窗口界面

1.控制图标

控制图标位于标题栏最左端,单击图标 ![icon] 弹出控制菜单。双击控制图标可以直接关闭窗口,如果文档没有保存,在关闭窗口前将弹出保存的对话框。

2.快速访问工具栏

快速访问工具栏位于 Excel 2010 工作界面的左上方,用户可以根据需要单击快速访问工具栏中“ ![icon] ”按钮添加或删除快速访问工具栏中的工具。默认情况下,快速访问工具栏中的 4 个按钮,分别是【保存】、【打印预览和打印】、【撤销】和【恢复】按钮。

3.标题栏

标题栏位于工作簿的顶端,显示的是工作簿名称,工作簿名称后面显示的是应用程序名称(Microsoft Excel),如图 1-2 所示。新建文件时,系统自动以工作簿 1、工作簿 2 等名称命名,如果需要重命名,在保存时进行文档的命名即可。

图 1-2　Excel 标题栏

在标题栏的最右端分别是【最小化】、【最大化/还原】和【关闭】按钮。单击【最小化】按钮可以将 Excel 应用程序窗口缩小成一个图标并隐藏在任务栏中,再次单击可以恢复原来的界面;当窗口最大化时,单击【还原】按钮可以还原到以前大小的界面,当窗口没有铺满整个屏幕时,单击此按钮可以实现窗口的最大化;单击【关闭】按钮可以实现窗口的关闭。

4.编辑栏

编辑栏和名称框并列在一起,位于功能区和工作区之间。名称框用来显示当前活动的单元格名称,定义当前单元格或单元格区域的地址,或者根据地址查找单元格。例如,在单元格 A1 中输入"欢迎使用"文本时,则在名称框中显示出活动单元格 A1,如图 1-3 所示。

图 1-3 编辑栏中同时显示输入的内容

名称框和编辑栏中间的按钮 f_x 是函数按钮,单击函数按钮会启动插入函数对话框。单击编辑栏右侧的按钮 ,可以展开编辑栏。

5.工作区

工作区位于 Excel 2010 工作窗口的中间,是对数据进行分析对比的主要工作区域,用户在此区域中可以向表格中输入内容并对内容进行编辑,插入图片、设置格式及效果等,如图 1-4 所示。

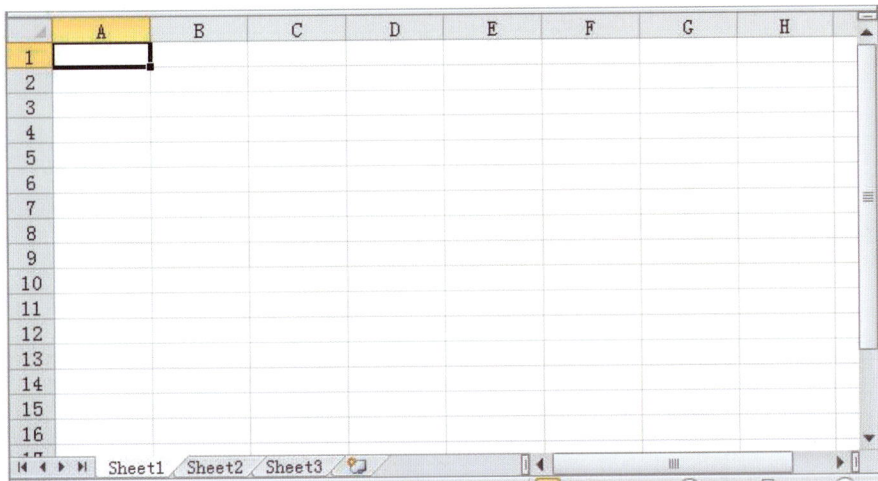

图 1-4 Excel 2010 的工作区

6.状态栏

状态栏位于工作窗口的最下端,用来显示 Excel 当前的工作状态,右击状态栏可更改所显示的信息。当用户在单元格内进行编辑时,状态栏就显示"输入"字样,输入完毕后将显示"就绪"字样。在状态栏的右下角,可以对工作簿视图进行调整,分别提供了普通视图、页面布局和分页预览 3 种模式供使用者选择。除此之外,使用者还能对单元格的显示比例进行调整。

7.滚动条

滚动条分为垂直滚动条和水平滚动条,通过鼠标移动滚动条,可以滚动窗口,显示当前不在屏幕上的内容。

8.活动单元格

单元格是工作表中数据编辑的基本单位,而活动单元格即为当前正在操作的单元格,通常显示为粗黑线框,如"　　　　　　"。

9.工作表标签

一个工作簿系统默认 3 个工作表,可以按需要增加或减少工作表的个数,一般工作表标签以 Sheet1、Sheet2、Sheet3 来命名,也可根据实际需要为工作表重命名。单击工作表标签左侧的工作表浏览按钮,可以查看工作表。如图 1-5 所示。

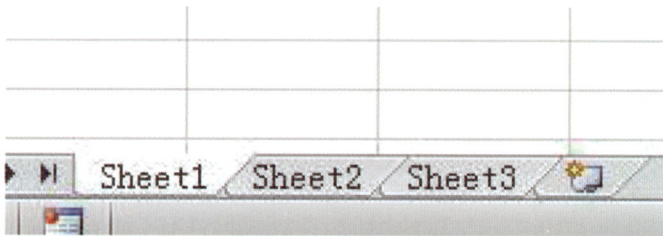

图 1-5　工作表标签

任务 1-2 认识工作簿、工作表和单元格

一、工作簿

工作簿是计算和存储数据的文件，也就是通常意义上的 Excel 文件，默认后缀为 xlsx。每一个工作簿可由一个或多个工作表组成，在默认的情况下是由 3 个工作表组成，在早期的 Excel 中，一个工作簿中的工作表数量最多不得超过 255 个，从 2007 版开始，工作表的数量仅受计算机的可用物理内存限制。启动 Excel 2010 后，将自动新建默认名为"工作簿 1"的工作簿，此后新建的工作簿将自动以"工作簿 2"、"工作簿 3"依次命名，如图 1-6 所示。

图 1-6 工作簿

对工作簿操作主要有：新建工作簿、保存工作簿、关闭工作簿、打开工作簿和保护工作簿等，下面分别对这些操作进行介绍。

1.新建工作簿

文件—新建—空白工作簿—创建，如图 1-7 所示。

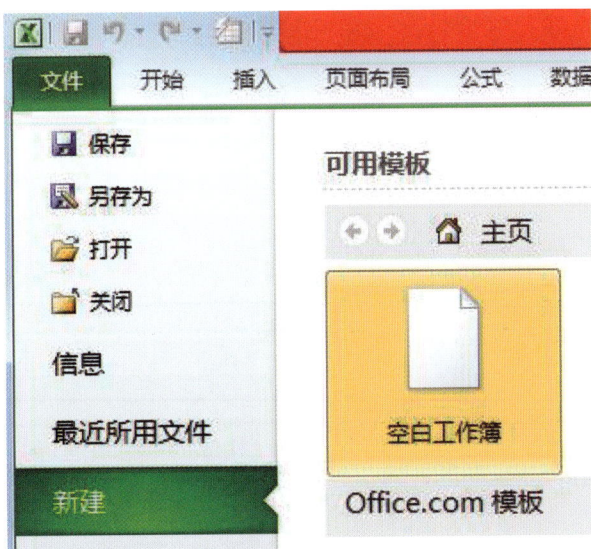

图 1-7 新建工作簿

2.保存工作簿

文件—保存，如图 1-8 所示。

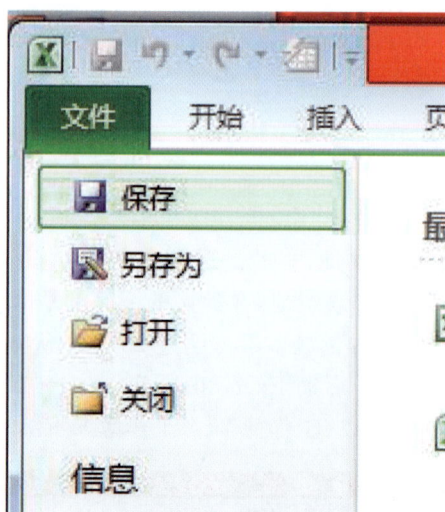

图 1-8　保存工作簿

3.另存工作簿

文件—另存，如图 1-9 所示。

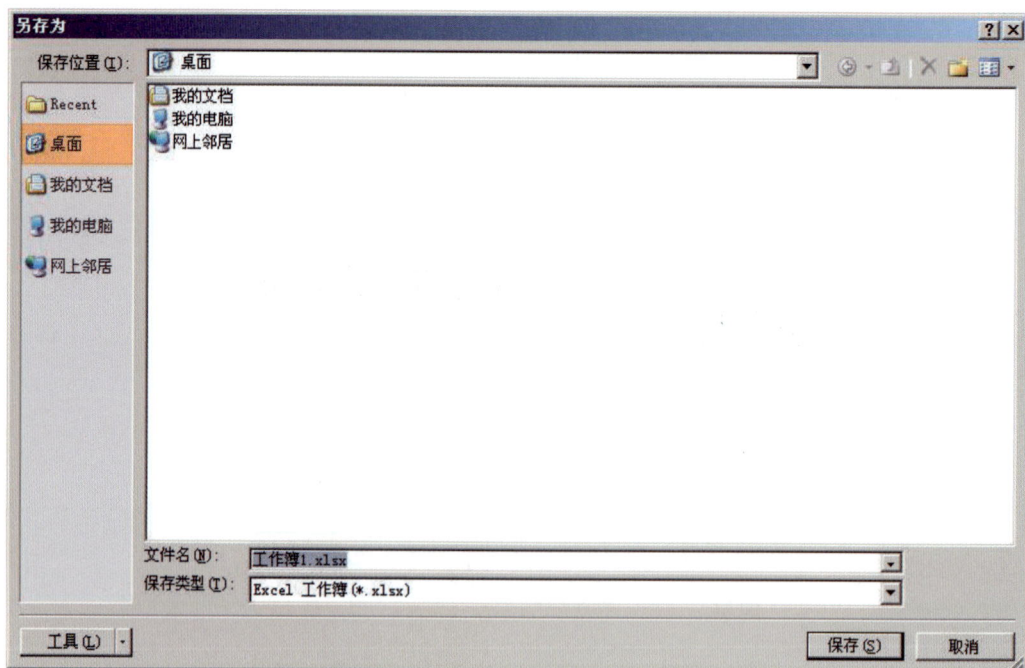

图 1-9　另存工作簿

4.关闭工作簿

当完成对工作簿的编辑和保存之后，可在不退出 Excel 的情况下关闭工作簿，其方法有如下几种：

◆在"开始"菜单中选择"关闭"命令。

◆单击功能选项卡右侧的"关闭"按钮 ✖。

5.保护工作簿

为了防止他人对重要工作簿的内容进行篡改、复制、删除等操作,可对制作的工作簿进行保护设置。

审阅—保护工作簿,如图 1-10 所示。

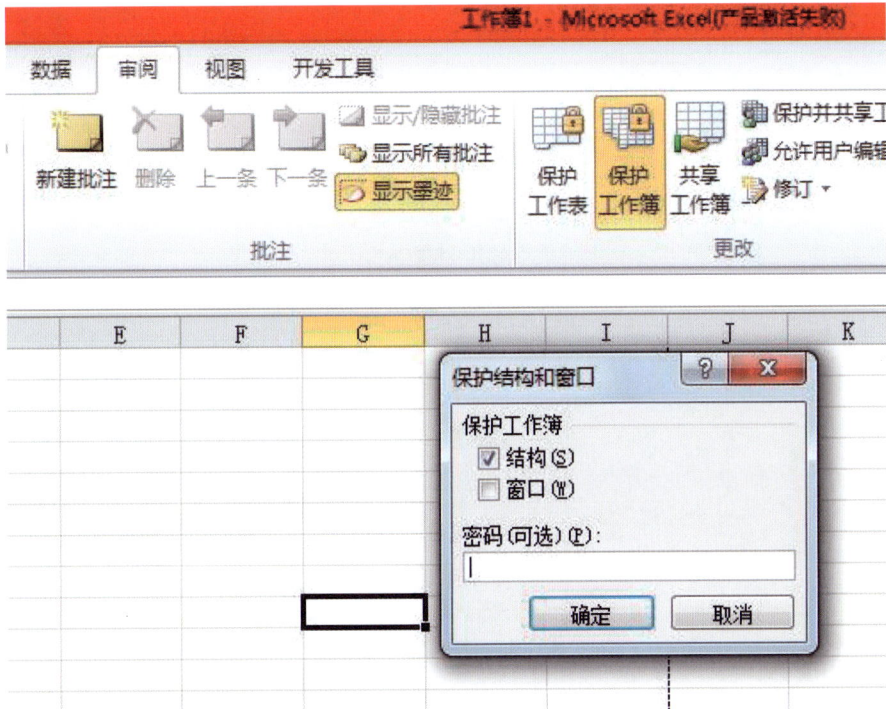

图 1-10　保护工作簿

二、工作表

它是工作簿的一部分,也称作电子报表,工作的主要对象,由行、列组成的表格,Excel 2010 工作表的大小为16 384列×1 048 576行。每个工作表有一个标签名称,当前活动的白色,其余灰色,默认的三个工作表标签名为 Sheet1～Sheet3,用户可根据需要增加或删除工作表,并可以更改标签名称。

工作表是存储和管理各种数据信息的场所,其基本操作包括:选择、切换、插入、移动、复制、显示、隐藏和删除等。

1.选择工作表

如果要对工作表进行查看或编辑等操作,首先应该将其选择,选择工作表的方法有如下几种：

◆用鼠标单击相应的工作表标签即可选择对应工作表。

◆选择第一张工作表后按住"Ctrl"键不放,继续选择任意一张工作表标签可同时将该标签对应的工作表选择。

◆选择第一张工作表后按住"Shift"键不放,继续选择任意一张工作表标签可同时选择这两个标签之内的所有工作表(包括一开始选择的两个工作表)。

◆在任意的工作表标签上单击鼠标右键,在弹出的快捷菜单中选择"选定全部工作表"命令可选择所有工作表。

2.重命名工作表

右键—重命名,如图 1-11 所示。

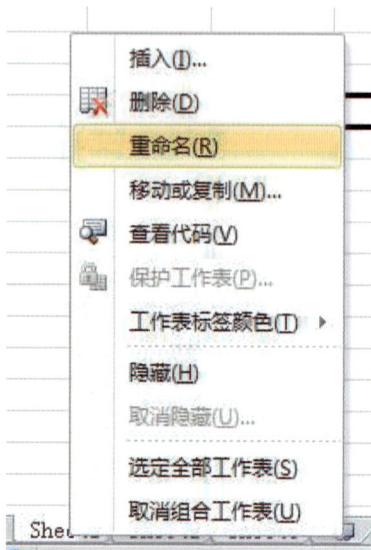

图 1-11 重命名工作表

3.插入工作表

新建的工作簿默认包含 3 张工作表,在实际工作中若发现工作表数量不够时,可以手动插入新工作表来满足工作需要。开始—插入,如图 1-12 所示。

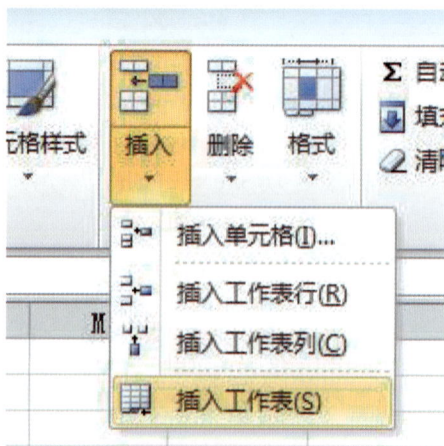

图 1-12 插入工作表

4.删除工作表

在编辑工作表时可将多余的或错误的工作表删除以便更好地管理工作簿,需注意的是当删除带有数据的工作表时,数据不会恢复。开始—删除,如图 1-13 所示。

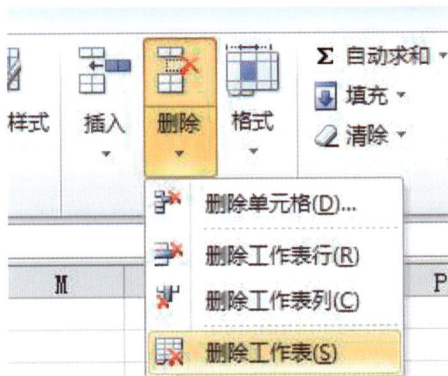

图 1-13　删除工作表

5.移动或复制工作表

工作表在工作簿中的位置并不是固定不变的,可以通过移动与复制等操作来改变工作表的位置,以满足实际工作中的需要。

移动工作表分为两种情况:一种是在同一工作簿中移动工作表,一种是在不同工作簿中移动工作表。点中工作表标签—右键—移动或复制,如图 1-14 所示。

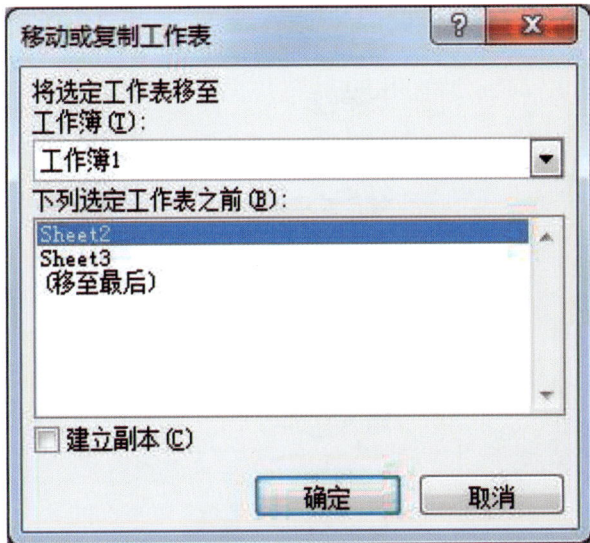

图 1-14　移动工作表

复制工作表也分为两种情况:一种是在同一工作簿中复制工作表,一种是在不同工作簿中复制工作表。

点中工作表标签—右键—移动或复制—建立副本打钩,如图 1-15 所示。

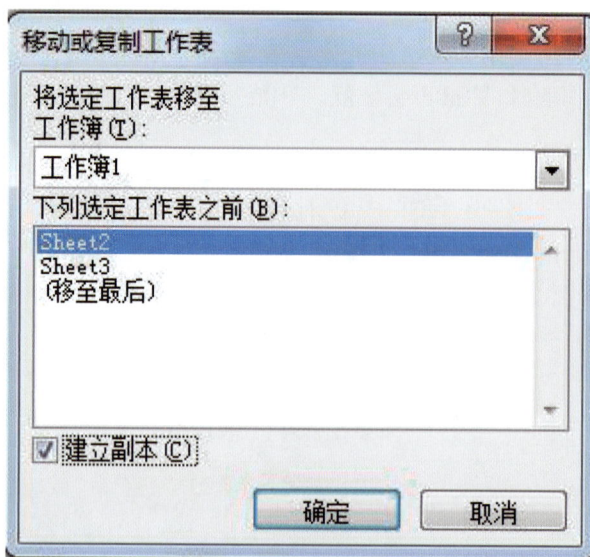

图 1-15　复制工作表

6.隐藏或显示工作表

在编辑工作表的过程中,若不想表格中重要的数据信息外泄,可以将数据所在的工作表隐藏起来,待需要时再将其重新显示。右键—隐藏工作表,如图 1-16;右键—取消隐藏,如图 1-17 所示。

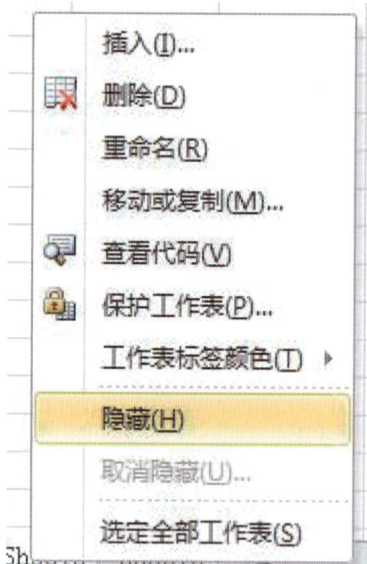

图 1-16　隐藏工作表

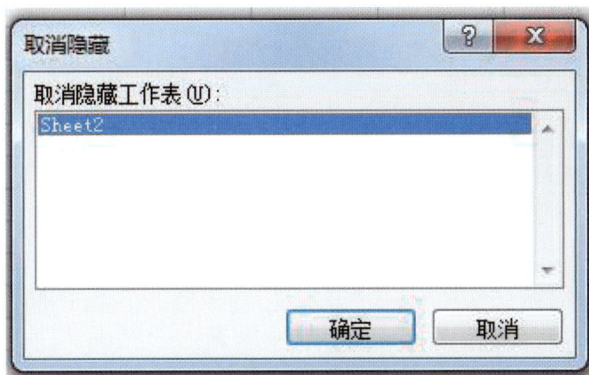

图 1-17　显示工作表

7.保护工作表

审阅—保护工作表,如图 1-18 所示。

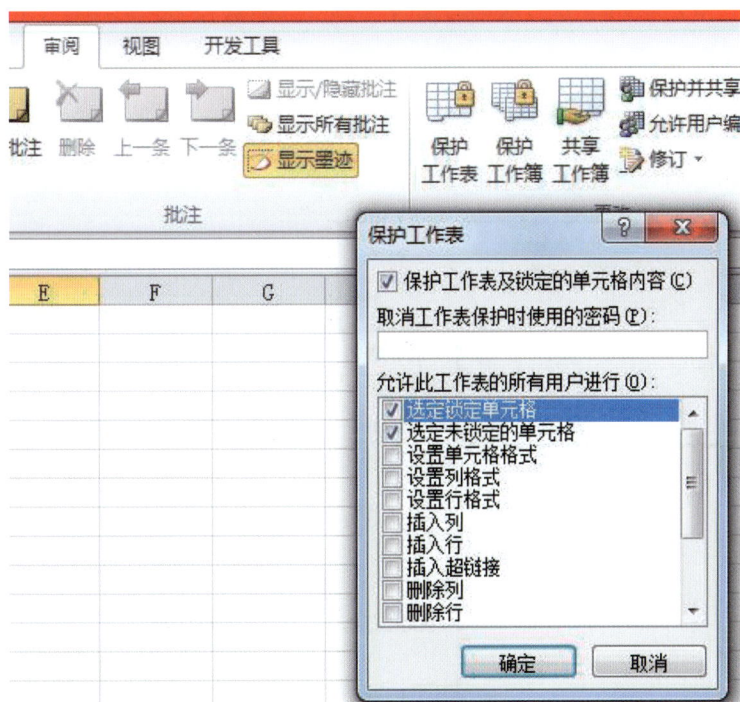

图 1-18　保护工作表

三、单元格

　　单元格是表格的最小单位,是工作表的行和列的交叉点,每个单元格通过"列标+行号"来表示单元格的位置,如:B2,就表示第 B 列第 2 行的单元格。为了便于记忆和理解,也可以为某个单元格另外命一个名称,直接在名称框输入一个名称即可为活动单元格命名,此时既可以用该名称也可以使用"列标+行号"引用该单元格。通过对单元格的基本操作可以完成对工作表中数据的编辑。单元格的基本操作包括：选择单元格、命名单元格、合并与删除单元格、隐藏与显示单元格和保护单元格等。

1.选择单元格

选择单元格的常用方法有以下几种：

◆将鼠标指针移至目标单元格上，单击鼠标即可选择该单元格。

◆在某个单元格上按住鼠标左键不放并拖动鼠标，可选择连续的单元格组成的单元格区域。

◆选择某个单元格，然后按住"Shift"键不放，选择另一个单元格，即可将以这两个单元格为对角线的矩形所在范围内的所有单元格区域选择。

◆选择某个单元格，然后按住"Ctrl"键不放，继续选择其他单元格或单元格区域，可同时选择多个不相邻的单元格或单元格区域。

◆将鼠标指针移至需选择的行号或列标上，当其变为➡或⬇形状时，单击鼠标即可选择该行或该列上的所有单元格。

◆单击工作表左上角行号与列标的交叉处的"全选"按钮，可选择此工作表中的所有单元格。

2.命名单元格

在处理庞大数据时，可根据需要为包含数据的某个单元格或单元格区域进行命名。

选中单元格—右键—定义名称，如图 1-19 所示。

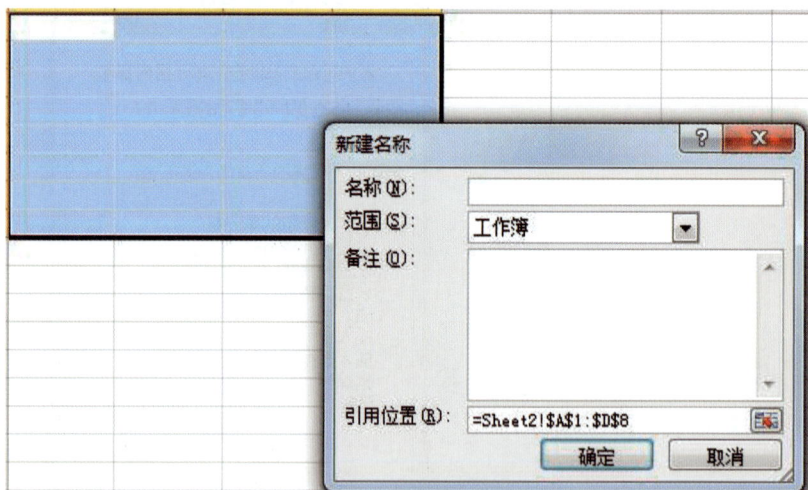

图 1-19 命名单元格

3.定位单元格

为单元格或单元格区域命名以后，便可通过定位单元格的功能来将其快速选择。

开始—查找和选择—转到，如图 1-20 所示。

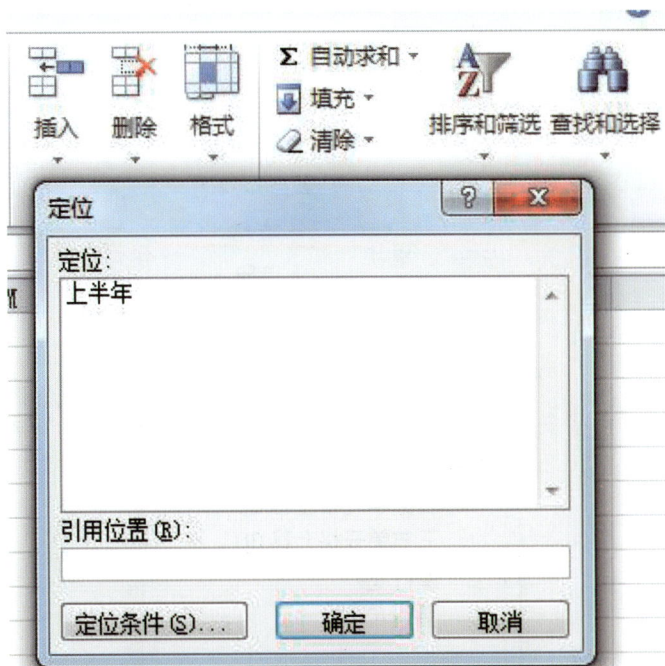

图 1-20　定位单元格

4.插入单元格

在制作表格的过程中，有时可能会遗漏某些数据，此时就可在原有表格的基础上插入单元格来补充表格所需的数据信息。

开始—插入—插入单元格，如图 1-21 所示。

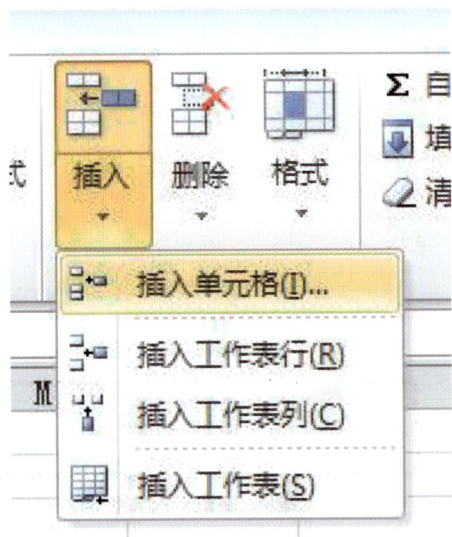

图 1-21　插入单元格

5.删除单元格

在编辑表格的过程中,对于多余或无用的单元格可将其删除。

开始—删除—删除单元格,如图 1-22 所示。

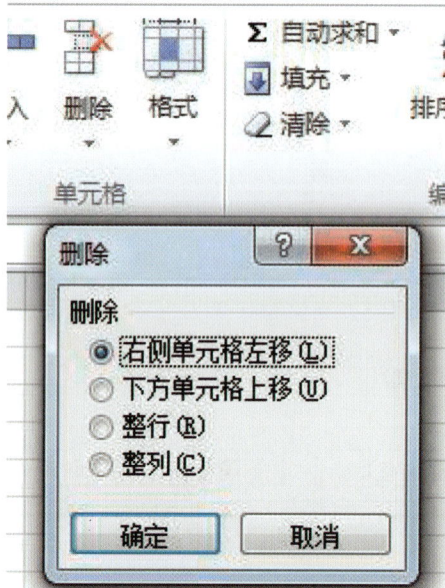

图 1-22　删除单元格

6.合并与拆分单元格

选中单元格—合并后居中—合并单元格,如图 1-23 所示。

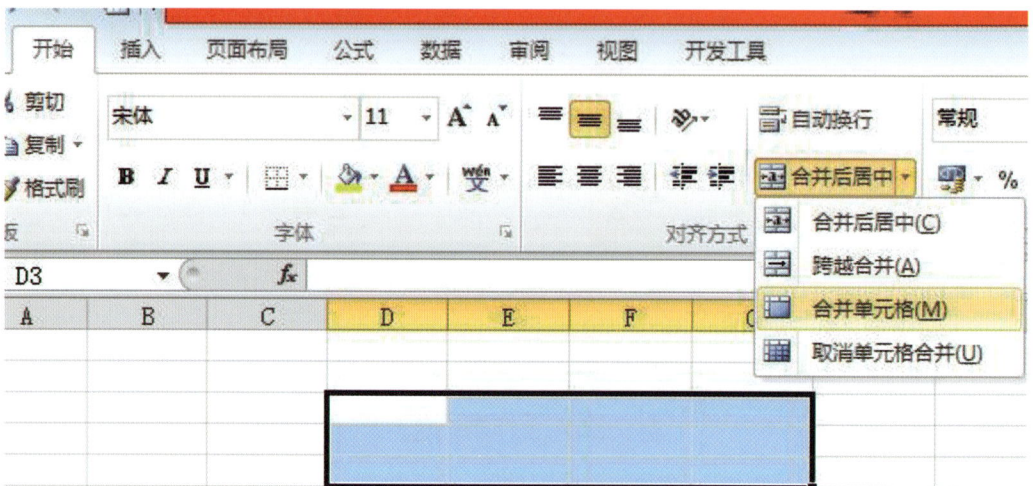

图 1-23　合并单元格

或者选中单元格—右键—单元格对齐方式—合并单元格打钩,如图 1-24 所示。

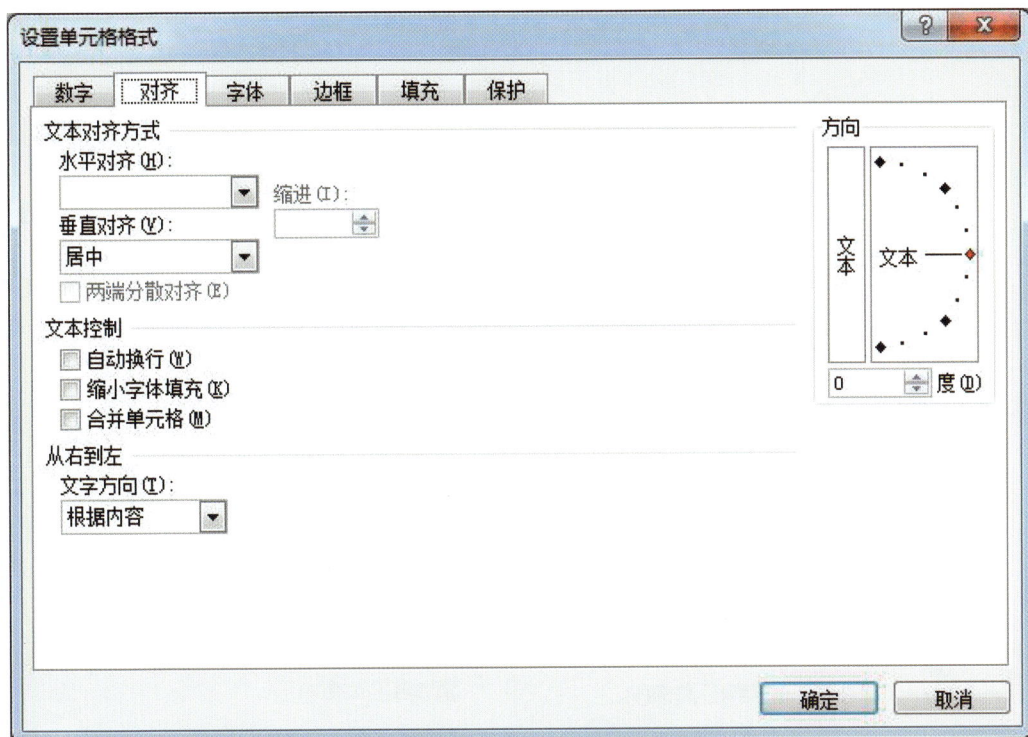

图 1-24　合并单元格

　　拆分单元格时,单个的单元格是不能拆分的,只有合并以后的单元格才能进行拆分操作。如图 1-25 所示。

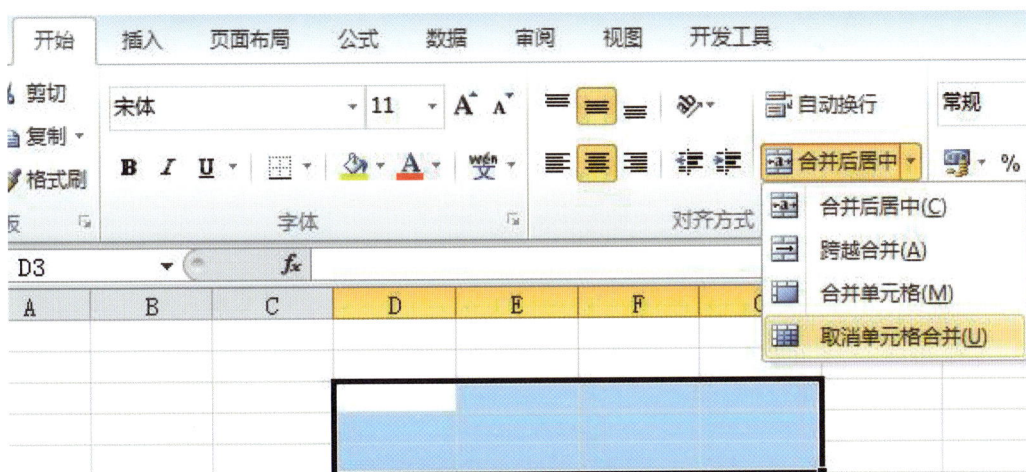

图 1-25　拆分单元格

7.隐藏与显示单元格

　　在编辑工作表的过程中,若不想将表格中某行或某列的重要数据信息外泄,可以将数据所在的行或列隐藏起来,待需要时再将其重新显示。

　　Excel 中只能隐藏整行或整列单元格,不能隐藏单个的单元格。

格式—隐藏和取消隐藏—隐藏行,如图 1-26 所示。

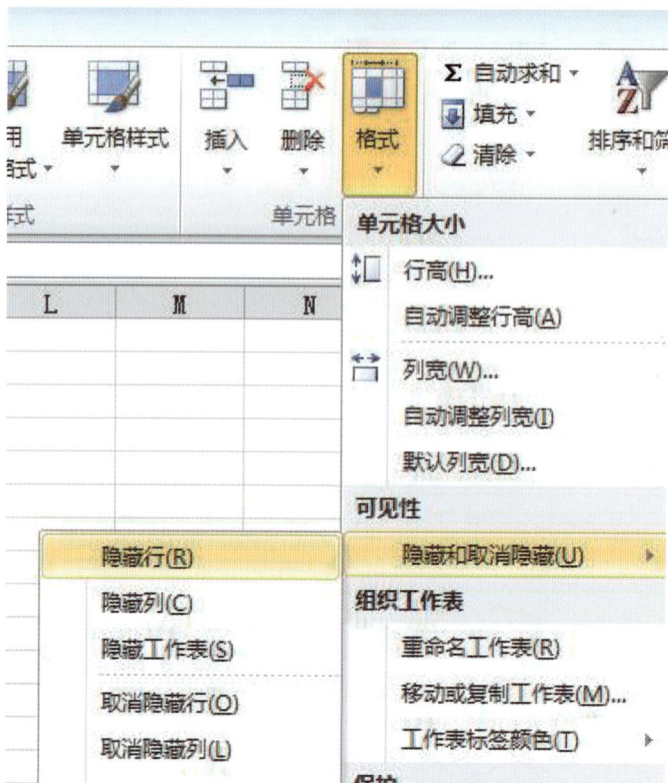

图 1-26　隐藏与显示单元格

8.保护单元格

为防止他人擅自改动单元格中的数据,可将一些重要的单元格锁定。保护单元格不仅可以保护单元格中的数据而且还能隐藏单元格中的公式。

审阅—保护工作表,如图 1-27 所示。

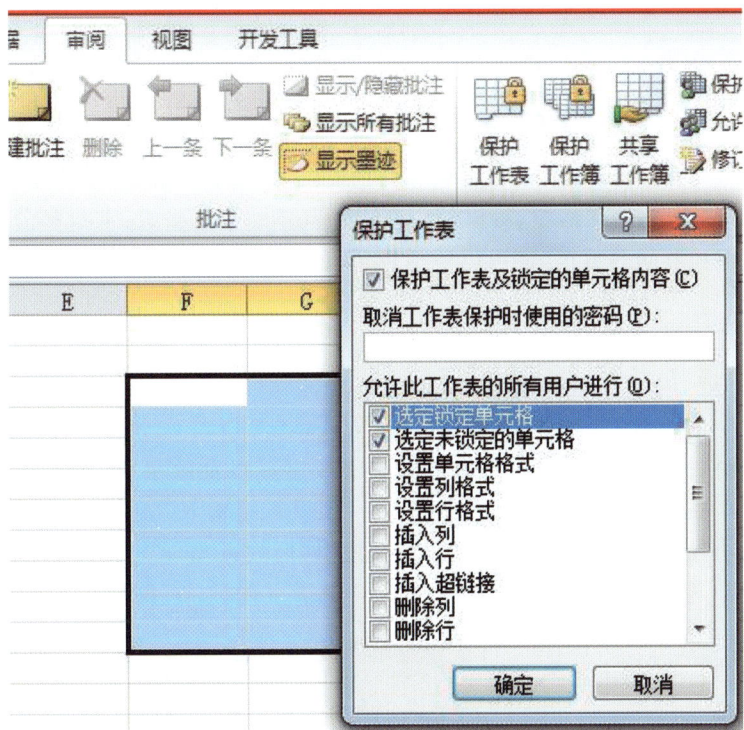

图 1-27 保护单元格

任务 1-3　输入、编辑数据

在 Excel 工作表的单元格中,可以使用两种最基本的数据格式:常数和公式。常数是指文字、数字、日期和时间等数据,还可以包括逻辑值和错误值,每种数据都有它特定的格式和输入方法。

一、输入文本

Excel 单元格中的文本包括任何中西文文字或字母以及数字、空格和非数字字符的组合,每个单元格中最多可容纳 32000 个字符数。如果直接输入"001",系统会自动判断 001 为数据 1,解决办法是:首先输入"'"(西文单引号),然后输入"001"。

如果想在单元格中分行,则必须在单元格中输入硬回车,即按住 Alt 键的同时按回车键。

二、输入分数

几乎在所有的文档中,分数格式通常用一道斜杠来分界分子与分母,其格式为"分子/分母",在 Excel 中日期的输入方法也是用斜杠来区分年月日的,比如在单元格中输入"1/2",按回车键则显示"1 月 2 日",为了避免将输入的分数与日期混淆,我们在单元格中输入分数时,要在分数前输入"0"(零)以示区别,并且在"0"和分子之间要有一个空格隔开,比如我们在输入 1/2 时,则应该输入"0 1/2"。如果在单元格中输入"8 1/2",则在单元格中显示"8 1/2",而在编辑栏中显示"8.5"。

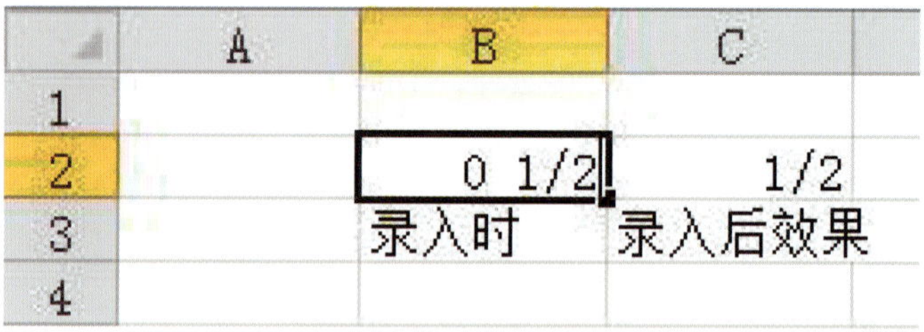

图 1-28　输入分数

三、输入负数

在单元格中输入负数时,可在数字前输入"-"作标识,也可将数字置在()括号内来标识,比如在单元格中输入"(22)",按一下回车键,则会自动显示为"-22"。

四、输入小数

在输入小数时，用户可以像平常一样使用小数点，还可以利用逗号分隔千位、百万位等，当输入带有逗号的数字时，在编辑栏并不显示出来，而只在单元格中显示。当你需要输入大量带有固定小数位的数字或带有固定位数的以"0"字符串结尾的数字时，方法如下：

依次单击文件—选项—高级—在编辑选项下勾选"自动插入小数点"复选框，进行相应位数设置。如图 1-29 所示。

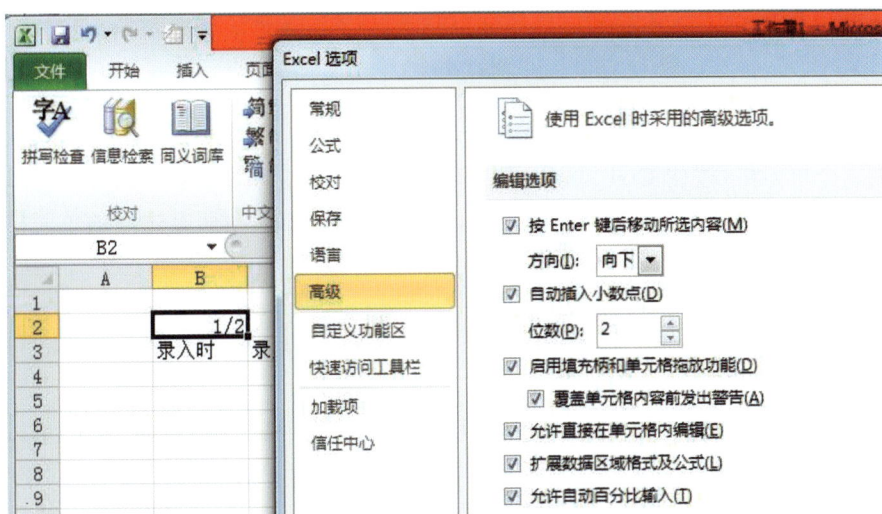

图 1-29 输入小数

另外，在完成输入带有小数位或结尾零字符串的数字后，应清除对"自动设置小数点"复选框的选定，以免影响后边的输入；如果只是要暂时取消在"自动设置小数点"中设置的选项，可以在输入数据时自带小数点。

五、输入日期

Excel 是将日期和时间视为数字处理的，它能够识别出大部分用普通表示方法输入的日期和时间格式。用户可以用多种格式来输入一个日期，可以用斜杠"/"或者"—"来分隔日期中的年、月、日部分。比如要输入"2001 年 12 月 1 日"，可以在单元格中输入"2001/12/1"或者"2001-12-1"。如果要在单元格中插入当前日期，可以按键盘上的 Ctrl＋;组合键。

六、输入时间

在 Excel 中输入时间时，用户可以按 24 小时制输入，也可以按 12 小时制输入，这两种输入的表示方法是不同的，比如要输入下午 2 时 30 分 38 秒，用 24 小时制输入格式为 2:30:38，而用 12 小时制输入时间格式为 2:30:38 p，注意字母"p"和时间之间有一个空格。如果要在单元格中插入当前时间，则按 Ctrl＋Shift＋;键。

七、多张工作表中输入相同的内容

几个工作表中同一位置填入同一数据时，可以选中一张工作表，然后按住 Ctrl 键，再单击窗口左下角的 Sheet1、Sheet2⋯⋯来直接选择需要输入相同内容的多个工作表，接着在其中的任意一个工作表中输入这些相同的数据，此时这些数据会自动出现在选中的其他工作表之中。输入完毕之后，再次按下键盘上的 Ctrl 键，然后使用鼠标左键单击所选择的多个工作表，解除这些工作表的联系，否则在一张表单中输入的数据会接着出现在选中的其他工作表内。

八、不连续单元格填充同一数据

选中一个单元格，按住 Ctrl 键，用鼠标单击其他单元格，就将这些单元格全部都选中了。在编辑区中输入数据，然后按住 Ctrl 键，同时敲一下回车，在所有选中的单元格中都出现了这一数据。

九、利用 Ctrl + ﹡ 选取文本

如果一个工作表中有很多数据表格时，可以通过选定表格中某个单元格，然后按下 Ctrl + ﹡键可选定整个表格。Ctrl + ﹡选定的区域为：根据选定单元格向四周辐射所涉及的有连续数据单元格的最大区域。这样我们可以方便准确地选取数据表格，并能有效避免使用拖动鼠标方法选取较大单元格区域时屏幕的乱滚现象。

十、快速填充数据

1.一般方法

先输入前两个单元格内容，选定前两个单元格，当鼠标光标移动到选定区域右下角时，会变成"＋"字形状，此时通过按住鼠标左键拖动实行自动填充操作。如需要输入的数据为自然递增（递减）数值或字符＋自然递增（递减）数值，比如输入"1，2，3⋯⋯"或"a1，a2，a3⋯⋯"，可以采用此填充序列的方式。如图 1-30 所示。

2.填充序列

序列就是按某种规律排列的一列数据，如等差序列、等比序列、日期等。

方法是：先输入第一个单元格的值，然后选择该单元格及要填充的单元格，进入选项卡"开始"→"编辑"→"填充"→"序列"，打开序列对话框，见图 1-31 所示。

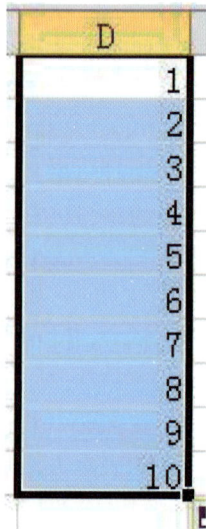

图 1-30　快速填充数据

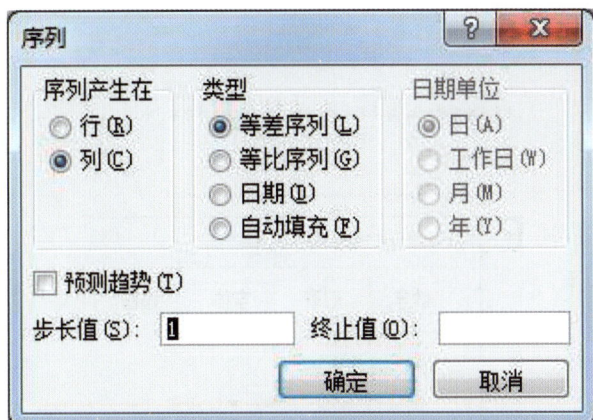

图 1-31　填充序列

3.自定义序列

经常需要输入一些有规律的序列文本，比如"甲，乙、丙、丁"，文本中没有包含数值，系统无法自动判断后一个单元格需要填充的内容。此时，我们可以自己定义一个序列，定义方法是：选择菜单"文件→选项→高级→常规"找到"编辑自定义列表"按钮并单击，打开"自定义序列"对话框。如图 1-32 所示。

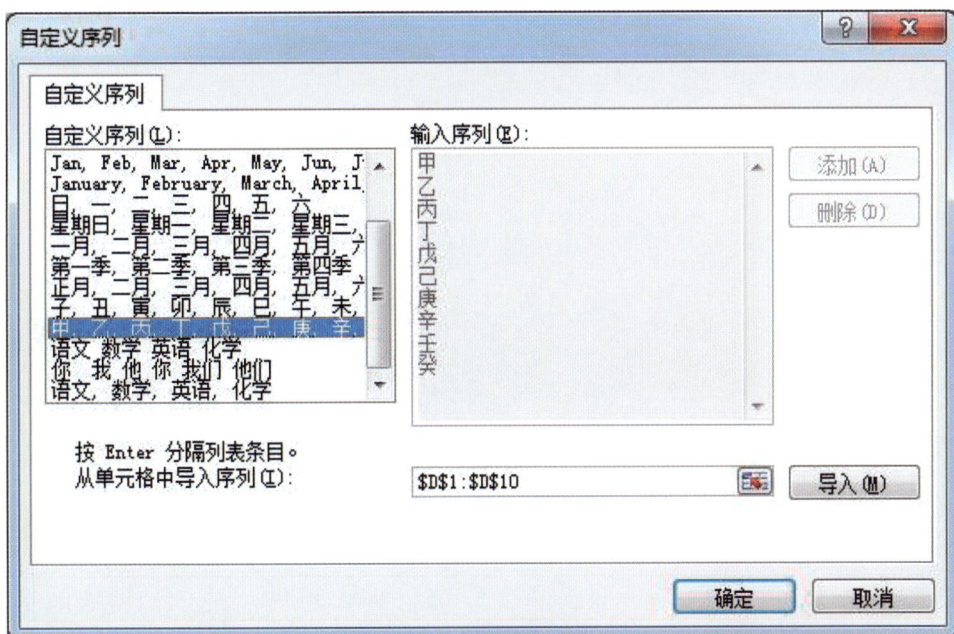

图 1-32　自定义序列

4.填充条纹

如果想在工作簿中加入漂亮的横条纹，可以利用对齐方式中的填充功能。先在单元格内填入" ＊ "或"～"等符号，然后单击此单元格，向右拖动鼠标，选中横向若干单元格，右键单

击"单元格格式"按钮,选择"对齐"选项卡,在水平对齐下拉列表中选择"填充",单击"确定"按钮,如下图 1-33 所示:

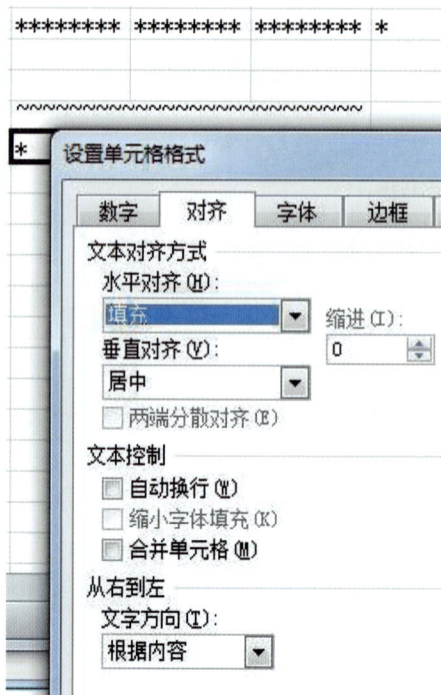

图 1-33　填充条纹

任务 1-4　单元格格式化

一、字体格式设置

1.更改字体

操作：选中想要修改字体的单元格或者整个单元格，然后在"字体"的选项卡中选择想要修改的字体，如图 1-34 标识 1。

2.更改字体的大小

操作：选中想要修改字体的单元格或者整个单元格，然后在"大小"的选项卡中选择想要的字体大小，如图 1-34 标识 2。

3.更改字体的粗细、斜体、下划线等

操作：选中想要修改字体的单元格或者整个单元格，然后单击相应的选项，如图 1-34 标识 3。

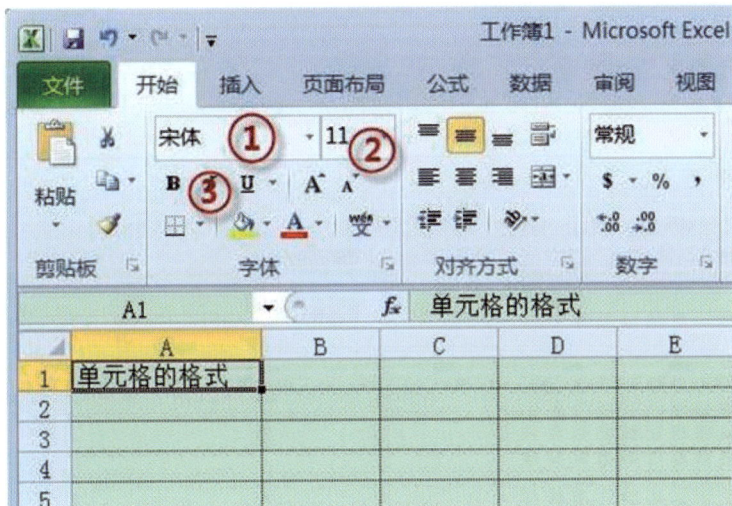

图 1-34　字体格式设置

二、单元格边框和图案设置

1.边框添加

操作：选中想要修改字体的单元格或者整个单元格，然后单击"字体"选项卡的边框按钮，可以添加单元格的底、中、上边框等等操作，如图 1-35 标识 1。

2.边框的颜色添加

操作：选中想要修改字体的单元格或者整个单元格，然后单击"字体"选项卡的填充边框颜色按钮,如图 1-35 标识 2。

3.单元格的背景填充

操作:选中想要修改字体的单元格或者整个单元格,然后单击"字体"选项卡的填充颜色按钮,如图 1-35 标识 3。

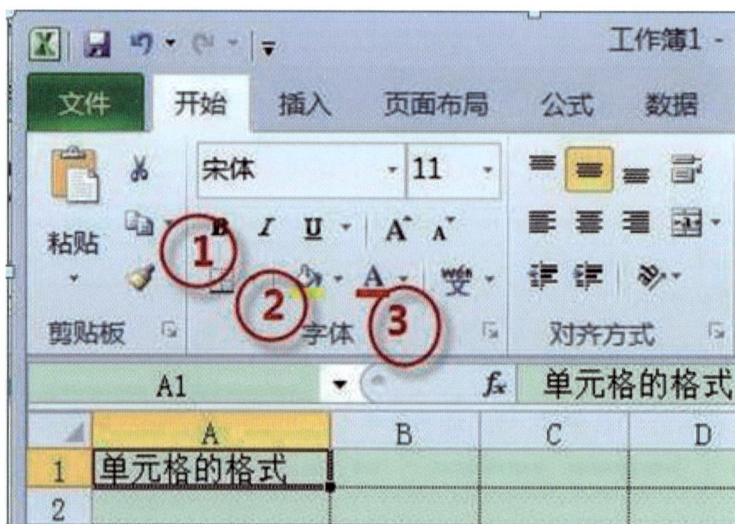

图 1-35　单元格的背景填充

4.设置单元格区域的图案

选择要设置的单元格,右键—设置单元格格式—填充,如图 1-36 所示。

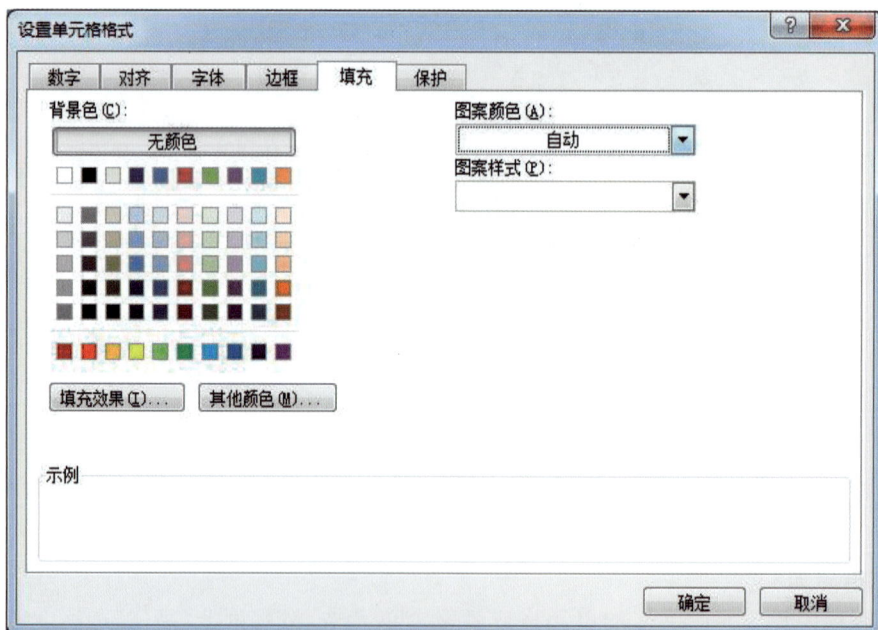

图 1-36　设置单元格区域的图案

三、单元格的对齐

操作：如图 1-37 所示，可以对单元格进行各种各样的对齐。

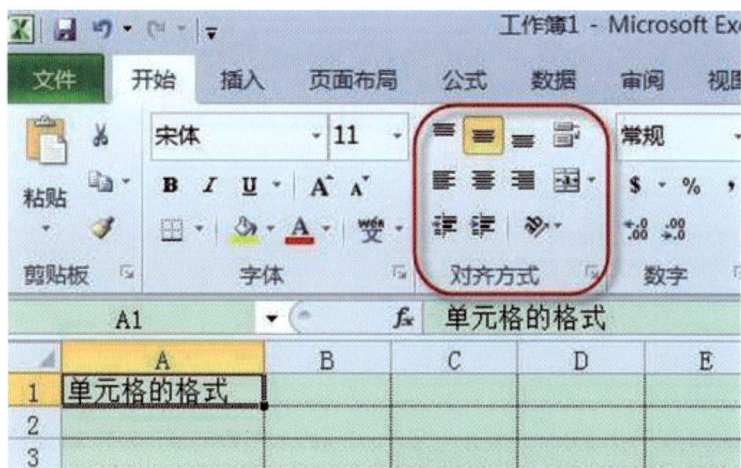

图 1-37　单元格的对齐

四、设置列宽、行高

Excel 中数据表列宽行高设置，常用的有三种方法：拖拉法、双击法、设置法。

1.拖拉法

将鼠标移到行(列)标题的交界处，成双向拖拉箭头状时，按住左键向右(下)或向左(上)拖拉，即可调整行(列)宽(高)。

2.双击法

将鼠标移到行(列)标题的交界处，双击鼠标左键，即可快速将行(列)的行高(列宽)调整为"最合适的行高(列宽)"。

3.设置法

选中需要设置行高(列宽)的行(列)，执行"格式—行(列)—行高(列宽)"命令，打开"行高(列宽)"对话框，输入一个合适的数值，确定返回即可。如图 1-38 所示。

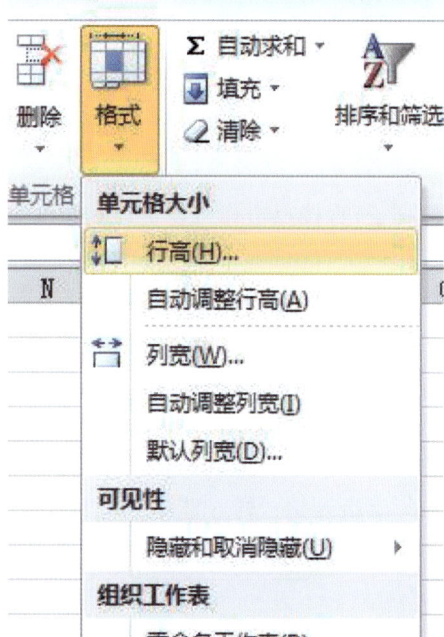

图 1-38　设置行高列宽

五、设置数据的格式

选择要设置的单元格—右键—设置单元格格式—数字，如图 1-39，在分类栏目中选择数字格式的类型,在右边显示格式中选择一种显示样式。

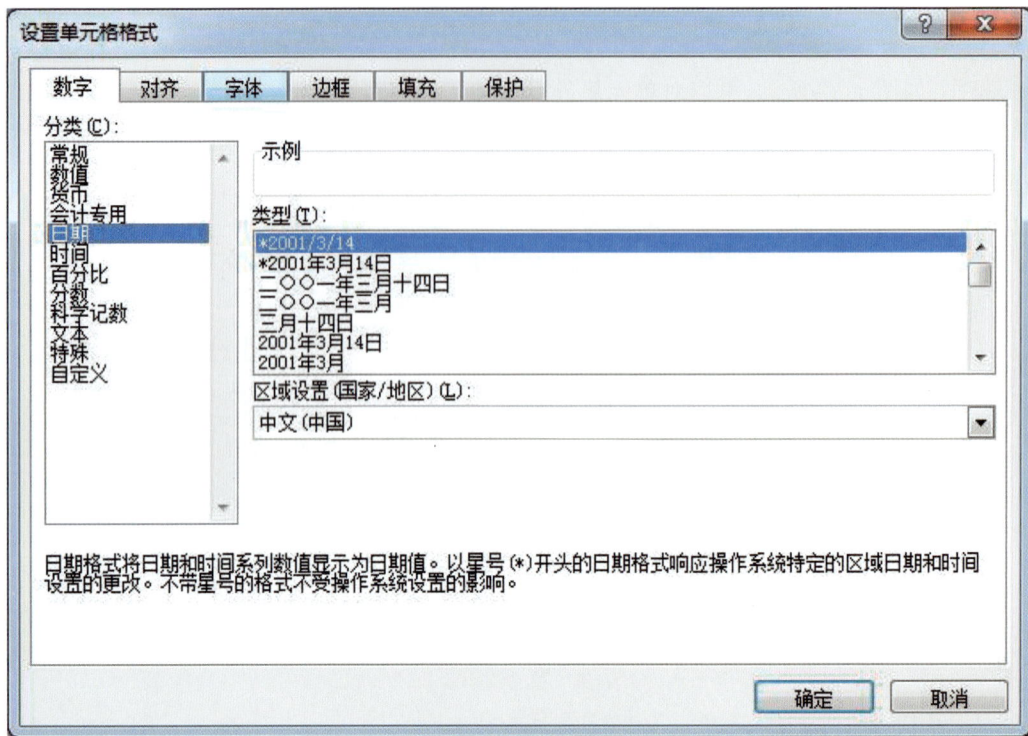

图 1-39　设置数据的格式

六、快速设置格式

1.使用格式刷

选择你已经设置好的单元格—单击"格式刷工具" ,这时光标会变成一个"小刷子"的样子,直接点击你所要更改的单元格。注意啦:刷完这个单元格后,光标恢复原状,即只能应用一次。

快速双击格式刷工具,则可以连续应用,直到不使用时再单击格式刷按钮,恢复正常光标。

2.自动套用格式

Excel 为我们准备了非常精美的格式方案,经过简单操作,就能将这些格式应用到所选单元格区域中。

点击开始—样式选项卡—自动套用格式,如图 1-40 所示。

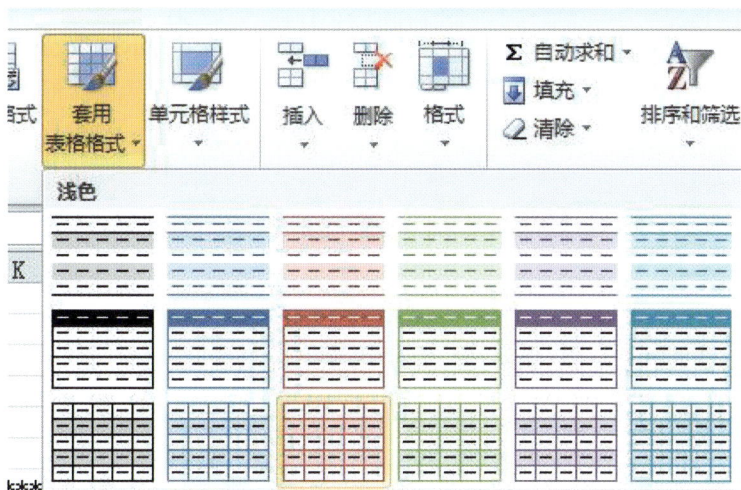

图 1-40 自动套用格式

七、条件格式

有时需要将符合某一条件的单元格数据以特别的格式突出显示。比如在工资表中,如果想让大于或等于 2000 元的工资总额的字体以"红色"显示,大于或等于 1500 元的工资总额以"蓝色"显示,低于 1000 元的工资总额以"棕色"显示,其他以"黑色"显示,我们可以这样设置:选中"工资总额"所在列数据,执行"格式→条件格式→新建规则"命令→打开"新建格式规则"对话框→选择规则类型"只为包含以下内容的单元格设置格式",在"编辑规则说明:"选中"大于或等于"选项,在后面的方框中输入数值"2000"。如图 1-41 所示。

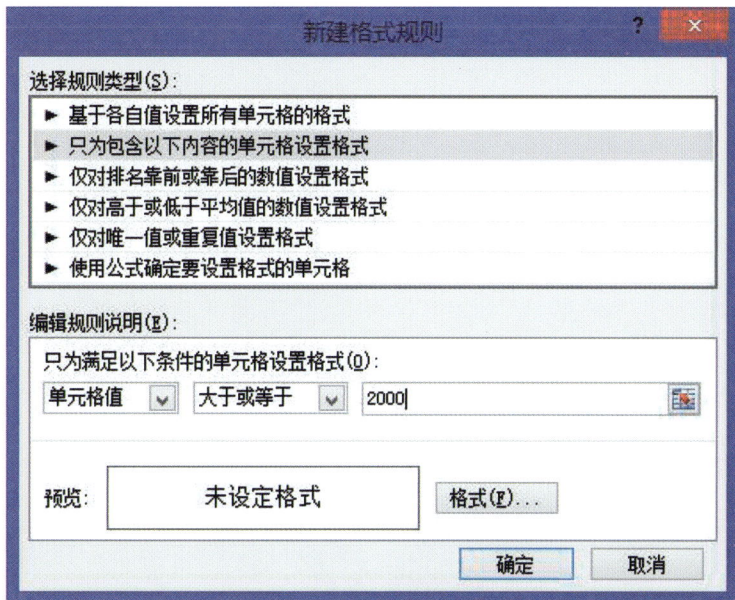

图 1-41 条件格式

　　单击"格式"按钮,打开"单元格格式"对话框,将"字体"的"颜色"设置为"红色"。重复上面的操作设置好其他条件(大于或等于1500,字体设置为"蓝色";小于1000,字体设置为"棕色")。设置完成后看看工资表吧,工资总额的数据是不是按你的要求以不同颜色显示出来了。注意,颜色有"字体""边框""填充"不同选择。

任务 1-5　单元格数据链接

一、单元格引用

不同的单元格引用，能够产生不同的复制效果，运用这一规则可以快速实现大量公式的定义。单元格引用方式主要有：相对引用、绝对引用、混合引用。

相对引用、绝对引用和混合引用是指在公式中使用单元格或单元格区域的地址时，当将公式向旁边复制时，地址是如何变化的。具体情况举例说明：

（1）相对引用，没有加上绝对地址符号的列标和行号为相对地址，在公式向旁边复制时会跟着发生变化。如：

C1 单元格有公式：＝A1＋B1

当将公式复制到 C2 单元格时变为：＝A2＋B2

当将公式复制到 D1 单元格时变为：＝B1＋C1

（2）绝对引用，加上了绝对引用符"＄"的列标和行号为绝对地址，在公式向旁边复制时不会发生变化。如：

C1 单元格有公式：＝＄A＄1＋＄B＄1

当将公式复制到 C2 单元格时仍为：＝＄A＄1＋＄B＄1

当将公式复制到 D1 单元格时仍为：＝＄A＄1＋＄B＄1

（3）混合引用，复制公式时地址的部分内容跟着发生变化，如：

C1 单元格有公式：＝＄A1＋B＄1

当将公式复制到 C2 单元格时变为：＝＄A2＋B＄1

当将公式复制到 D1 单元格时变为：＝＄A1＋C＄1

举例说明"C4"、"＄C4"、"C＄4"和"＄C＄4"之间的区别。

在一个工作表中，在 C4、C5 中的数据分别是 60、50。如果在 D4 单元格中输入"＝C4"，那么将 D4 向下拖动到 D5 时，D5 中的内容就变成了 50，里面的公式是"＝C5"，将 D4 向右拖动到 E4，E4 中的内容是 60，里面的公式变成了"＝D4"。如图 1-42 所示。

D4	▼	=	=C4		
	A	B	C	D	E	F
4			60	60	60	
5			50	50		

图 1-42　相对引用示例

现在在 D4 单元格中输入"＝＄C4"，将 D4 向右拖动到 E4，E4 中的公式还是"＝＄C4"，而向下拖动到 D5 时，D5 中的公式就成了"＝＄C5"。如图 1-43 所示。

D4		▼	=	=$C4		
	A	B	C	D	E	F
4			60	60	60	
5			50	50		

图 1-43　混合引用示例 1

如果在 D4 单元格中输入"=C＄4"，那么将 D4 向右拖动到 E4 时，E4 中的公式变为"=D＄4"，而将 D4 向下拖动到 D5 时，D5 中的公式还是"=C＄4"。如图 1-44 所示。

D5		▼	=	=C$4		
	A	B	C	D	E	F
4			60	60	60	
5			50	60		

图 1-44　混合引用示例 2

如果在 D4 单元格中输入"=＄C＄4"，那么不论你将 D4 向哪个方向拖动，自动填充的公式都是"=＄C＄4"。原来谁前面带上了"＄"，在进行拖动时谁就不变。如果都带上了"＄"，在拖动时两个位置都不能变。如图 1-45 所示。

D5		▼	=	=$C$4		
	A	B	C	D	E	F
4			60	60	60	
5			50	60		

图 1-45　绝对引用示例

二、单元格链接及意义

在 Excel 中，用户可以通过"链接"将硬盘中其他 Excel 文件中的数据链接到所创建的工作表中，从而使编制出来的表格更加简洁、方便、实用。

链接就是在不同单元格之间建立引用关系，既可以是同一工作表内的不同单元格之间的链接，也可以是同一工作簿中不同工作表之间的链接，也可以是不同工作簿中不同单元格之间的链接。链接保证了数据处理结果与数据来源的协同变化。

三、链接语法及应用

同一工作表的单元格之间可以在公式中直接指定单元格，不同工作表的链接方法是在单元名前指定该单元格所在的工作表名称，并在工作表名称与单元格名称之间使用"!"这个符号。

在 D 盘根目录下新建一个文件夹"学习"，在"学习"文件夹中分别新建工作簿 1，工作簿 2 两个工作簿。在工作簿 1 的单元格中填上数字，以便观察变化效果。

1.同一工作簿的不同工作表之间的链接

假设 Sheet3 中的 F3 单元格的数据来自工作表 Sheet1 中的 B3 单元格，那么 Sheet3 中的 F3 单元的公式定义为：=sheet1！B3。

2.不同工作簿的工作表间的链接

假设当前处于"工作簿 2"中的 sheet1 工作表中的 F3 单元,想引用"工作簿 1"sheet1 工作表中的 B3 单元的数据,"工作簿 1"已经打开,那么用公式定义为:=[工作簿 1.xlsx] sheet1! B3。

如果"工作簿 1"未被打开,还应说明被引用工作簿存放的路径。

假如"工作簿 1.xls"存放在"D:\学习"文件夹下,那么需要将该路径写在被引用工作簿名之前,并且用''将整个引用路径括起来,公式是:='D:\学习\[工作簿 1.xlsx] sheet1'! B3。

表间引用公式通过键盘录入时显得麻烦,也容易出错,利用鼠标操作会更便捷。

任务 1-6　公式和函数

一、函数应用基础

1.什么是函数

Excel 函数即预先定义,执行计算、分析等处理数据任务的特殊公式。以常用的求和函数 SUM 为例,它的语法是"SUM(number1,number2,……)"。其中"SUM"称为函数名称,一个函数只有唯一的一个名称,它决定了函数的功能和用途。函数名称后紧跟左括号,接着是用逗号分隔的称为参数的内容,最后用一个右括号表示函数结束。

参数是函数中最复杂的组成部分,它规定了函数的运算对象、顺序或结构等,使得用户可以对某个单元格或区域进行处理,如分析存款利息、确定成绩名次、计算三角函数值等。

2.什么是公式

函数与公式既有区别又互相联系。如果说前者是 Excel 预先定义好的特殊公式,后者就是由用户自行设计对工作表进行计算和处理的公式。以公式"＝SUM(E1:H1)＊A1＋26"为例,它要以等号"＝"开始,其内部可以包括函数、引用、运算符和常量。上式中的"SUM(E1:H1)"是函数,"A1"则是对单元格 A1 的引用(使用其中存储的数据),"26"则是常量,"＊"和"＋"则是算术运算符(另外还有比较运算符、文本运算符和引用运算符)。如果函数要以公式的形式出现,它必须有两个组成部分,一个是函数名称前面的等号,另一个则是函数本身。

3.函数的参数

函数右边括号中的部分称为参数,假如一个函数可以使用多个参数,那么参数与参数之间使用半角逗号进行分隔。参数可以是常量(数字和文本)、逻辑值(例如 TRUE 或 FALSE)、数组、错误值(例如♯N/A)或单元格引用(例如 E1:H1),甚至可以是另一个或几个函数等。参数的类型和位置必须满足函数语法的要求,否则将返回错误信息。

二、函数的使用

使用函数常有三种方法:第一种是通过键盘直接在公式中录入;第二种是通过使用插入函数按钮 f_x ,以平均函数为例,如图 1-46 所示。

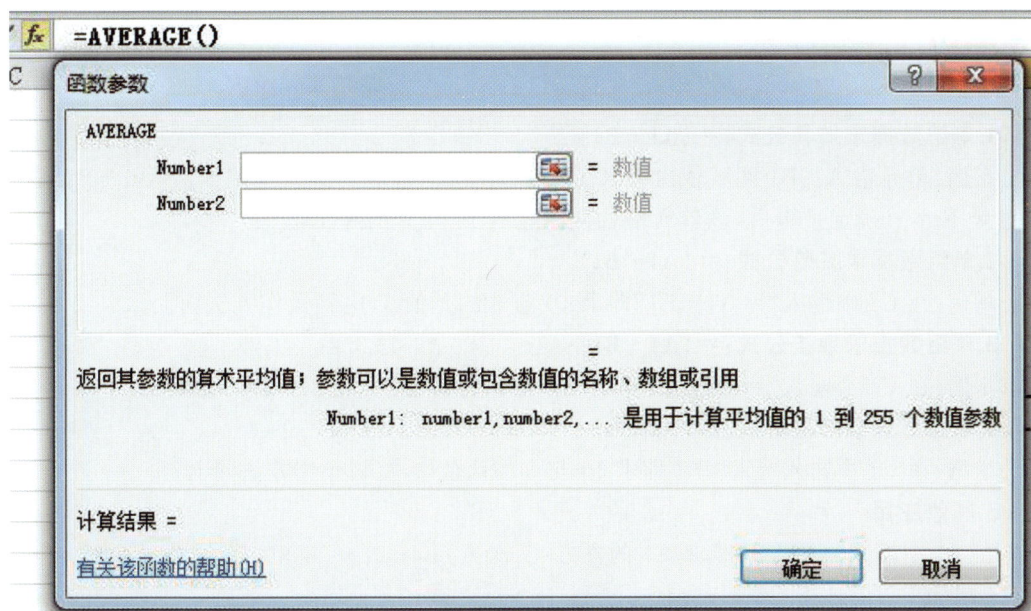

图 1-46　函数使用

第三种是使用功能区中的"插入函数"命令,如图 1-47 所示。

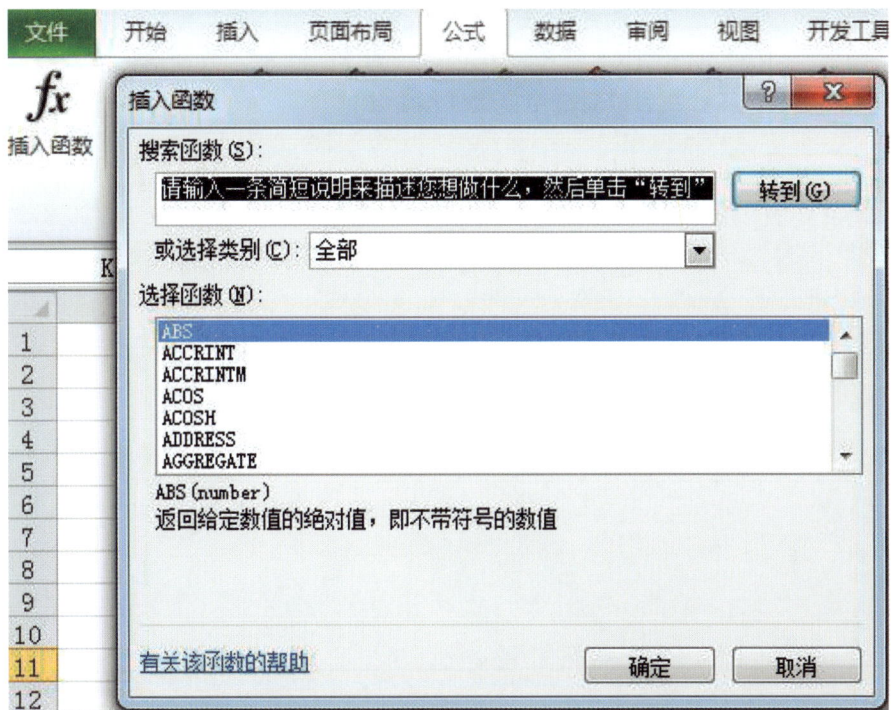

图 1-47　插入函数

三、常用公式和函数

1.单组数据求加和公式：＝(A1＋B1)

举例：单元格 A1:B1 区域依次输入了数据 10 和 5,计算:在 C1 中输入"＝A1＋B1"后点击键盘"Enter(确定)"键后,该单元格就自动显示 10 与 5 的和 15。

2.单组数据求减差公式：＝(A1－B1)

举例：在 C1 中输入"＝A1－B1"即求 10 与 5 的差值 5,电脑操作方法同上；

3.单组数据求乘法公式：＝(A1＊B1)

举例：在 C1 中输入"＝A1＊B1"即求 10 与 5 的积值 50,电脑操作方法同上；

4.单组数据求除法公式：＝(A1/B1)

举例：在 C1 中输入＝A1/B1 即求 10 与 5 的商值 2,电脑操作方法同上；

5.其他应用

在 D1 中输入"＝A1^3"即求 A1 的立方(三次方)；

6.求和

输入公式"＝SUM(K2:K56)"——对 K2 到 K56 这一区域进行求和；

7.平均数

输入公式"＝AVERAGE(K2:K56)"——对 K2 到 K56 这一区域求平均数；

8.排名

输入公式：＝RANK(K2,K＄2:K＄56,0)——对 K2 到 K56 数据进行排名；

9.一些常用财务函数在后续章节中会做详细介绍

任务 1-7　数据排序和分类汇总

一、数据排序

数据排序就是依据某一个或几个字段值,按升序或降序将清单中的记录重新排序。对于数值,升序就是按从小到大排列,降序则是从大到小排列;对于字符,从 A 到 Z 是升序,反之为降序。如果是汉字,以其汉语拼音字母排序。

在 Excel 2010 中,数据"排序"命令位于"数据"选项卡下的"排序和筛选"组中。如图 1-48所示。

图 1-48　数据排序

数据排序操作举例如下:"对产品销售情况表"中的数据按照产品名称升序排列。

首先,鼠标置于数据清单中任一单元格,点击"排序和筛选"按钮,出现排序对话框,根据要求选择。见图 1-49 所示。

图 1-49　数据排序

二、数据分类汇总

数据分类汇总能够对工作表数据按不同的类别进行汇总统计。数据分类汇总采用分级显示的方式显示工作表数据,它可以收缩或展开工作表的数据行(或列),可快速创建各种汇总报告。

在 Excel 2010 中,数据的"分类汇总"工具命令位于"数据"选项卡下的"分级显示"组中。如图 1-50 所示。

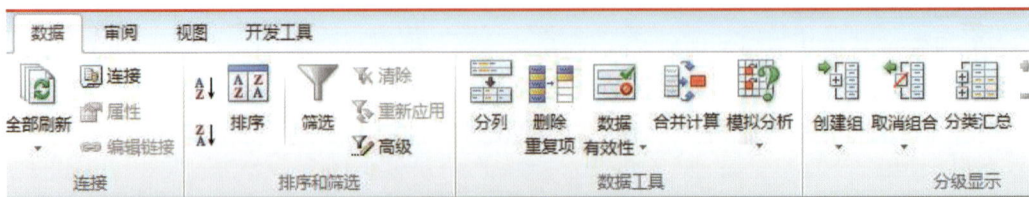

图 1-50　数据分类汇总

数据分类汇总操作举例如下:"对产品销售情况表"中的数据进行各分公司销售额总和的分类汇总。

(1)实例数据见图,已按照"分公司"进行过排序。如图 1-51 所示。

	A	B	C	D	E	F	G
1	季度	分公司	产品类别	产品名称	销售数量	销售额(万元)	销售额排名
2	1	北部1	D-1	电视	86	38.36	1
3	2	北部1	D-1	电视	73	32.56	3
4	3	北部1	D-1	电视	64	28.54	5
5	1	北部2	K-1	空调	89	12.28	26
6	3	北部2	K-1	空调	53	7.31	35
7	2	北部2	K-1	空调	37	5.11	36
8	3	北部3	D-2	电冰箱	54	17.33	19
9	2	北部3	D-2	电冰箱	48	15.41	21
10	1	北部3	D-2	电冰箱	43	13.80	24
11	1	东部1	D-1	电视	67	18.43	14
12	3	东部1	D-1	电视	66	18.15	16
13	2	东部1	D-1	电视	56	15.40	22
14	2	东部2	K-1	空调	79	27.97	6
15	3	东部2	K-1	空调	45	15.93	20
16	1	东部2	K-1	空调	24	8.50	32
17	1	东部3	D-2	电冰箱	86	20.12	10
18	2	东部3	D-2	电冰箱	65	15.21	23

图 1-51　数据排序

(2)单击数据清单上的任意单元格,单击"分类汇总"按钮,设定分类汇总选项,见图 1-52 所示。

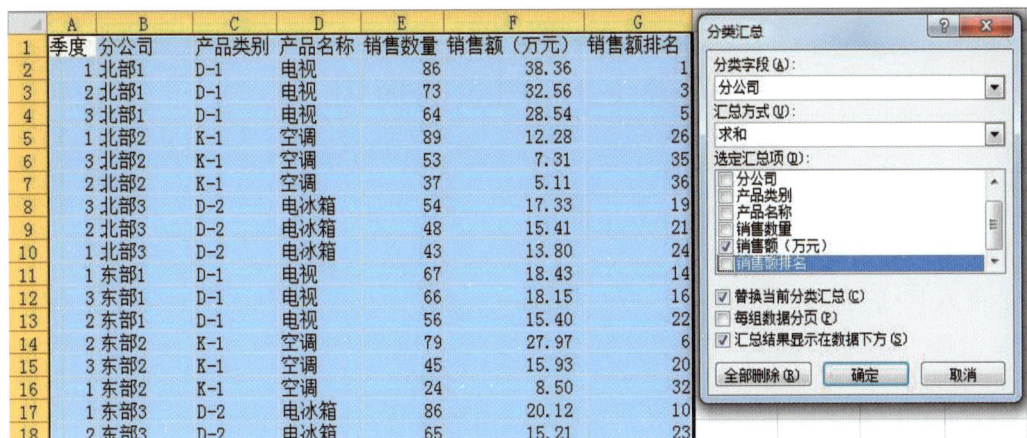

图 1-52　分类汇总

（3）分类汇总结果，见图 1-53 所示。

图 1-53　分类汇总结果

任务 1-8 图表的应用

用图表表达数据,直观性强,数据结构、差异和变化趋势一目了然。

一、插入图表的方法

大致包含以下三个步骤:

(1)选择图表类型:执行"插入"—"图表",如图 1-54 红色框选中功能。

图 1-54 插入图表

在图表功能区默认有很多类型的图表:柱形图、折线图、饼图等。单击图表功能区的右下角的小图标可以打开所有图表类型。

(2)选择数据源,插入图表类型后,需要为图表中添加数据。

如图 1-55,选中图表后,弹出"图表工具"关联工具,在"设计"选项卡中,选择"选择数据"按钮。

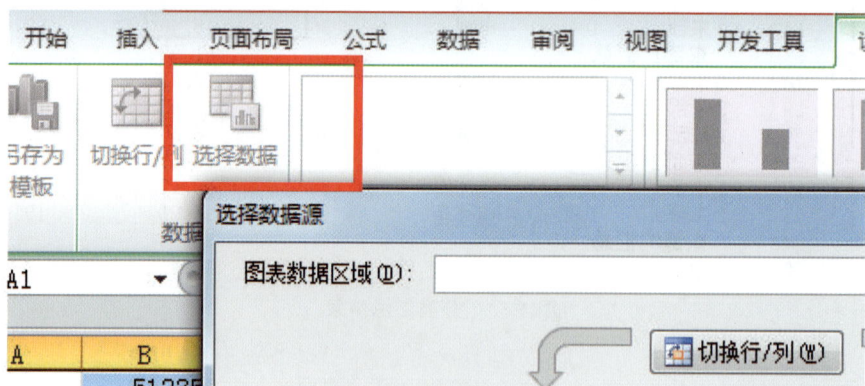

图 1-55 插入图表

3.添加图表标题

如图 1-56,选中图表后,在"图表工具"关联工具中,选择"布局"选项卡,在布局中可以看到"图表标题","坐标轴标题"两个功能,使用它们可以为图表设计图表标题、X 轴标题、Y 轴标题。

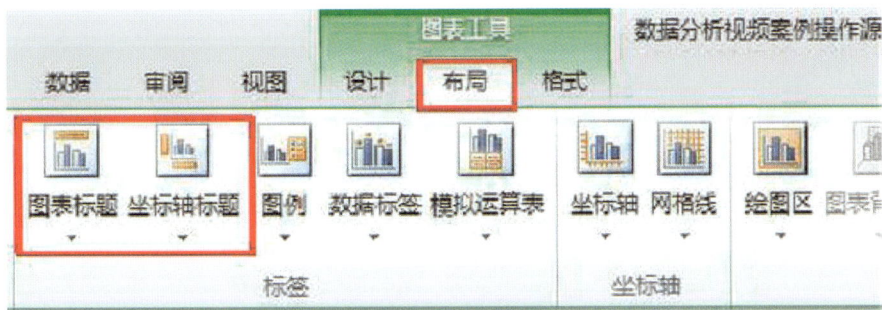

图 1-56 添加图表标题

按照上面 3 个步骤，可以完成一个图表的设计。

二、认识图表

如图 1-57，任何一个图表都包含以下几个元素：（1）图表区：图表区是放置图表及其他元素的大背景；（2）绘图区：绘图区是放置图表主体的背景；（3）图例：图表中每个不同数据的标识；（4）数据系列：就是源数据表中一行或者一列的数据，其他还包括横坐标、纵坐标、图表标题等。

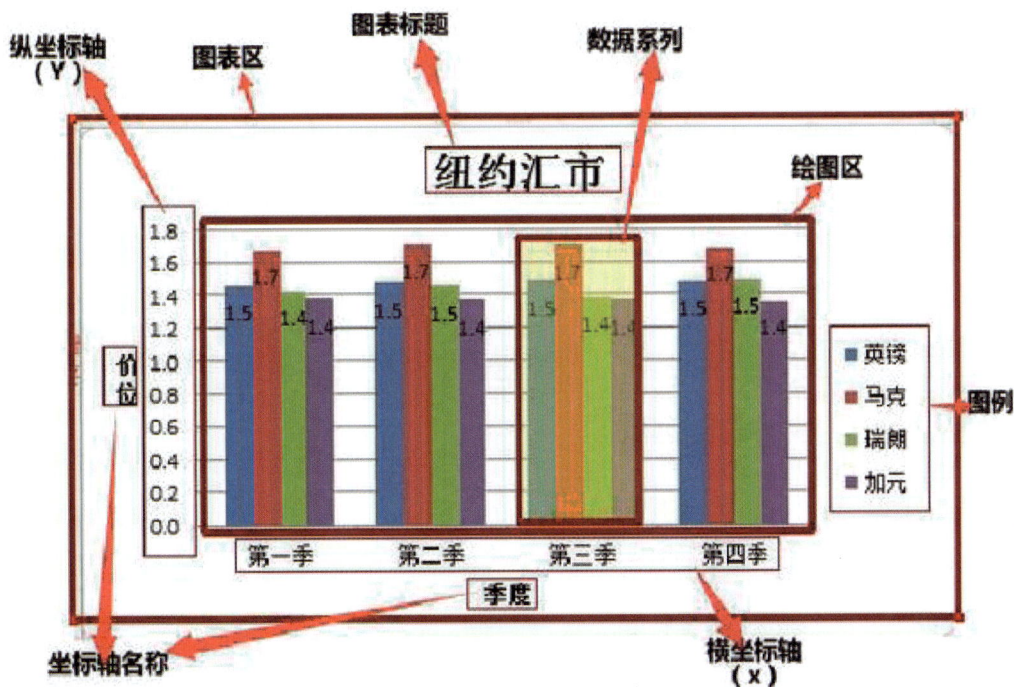

图 1-57 认识图表

三、美化图表的操作

1.添加、修改图例

图例中每个图标代表着不同的数据系列的标识。

选择图表,在"图表工具"中选择"布局"选项卡,在标签组中单击"图例"按钮,可以从下拉菜单中选择更改放置图例的位置。如图 1-58 所示。

图 1-58　添加、修改图例

右键点击图例,从快捷菜单中选择"设置图例格式"命令,可以打开"设置图例格式"对话框,可以对图例的位置、填充色、边框色等效果进行设置。如图 1-59 所示。

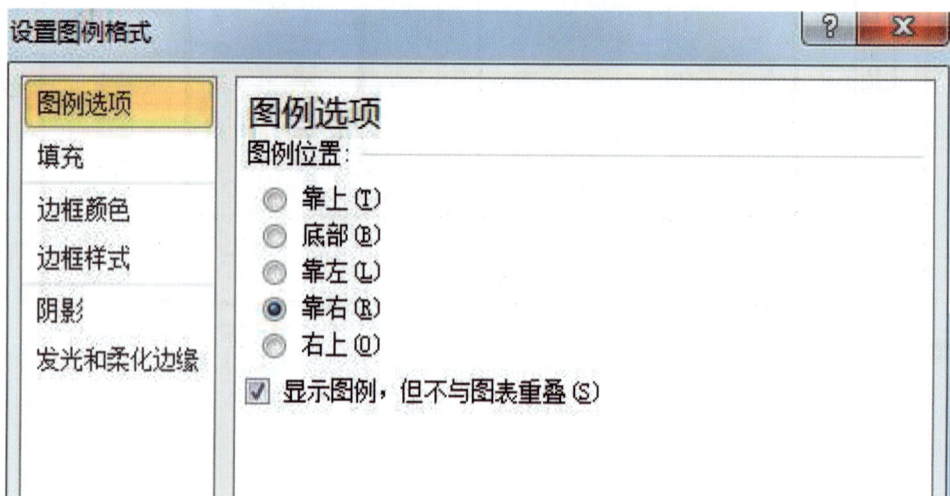

图 1-59　设置图例格式

2.添加数据标签

数据标签,是添加在数据系列上的数据标记。

选择图表,在"图表工具"中选择"布局"选项卡,在"标签"功能组中单击"数据标签"按钮,可以为数据系列添加数据标签。如图 1-60 所示。

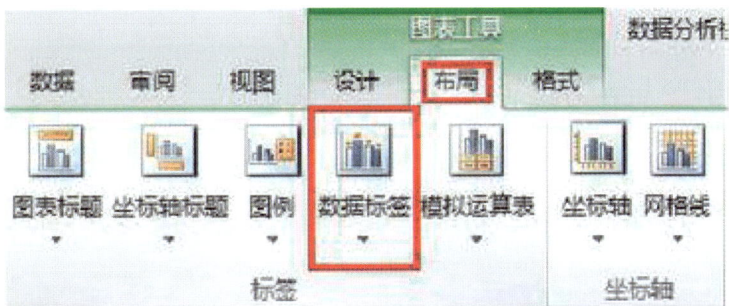

图 1-60　添加数据标签

3.设置图表区、绘图区、坐标轴、图例等图表元素的格式

只需 2 个步骤就可以完成图表中所有元素的格式设置。如图 1-61 所示。

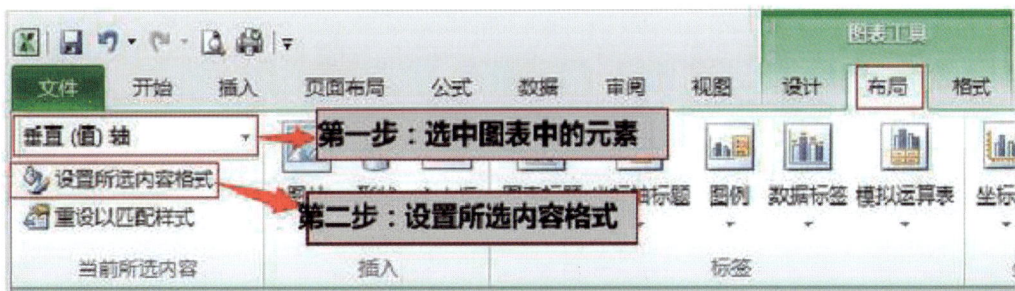

图 1-61　设置图表格式

任务 1-9　应用单变量求解工具

一、什么是单变量求解？

Excel 中"单变量求解"是一组命令的组成部分，它是一个求解变量的方程。单变量求解通过调整可变单元格中的数值，使其按照给定的公式计算出目标单元格中的目标值，适用于确定规划目标中某一引用数据的特定取值。

二、实例应用

【例题 1-1】某公司的销售部想统计出 2010 年的销售额，现在已知前 11 个月的销售额，想知道第 12 月必须获得多大的销售额，才能完成全年销售额为 70 万的任务。这时，就可以利用单变量求解功能来完成。

实际操作步骤如下：

(1)新建一工作表，输入图 1-62 中的数据，在单元格 B13 内输入公式"＝SUM(B1：B12)"。由于不知单元格 B12 的值，因此单元格 B13 的值暂为 612 138。

	A	B
1	一月	51235
2	二月	69000
3	三月	67901
4	四月	50002
5	五月	46000
6	六月	73000
7	七月	62000
8	八月	53000
9	九月	40000
10	十月	50000
11	十一月	50000
12	十二月	
13		612138

图 1-62　要运用单变量求解的数据

(2)选定工作表中的目标单元格 B13。

(3)点击菜单栏【数据】—【模拟分析】选定"单变量求解"命令，如图 1-63，出现如图 1-64 所示的"单变量求解"对话框。

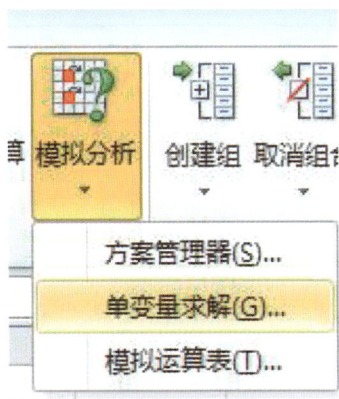

图 1-63 单变量求解菜单

图 1-64 "单变量求解"对话框

(4)在"目标单元格"编辑框中已经引用了选定的目标单元格,如果要改变目标单元格,可以重新选定,在"目标值"框中输入希望达到的值。例如:输入"700000",然后在"可变单元格"框内输入有待调整数值的单元格引用,例如,输入 B12。

(5)单击"确定"按钮,Excel 显示如图 1-65 所示的"单变量求解状态"对话框,正在查询的答案出现在"可变单元格"框指定的单元格内。

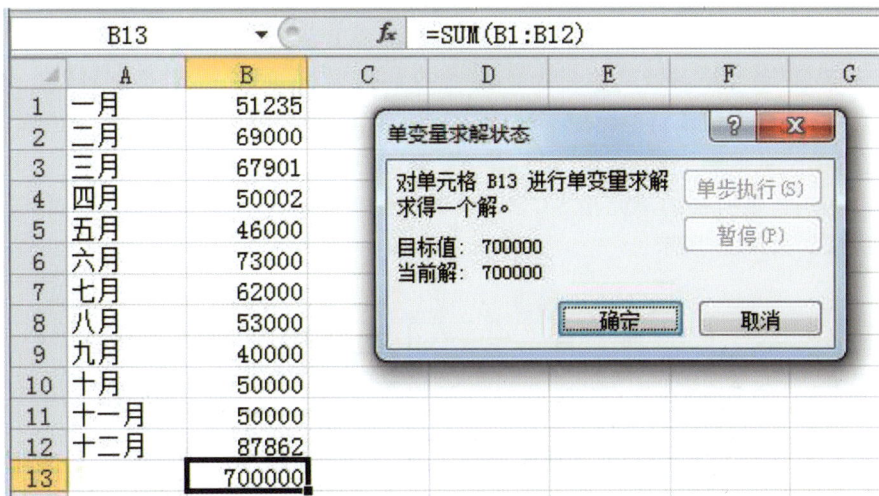

图 1-65 单变量求解的结果

【例题 1-2】某公司 2014 年 A 产品的量本利有关数据见表 1-1,假定该公司 2015 年 A 产品的销售单价、单位变动成本、全年负担的固定成本均保持与上年一样。要想在 2015 年实现利润500 000元,2015 年至少要完成多少销售量?

表 1-1 A 产品的量本利

模 块	2014 年实际	2015 年预计
A 产品销售数量(件)	60 000	

续表

模　　块	2014 年实际	2015 年预计
A 产品销售单价(元)	38	38
A 产品单位变动成本(元/件)	28	28
A 产品全年负担的固定成本(元)	200 000	200 000
A 产品利润	400 000	500 000

其中,A 产品利润的计算公式:

利润＝销售量×销售单价－销售量×单位变动成本－固定成本

利用单变量求解工具求解销售量,操作步骤如下:

(1)将表 1-1 中的数据录入到 Excel 工作表中,如图 1-66 所示。

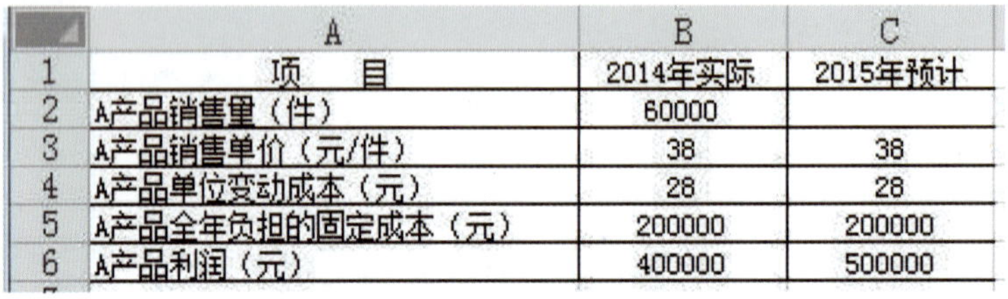

图 1-66　单变量求解的准备工作

(2)在 C6 单元格中录入:＝C2 * ＄B＄3－C2 * ＄B＄4－＄B＄5

(3)选定 C6 单元格,执行"单变量求解"命令("数据"选项卡—"数据工具"组—"模拟分析"按钮),弹出"单变量求解"对话框,Excel 自动将 C6 添加到"目标单元格"后的文本框中。

(4)在"单变量求解"对话框的"目标值"文本框中输入数字 500 000,在"可变单元格"中输入 2015 年销售量所在的单元格＄C＄2(将光标先定位到可变单元格后的文本框,再单击 C2 单元格),如图 1-67 所示。

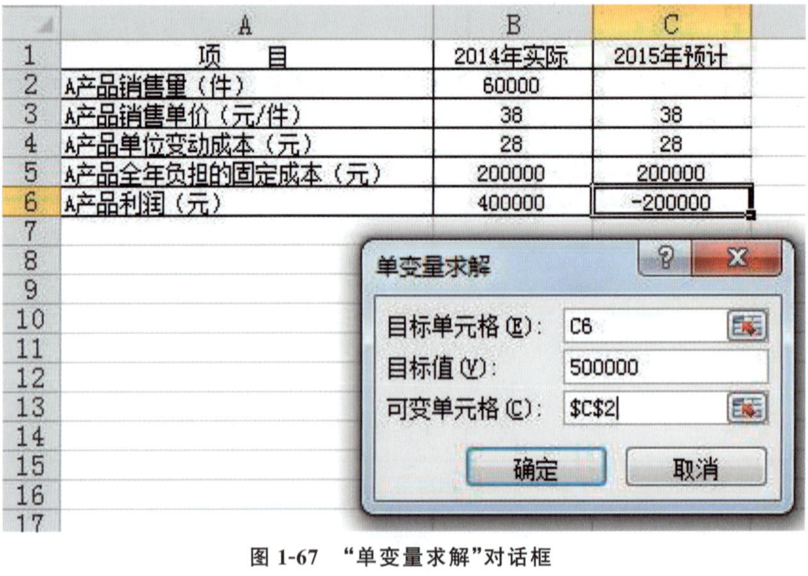

图 1-67　"单变量求解"对话框

（5）单击"单变量求解"对话框中的"确定"按钮，弹出如图 1-68 所示的"单变量求解状态"对话框。

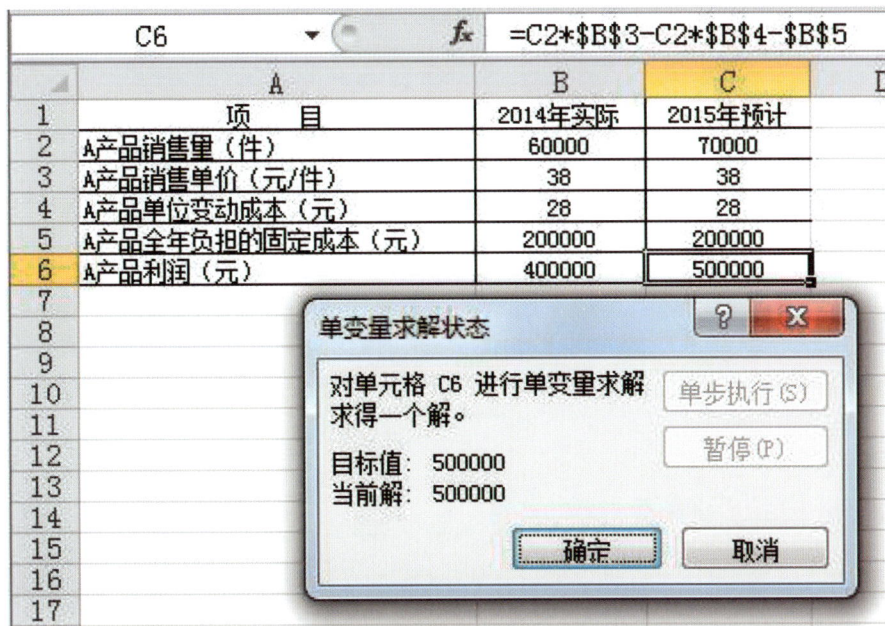

图 1-68 "单变量求解结果"对话框

（6）单击"单变量求解状态"对话框中的"确定"按钮，得到单变量求解的结果。利润达到 500 000 元，销售量达到 70 000 件。

总结：单变量求解工具应用非常广泛，请熟练掌握。

任务 1-10　应用模拟运算表求解工具

一、什么是模拟运算表？

　　模拟运算表是一种快捷的假设分析工具，用于显示一个或两个变量的更改对公式结果的影响。Excel 模拟运算表工具是一种只需一步操作就能计算出所有变化的模拟分析工具。它可以显示公式中某些值的变化对计算结果的影响，为同时求解某一运算中所有可能的变化值组合提供了捷径。模拟运算表有两种类型：单变量模拟运算表和双变量模拟运算表。

二、单变量模拟运算表

　　它是基于一个输入变量的模拟运算表，用这个输入变量测试其对公式结果的影响。

　　（一）基于一个公式的单变量模拟运算

　　实例应用：

　　【例题 1-3】贷款 30 万元，分 5 年还清，假定 6 种不同的年利率分别是 8％、9％、10％、11％、12％、13％，那么不同利率水平下的每月还贷额是多少？

　　利用单变量模拟运算表，实际操作步骤如下：

　　（1）在工作表中建立模拟运算表的分析模型，如图 1-69 所示。

A	B
贷款额	300000
贷款年利率	每月末支付额
	=PMT(A3/12,12*5,B1)
8%	
9%	
10%	
11%	
12%	
13%	

图 1-69　单变量模拟运算表分析模型

　　B3 单元格的值是贷款的月支付额，其公式是：＝PMT(A3/12,12 * 5,B1)。

　　PMT 函数的第 1 个参数"A3/12"表示月利率。

　　PMT 函数的第 2 个参数是支付贷款的总月数。

　　PMT 函数的第 3 个参数是 B1 单元格，其值是贷款金额。

注意:

A3 单元格是"输入单元格"。单变量模拟运算表中使用的公式必须引用"输入单元格",输入单元格就是模拟运算公式中其值不确定,要用其他单元格的值来代替的单元格。

在单变量模拟运算表中,输入数据的值被安排在一行或一列中,区域 A4:A9 是不同的贷款年利率。在实际计算时,A3 将被 A4:A9 的值逐一替换。

该分析模型涉及财务函数 PMT,其功能与语法格式说明见表 1-2 或参考 Excel 的联机帮助。

表 1-2　PMT 函数的功能与语法

PMT 函数的功能	计算在固定利率下,贷款的等额分期偿还额
PMT 函数的语法	PMT(rate,nper,pv,[fv],[type])
	Rate 为贷款利率。 Nper 为该项贷款的付款期总数。 Pv 为现值,或一系列未来付款的当前值的累积和,也称为本金。 Fv 为未来值,或在最后一次付款后希望得到的现金余额。如果省略 fv,则假设其值为零。 Type 为数字 0 或 1,用以指定各期的付款时间是在期末还是期初。 注意:PMT 函数的值与 pv 参数数值的正负方向相反。

(2)选择包括公式和需要保存计算结果的单元格区域 A3:B9,执行模拟运算表命令(位于"数据"选卡—"数据工具"组—"模拟分析"按钮的弹出菜单中),弹出"模拟运算表"对话框。

(3)在"模拟运算表"对话框中,先单击"输入引用列的单元格"文本框,然后单击 A3 单元格,结果如图 1-70 所示。

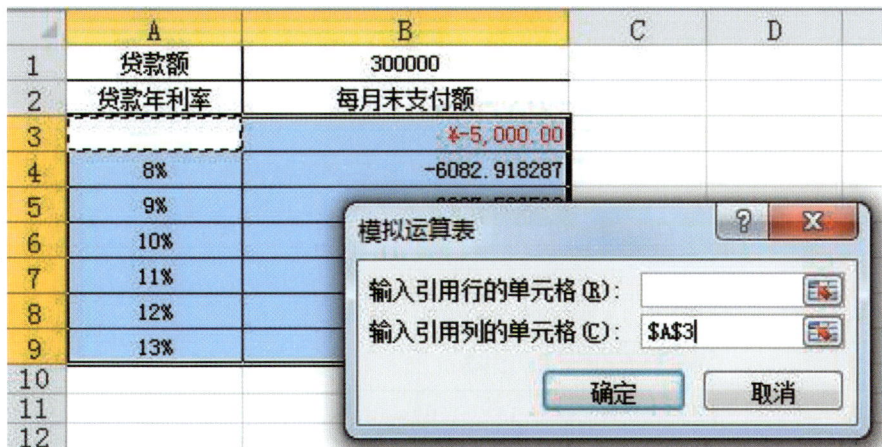

图 1-70　"模拟运算表"对话框

(4)最后再单击"确定"按钮,结果如图 1-71 所示。

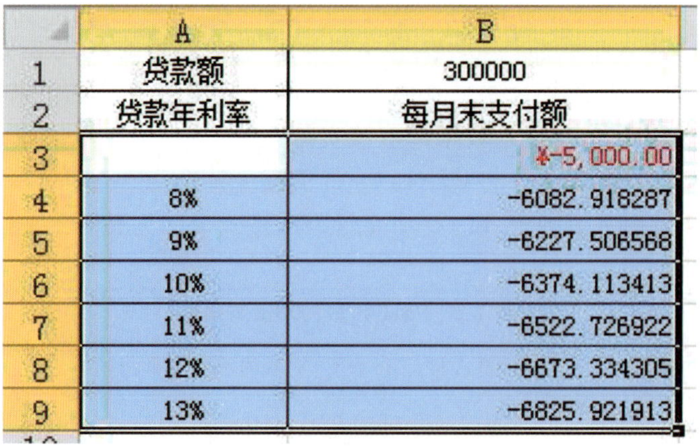

	A	B
1	贷款额	300000
2	贷款年利率	每月末支付额
3		¥-5,000.00
4	8%	-6082.918287
5	9%	-6227.506568
6	10%	-6374.113413
7	11%	-6522.726922
8	12%	-6673.334305
9	13%	-6825.921913

图 1-71 “模拟运算表”分析结果

上述计算的过程是，B3＝PMT(＄A＄3/12,12＊5,B1)，A3 没有值，系统用 0 代替，B3 计算的是利率为 0 的每期还贷金额。当计算 B4 单元格的值时，Excel 将把单元格 A4 中的值输入到 A3 中；当计算单元格 B5 的值时，Excel 将把单元格 A5 中的值输入到 A3 中……直到模拟运算表的所有值都计算出来。

(5)每更改 1 次利率，将会出现 1 种新的结果，每更改 1 次贷款金额(B1 单元格数据)，将会出现 7 种新的结果，这为不同方案的对比提供了方便。

(二)基于多个公式的单变量模拟运算

实例应用：

【例题 1-4】接上例，若要同时查看在同等利息情况下分别贷款 40 万元、50 万元、60 万元、70 万元的每月月末支付额(每月还贷金额)是多少，该怎么算？

操作步骤如下：

(1)建立如图 1-72 所示的分析模型，录入相关的文字，在 B1、C1、D1、E1 单元格中分别输入400 000、500 000、600 000、700 000，在 A4、A5、A6、A7、A8、A9 单元格中分别输入 8%、9%、10%、11%、12%、13%。

(2)在 B3、C3、D3、E3 单元格中分别输入每月月末支付额计算公式，见表 1-3。

表 1-3 每月末支付额的计算公式

单元格	公式	备注
B3	＝PMT(＄A＄3/12,12＊5,B1)	
C3	＝PMT(＄A＄3/12,12＊5,C1)	通过复制 B3 单元格公式快速完成
D3	＝PMT(＄A＄3/12,12＊5,D1)	通过复制 B3 单元格公式快速完成
E3	＝PMT(＄A＄3/12,12＊5,E1)	通过复制 B3 单元格公式快速完成

(3)选中单元格区域 A3:E9，执行“模拟运算表”命令，在弹出的“模拟运算表”对话框的“输入引用列的单元格”编辑框中输入＄A＄3(单击 A3 单元格即可实现输入)。

(4)单击“确定”按钮，运算结果如图 1-72 所示。

(5)更改贷款额或利率数据,结果将跟随发生变化,图 1-72 所示的分析模型比图 1-71 所示的分析模型能够显示更多的对比方案。

	A	B	C	D	E
1	贷款额	400000	500000	600000	700000
2	贷款年利率	每月末支付额	每月末支付额	每月末支付额	每月末支付额
3		¥-6,666.67	¥-8,333.33	¥-10,000.00	¥-11,666.67
4	8%	-8110.557715	-10138.19714	-12165.83657	-14193.476
5	9%	-8303.342091	-10379.17761	-12455.01314	-14530.84866
6	10%	-8498.817885	-10623.52236	-12748.22683	-14872.9313
7	11%	-8696.969229	-10871.21154	-13045.45384	-15219.69615
8	12%	-8897.779074	-11122.22384	-13346.66861	-15571.11338
9	13%	-9101.229218	-11376.53652	-13651.84383	-15927.15113

图 1-72 基于多个公式的单变量模拟运算

三、双变量模拟运算表

利用单位变量模拟运算表,可以快捷地分析一个变量对一个或多个公式计算结果的影响,但要解决两个变量对公式计算结果的影响,就需要借助于双变量模拟运算表。双变量模拟运算表是基于两个输入变量的模拟运算表,用这两个变量测试它们对于公式结果的影响。

实例应用:

【例题 1-5】贷款 60 万元,贷款利率分别为 0%、6%、7%、8%、9%、10%、11%、12%,偿还期限分别为 5 年、10 年、15 年、20 年时,每月月末应归还的贷款金额分别是多少?

利用双变量模拟运算表操作步骤如下:

(1)在 Excel 工作表中建立模拟运算表分析模型,如图 1-73 所示。

	A	B	C	D	E	F
1		贷款额		600000		
2			不同利率不同还款期限的月还贷款额			
3		=PMT(A1/12,A2*12,C1)	5	10	15	20
4		0%				
5		6%				
6		7%				
7		8%				
8		9%				
9		10%				
10		11%				
11		12%				

图 1-73 输入双变量模拟运算表的初始数据

(2)定义 B3 单元格公式:B3=PMT(A1/12,A2 * 12,C1)。

A1 为年利率的变量,它的取值来源于利率所在的单元格区域 B4:B11。

A2 为偿还年限的变量,它的取值来源于偿还年限所在行的 C3:F3 单元格区域。

C1 为贷款额。

(3)选中区域 B3:F11,执行模拟运算表命令,弹出"模拟运算表"对话框,在"输入引用行的单元格"编辑框中输入 $A$2(单击 A2 单元格即可实现输入),在"输入引用列的单元格"

编辑框中输入＄A＄1（单击 A1 单元格即可实现输入），如图 1-74 所示。

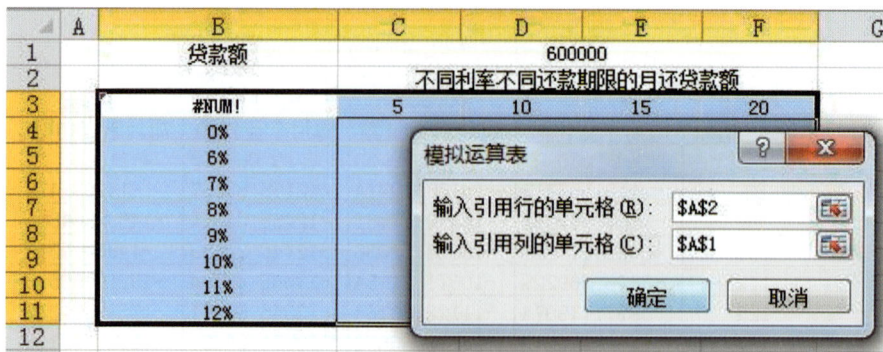

图 1-74　设置模拟运算表

（4）单击"确定"按钮，结果如图 1-75 所示。

图 1-75　双变量模拟运算表计算结果

（5）更改贷款额、利率或还款期限数据，月还款额数据将跟随发生相应的变化，图 1-75 所示的分析模型能够显示三种变量自由组合情形下的对比方案。

总结：模拟运算工具为不同方案对比带来了极大的方便，因此，掌握了模拟运算表的应用方法，能够解决会计工作中的许多繁杂问题，不仅可以减轻劳动强度，提高会计工作效率，而且可以极大地提高会计工作的水平。

任务 1-11 规划求解工具的应用

单变量求解只能通过一个变量的变化求得一个目标值,对于需要通过许多变量的变化来找到一个目标值,如查找最小值或某个确定的值,单变量求解就无能为力了。在 Excel 中,规划求解可以解决这个问题。

适合于规划求解的问题有如下特点:

(1)问题有单一的目标,如运输的最佳路线、生产的最低成本、产品的最大盈利等。

(2)问题有明确的不等式约束条件,如生产材料不能超过库存,生产周期不能超过 10 天。

(3)问题有直接或间接影响约束条件的一组输入值。

一、规划求解问题的组成

在 Excel 中,一个规划求解问题由以下 3 个部分组成。

1.可变单元格

可变单元格是实际问题中有待于解决的未知因素。一个规划问题中可能有一个变量,也有可能有多个变量。也就是说,在 Excel 的规划求解模型中,可能有一个可变单元格,也可能有一组可变单元格。可变单元格也称为决策变量,一组决策变量代表一个规划求解的方案。

2.目标函数

目标函数表示规划求解要达到的最终目标,如求最大利润、最短路径、最小成本、最佳产品搭配等。在 Excel 中,目标函数与可变单元格有着直接或间接的联系,目标函数是规划求解的关键,它可以是线性函数,也可以是非线性函数。

3.约束条件

约束条件是实现目标的限制条件,规划求解是否有解与约束条件有着密切的关系,它对可变单元格中的值起着直接的限制作用。约束条件可以是等式,也可以是不等式。

二、规划求解工具的加载与使用

(1)用户安装 Excel 时不会自动加载规划求解工具,当用户第一次使用规划求解工具时,需要加载"规划求解",操作方法是:

(2)单击 Excel 2010 程序窗口左上角的"文件"菜单按钮。

(3)在弹出的菜单中单击"选项"按钮。

(4)在弹出的"Excel 选项"对话框中,单击"加载项",见图 1-76。

(5)再单击位于窗口下方的"转到"按钮,弹出"加载宏"对话框,勾选"规划求解加载项"复选框,如图 1-77,点击"确定"。

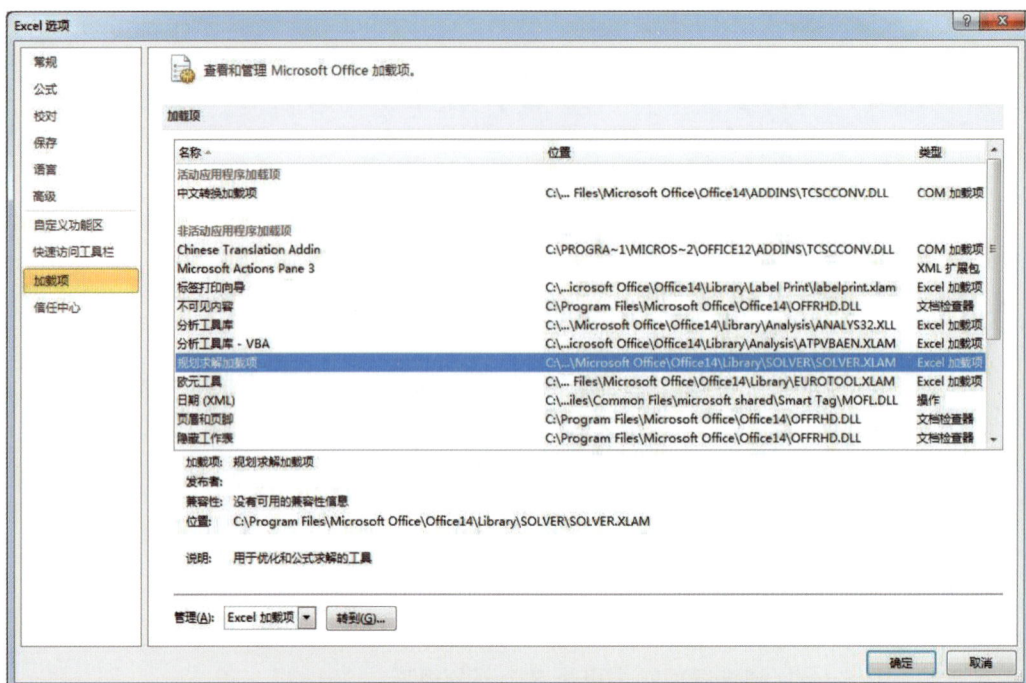

图 1-76　加载项

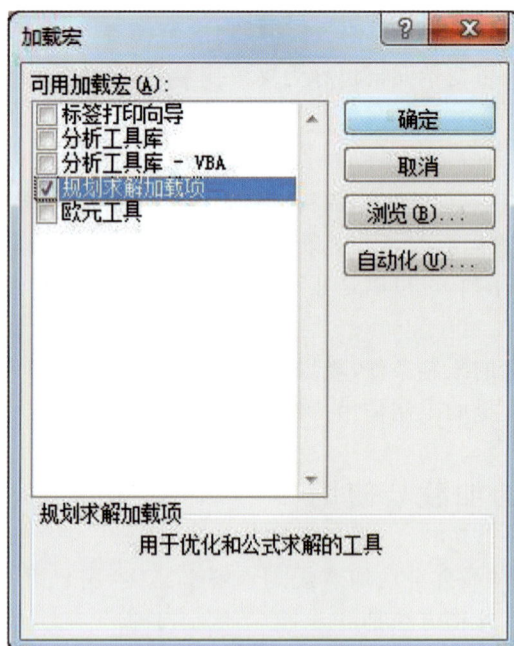

图 1-77　加载规划求解工具

加载成功后，规划求解工具位于【数据】选项卡下的【分析】组中。

三、规划求解的操作步骤

(1)建立规划求解模型。

(2)进行规划求解。

(3)分析求解结果。

(4)编辑规划求解参数。

(5)修改约束条件。

(6)修改规划求解选项。

四、规划求解的实例应用

【例题1-6】某企业老板要求采购员购买 5 种商品，商品信息如图 1-78，要求总支出 10 000元，该采购员如何配货？

	A	B	C	D
1		单击	购买量	总价
2	商品1	25	1	25
3	商品2	63	1	63
4	商品3	22	1	22
5	商品4	41	1	41
6	商品5	37	1	37
7			合计	188

图 1-78　商品信息图

利用规划求解实际操作步骤如下：

(1)调出规划求解工具，请参考图 1-76,1-77。也可以按加载宏快捷键：Alt＋T＋I。

(2)点击【数据】—【规划求解】(见图 1-79)。

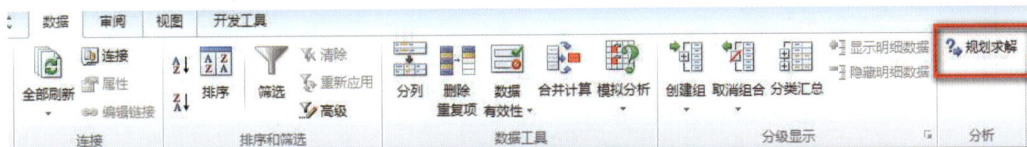

图 1-79　规划求解工具

(3)弹出对话框，设置参数，【设置目标】设为＄D＄7，即合计的总价。如图 1-80。

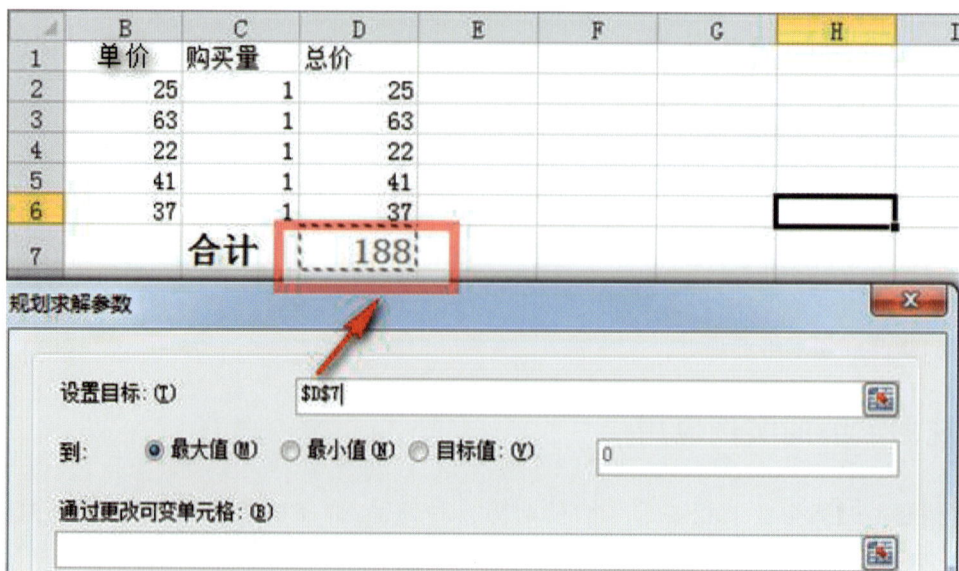

图 1-80　设置目标单元格

（4）将目标值设成10 000，见图1-81。

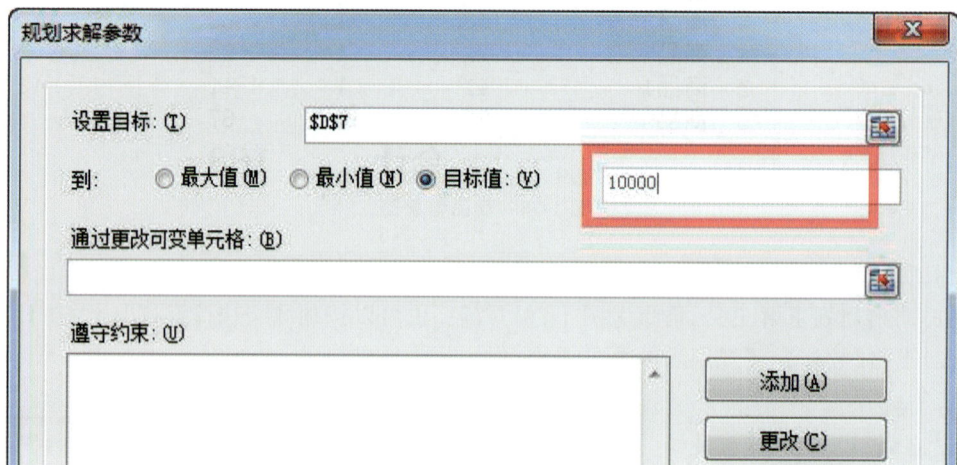

图 1-81　设置目标值

（5）【可变单元格】设成购买数量，见图1-82。

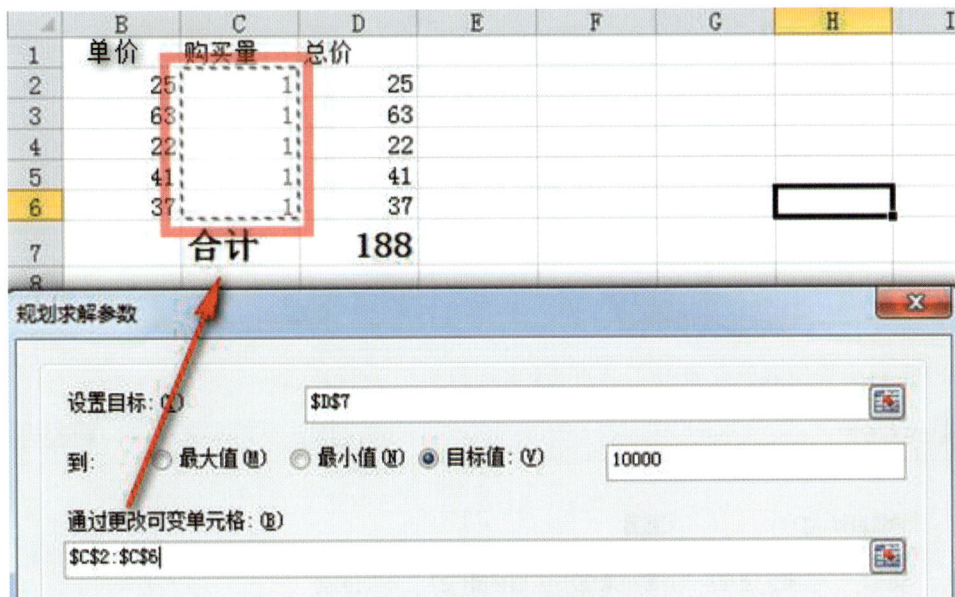

图 1-82 设置可改变单元格

（6）再点击【添加】，添加约束条件。【单元格引用】选择购买量，约束条件为＞＝1，表示最小购买量为 1。再点击【添加】，添加另外的约束条件，如图 1-83。

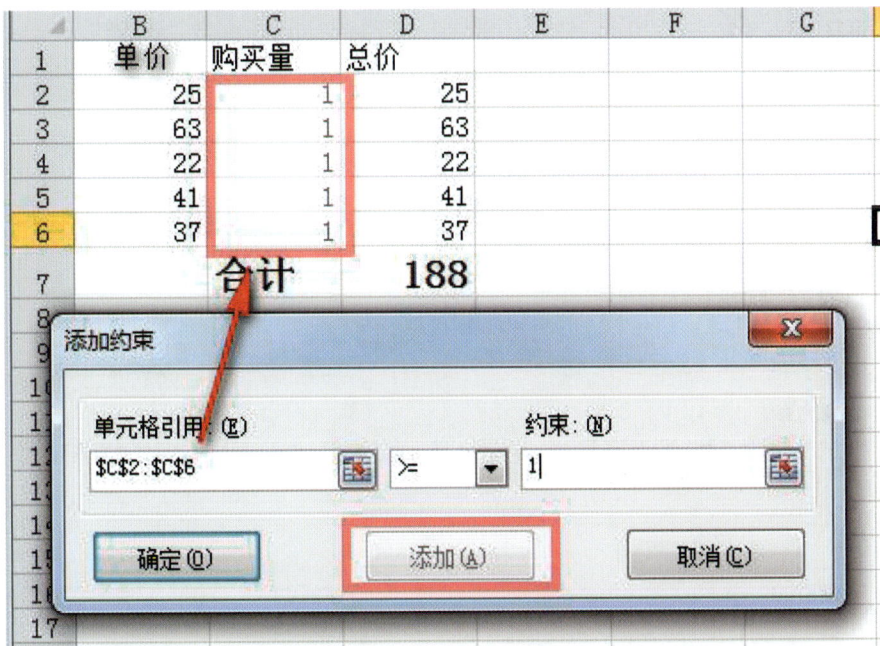

图 1-83 添加约束条件

（7）新的约束条件中，引用位置还是购买量，但约束值选择为【int】【整数】表示购买量一定是整数。点击【确定】，如图 1-84。

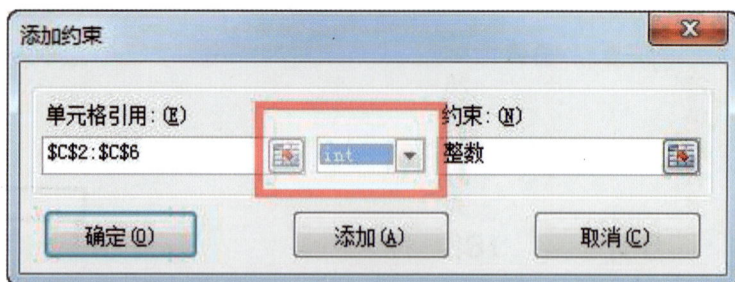

图 1-84　继续添加约束条件

（8）规划求解参数就设置好了。点击【求解】，如图 1-85。

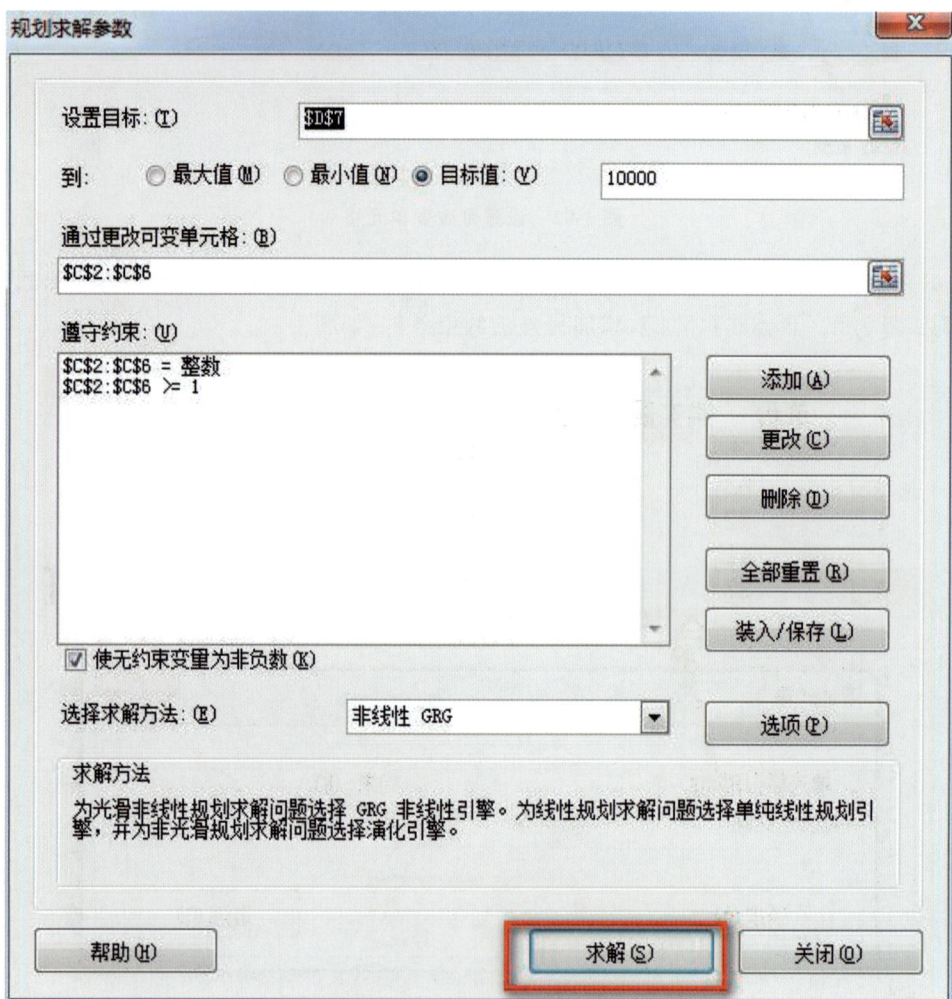

图 1-85　求解参数设置结果

（9）结果如图 1-86，购买量都规划出来了，老板的10 000元，采购员已规划出购买数量。如果不需要报告，直接点击【确定】即可。如果需要【运算结果报告】，就选择它，将【制作报告大纲】打钩，运算结果报告如图 1-87。如果还需要试试约束条件，就先【保存方案】，再调整约束条件。

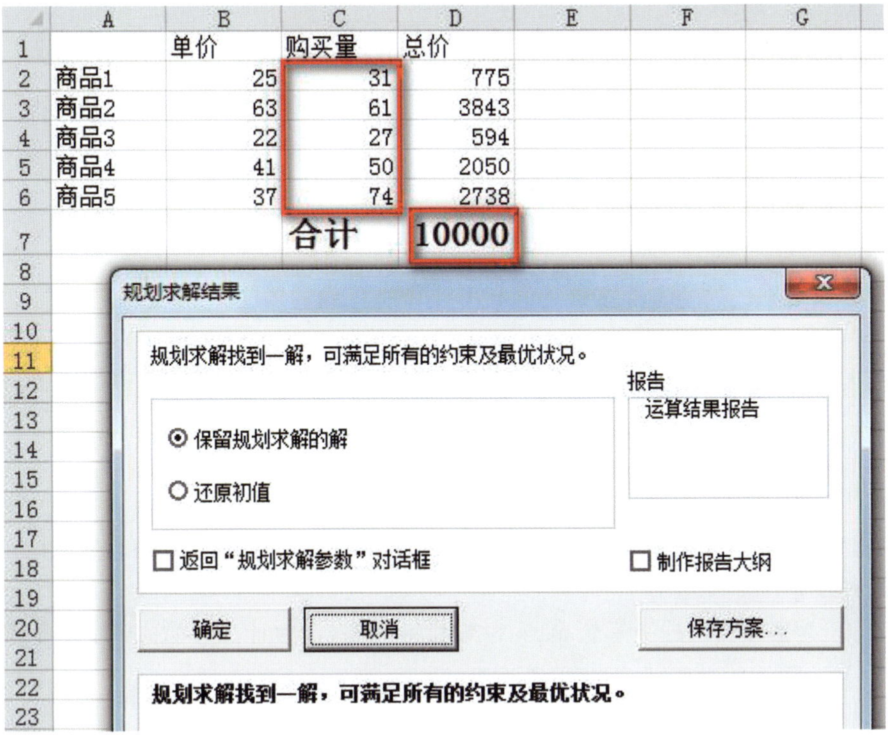

图 1-86　规划求解结果

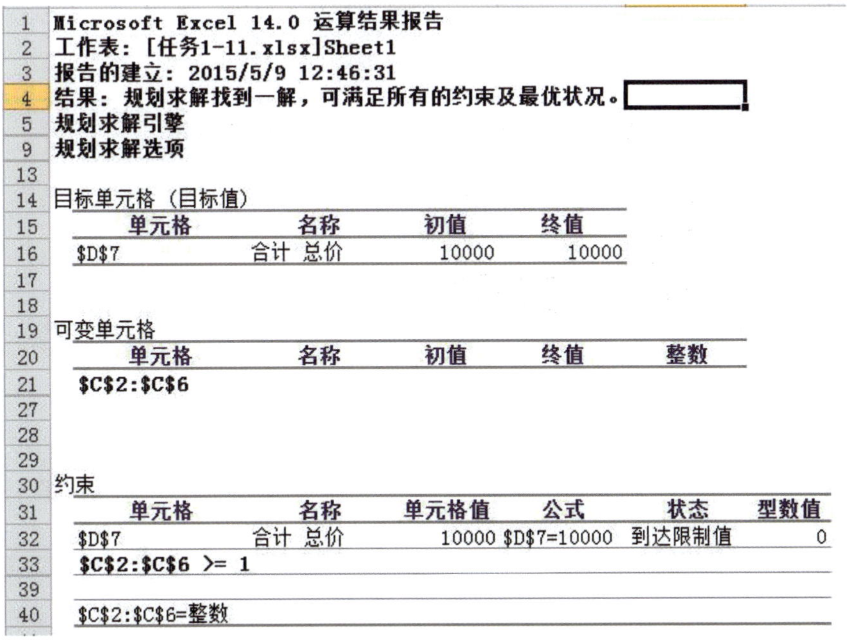

图 1-87　运算结果报告

规划求解工具用处非常广泛,在生活中还可以解决更多复杂的问题。

任务 1-12　常用的计算终值与现值的函数应用

一、什么是终值和现值？

终值是指现在的一笔资金按给定的利率计算所得到的未来某一时刻的价值，也称为未来值。

现值是指未来的一笔资金按给定的利率计算所得到的现在时刻的价值。

二、计算单利终值与现值

单利是指仅对本金计算利息，以前各期产生的利息不再计算利息的利息计算方式。

1. 单利终值

假设：P 为现在投入的一笔资金，i 为单利年利率，n 为计息年数，F 为 n 年末的单利终值。

现在投入的一笔资金，n 年末的终值相当于 n 年末的本利之和，则：

$$F=P+P \cdot i \cdot n=P \cdot (1+i \cdot n)$$

利用 Excel 计算单利终值非常简单，只需要在相应的单元格中输入上述计算公式即可。

例如，某人现在存入银行10 000元，单利年利率 8%，则 10 年后的本利和为18 000元，详见图 1-88：

	B4	▼ (	f_x	=B1*(1+B2*B3)	
▲	A	B	C	D	E
1	现值	10000			
2	利率	8%			
3	期数	10			
4	终值	18000			

图 1-88　单利终值计算

2. 单利现值

如果已知一笔现在的存款一定时期后按单利计息的终值，则可求出其等值的现值。由终值求现值又叫贴现或折现，贴现时所使用的利率称为贴现率或折现率，其计算公式为：

$$P=F/(1+i \cdot n)$$

利用 Excel 计算单利终值非常简单，只需要在相应的单元格中输入上述计算公式即可。

例如，某人打算在 10 年后从银行取出10 000元，单利年利率 8%，则现在需要存入银行的金额为5 555.56元，详见图 1-89：

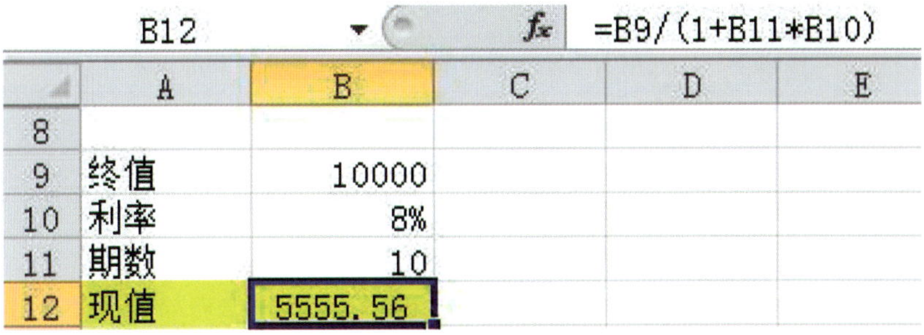

B12 =B9/(1+B11*B10)

	A	B	C	D	E
8					
9	终值	10000			
10	利率	8%			
11	期数	10			
12	现值	5555.56			

图 1-89 单利现值计算

三、计算复利终值与现值

复利是指不仅对本金计算利息,而且对以前各期所产生的利息也计算利息的利息计算方式。

1.复利终值

复利终值是指一笔资金按一定的利率复利计息时,未来某一时刻的本利和。

假设:P 为现在投入的一笔资金,i 为复利年利率,n 为计息年数,F 为 n 年末的复利终值,则复利终值的计算公式为:

$$F=P\cdot(1+i)^n$$

利用 Excel 计算复利终值非常简单,只需要在相应的单元格中输入上述计算公式即可。

例如,某人现在存入银行10 000元,复利年利率 8%,则 10 年后的本利和为21 589.25元,如图 1-90 所示:

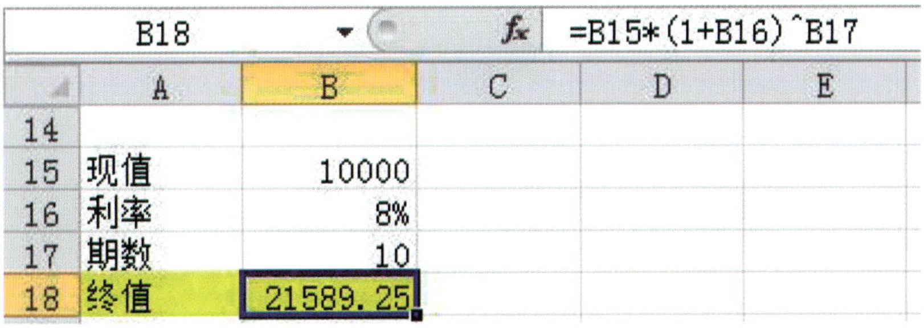

B18 =B15*(1+B16)^B17

	A	B	C	D	E
14					
15	现值	10000			
16	利率	8%			
17	期数	10			
18	终值	21589.25			

图 1-90 复利现值计算

此外,复利终值还可以利用 FV 函数计算。FV 函数的功能与语法见表 1-4 所示。

表 1-4　FV 函数的功能与语法

FV 函数的功能	基于固定利率及等额分期付款方式,返回某项投资的未来值。
FV 函数的语法	FV(rate,nper,pmt,pv,[type])
	Rate 为各期利率。 Nper 为总投资期,即该项投资的付款期总数。 Pmt 为各期所应支付的金额,其数值在整个年金期间保持不变。通常 pmt 包括本金和利息,但不包括其他费用及税款。如果忽略 pmt,则必须包括 pv 参数。 Fv 为未来值,或在最后一次付款后希望得到的现金余额。如果省略 fv,则假设其值为零。 Pv 为现值,即从该项投资开始计算时已经入账的款项,或一系列未来付款的当前值的累积和,也称为本金。如果省略 pv,则假设其值为零,并且必须包括 pmt 参数。 Type 为数字 0 或 1,用以指定各期的付款时间是在期末(0)还是期初(1)。如果省略 type,则假设其值为 0。
说明	应确认所指定的 rate 和 nper 单位的一致性。例如,同样是五年期年利率为 12% 的贷款,如果按月支付,rate 应为 12%/12,nper 应为 5 * 12;如果按年支付,rate 应为 12%,nper 为 5。 在所有参数中,支出的款项,如银行存款,表示为负数;收入的款项,如股息收入,表示为正数。

利用 FV 函数计算操作步骤如下:

(1)根据要求,建立数据模型。

(2)插入 FV 函数,输入参数值,如图 1-91。

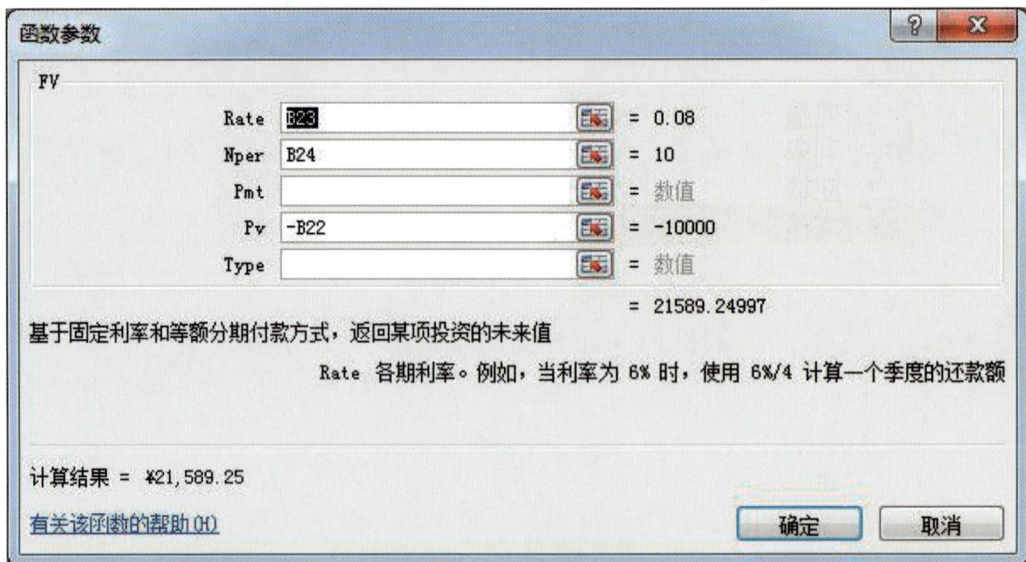

图 1-91　FV 函数参数值

（3）得出计算结果，如图 1-92。

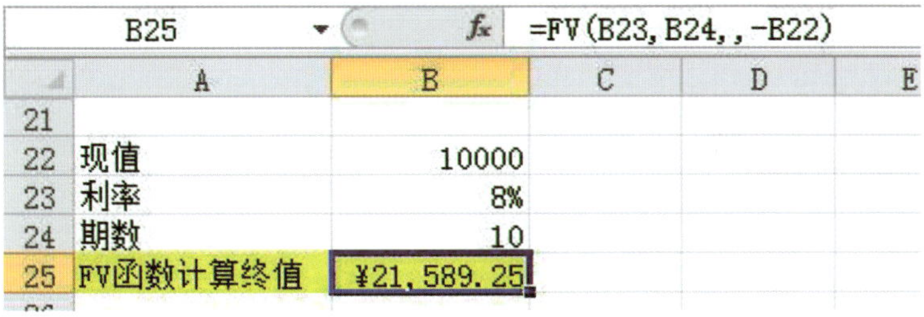

图 1-92　FV 函数计算终值

2.复利现值

复利现值是指未来时期的一笔资金按复利贴现的现在时刻的价值。贴现是复利的反过程。在已知复利终值、利率和贴现期数的条件下，可求得复利现值为：

$$P = F/(1+i)^n$$

例如，某人打算在 10 年后从银行取出10 000元，复利年利率为 8%，则现在需要存入银行的金额为4 631.93元。

复利现值可以利用 PV 函数计算。PV 函数的功能与语法，如表 1-5 所示。

表 1-5　PV 函数的功能与语法

PV 函数的功能	返回投资的现值。现值为一系列未来付款的当前值的累积和。
PV 函数的语法	PV(rate,nper,pmt,fv,[type])
	Rate 为各期利率。 Nper 为总投资期，即该项投资的付款期总数。 Pmt 为各期所应支付的金额，其数值在整个年金期间保持不变。通常 pmt 包括本金和利息，但不包括其他费用及税款。如果忽略 pmt，则必须包括 pv 参数。Fv 为未来值，或在最后一次付款后希望得到的现金余额。如果省略 fv，则假设其值为零。 fv 为未来值，或在最后一次支付后希望得到的现金余额，如果省略 fv，则假设其值为零（一笔贷款的未来值即为零），并且必须包括 pmt 参数。 Type 为数字 0 或 1，用以指定各期的付款时间是在期末(0)还是期初(1)。如果省略 type，则假设其值为 0。
说明	应确认所指定的 rate 和 nper 单位的一致性。例如，同样是五年期年利率为 12% 的贷款，如果按月支付，rate 应为 12%/12，nper 应为 5 * 12；如果按年支付，rate 应为 12%，nper 为 5。 在所有参数中，支出的款项，如银行存款，表示为负数；收入的款项，如股息收入，表示为正数。

利用 PV 函数计算操作步骤如下：

（1）根据要求，建立数据模型。

（2）插入 PV 函数，输入参数值，如图 1-93。

(3)得出计算结果,如图 1-94。

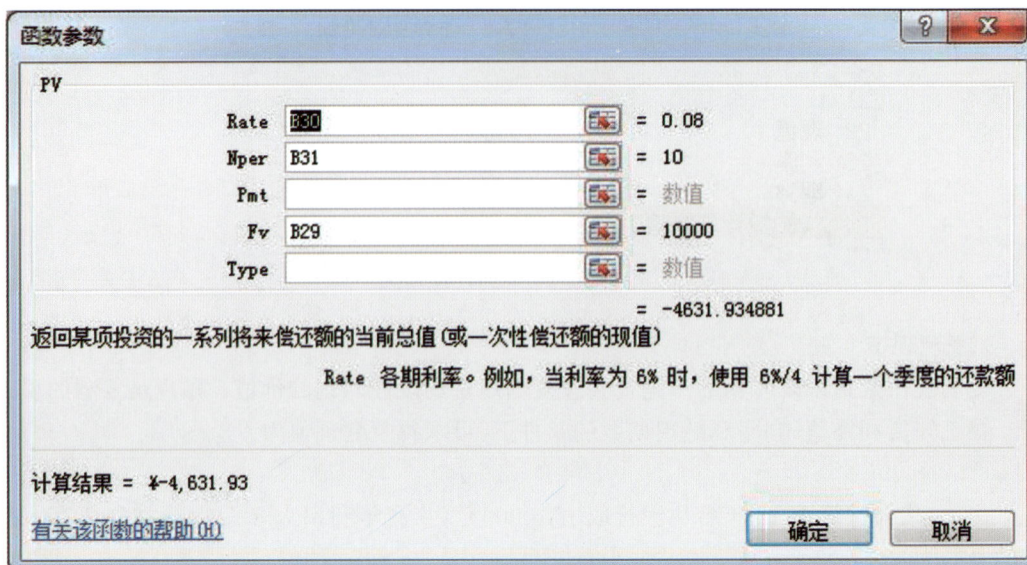

图 1-93　PV 函数参数值

图 1-94　PV 函数计算现值

利用 PV、FV 函数可以快速有效地计算实际生活中的现值和终值。

综合实训一

一、打开"模块一综合实训.xlsx"，将 sheet1 工作表中的数据进行如下操作：

1.将 A1:E1 单元格合并及居中；设置表格标题字体：16 磅、黑体、深蓝色。

2.设置 A2:E8 单元格内容水平居中，垂直居中。

3.调整表格行高、列宽：2～8 行行高设为 25，D 列与 E 列列宽设为 16；边框、底纹：为 A2:E8 添加绿色粗实线外边框，内部线为黄色双实线，单元格区域 A2:E2 设置蓝色底纹 (0,112,192)，设置区域 A3:E8 底纹为自定义颜色(183,72,152)。

4.将"花生"所在行移到"水稻"行上方；利用条件格式，将实缴数量大于5 000的字体颜色设置为黄色。

二、打开"模块一综合实训.xlsx"，将 sheet2 工作表中的数据进行如下操作：

1.利用公式或函数计算出超额列的数据。

2.使用表格中 B2:E8 创建簇状柱形图，进行图表行列切换。

3.图表上方添加标题为"超额完成情况表"，图例显示在左侧。

4.将"田田"的"大豆"的实缴数量与应缴数量值进行显示。

5.将图表区背景填充为浅绿色，图例背景填充为橙色，绘图区背景填充为"白色大理石"纹理。

模块二：Excel 在出纳岗位中的应用

学习目标

通过本章学习，使一般会计人员掌握在从事出纳工作中应具备的基本知识和操作技能，主要包括以下几点：

1. 建立现金日记账
2. 建立银行存款日记账
3. 创建现金盘点报告表
4. 制作现金收(付)款凭证
5. 设计借款单
6. 提存现金管理

本模块建议课时：8 课时

任务 2-1   创建现金日记账

一、任务描述

在手工记账实务中，现金日记账通常由出纳人员根据审核后的现金收、付款凭证，逐日逐笔顺序登记。每日收付款项逐笔登记完毕，应分别计算现金收入和支出的合计数及账面的结余额，并将现金日记账的账面余额与库存现金实存数相核对，借以检查每日现金收、支和结存的情况。本任务以江苏欣欣钢结构有限公司的日常经济业务为例，以电子版的形式创建现金日记账。

二、任务分析

本任务主要根据已有的记账凭证生成现金日记账以体现其基本格式及内容。（建议课时：2 课时）

三、相关知识

具体数据输入及表格设置等相关知识可以参阅模块一。在表格输入信息时，可以利用"筛选"和"数据有效性"的功能，提高数据输入的精确性和效率性。在统计数据时，还会用到自定义"求和"公式。具体使用方法参见下例实际操作部分。

四、实际操作

本部分原始文件和最终效果所在位置如下：

原始文件　　账务处理流程 01.xls

最终效果　　财务处理流程 01-现金日记账创建效果.xls

（1）移动和复制工作表。打开本实例的原始文件，切换到工作表"记账凭证"，然后单击鼠标右键，在弹出的快捷菜单中选择【移动或复制】菜单项。如图 2-1 所示：

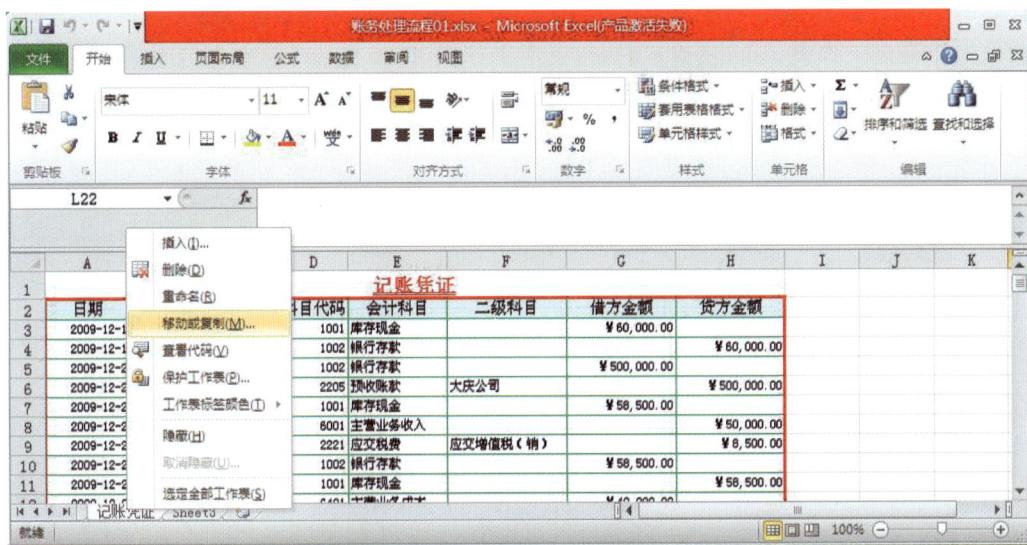

图 2-1　移动和复制工作表

（2）弹出【移动或复制工作表】对话框。在【工作簿】下拉列表中选择当前工作簿【账务处理流程 01.xls】选项，在【下列选定工作表之前】列表框中选择【Sheet3】选项，然后选中【建立副本】复选框。如图 2-2 所示：

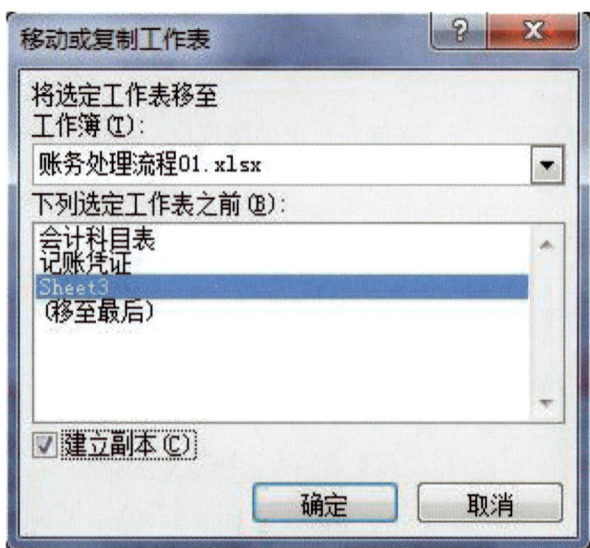

图 2-2　建立副本

　　(3)重命名工作表。单击【确定】按钮返回工作表,随即生成一个新的工作表"记账凭证(2)"。然后将其重命名为"现金日记账"。并将标题"记账凭证"也在输入框里改为"现金日记账"。如图 2-3、2-4 所示:

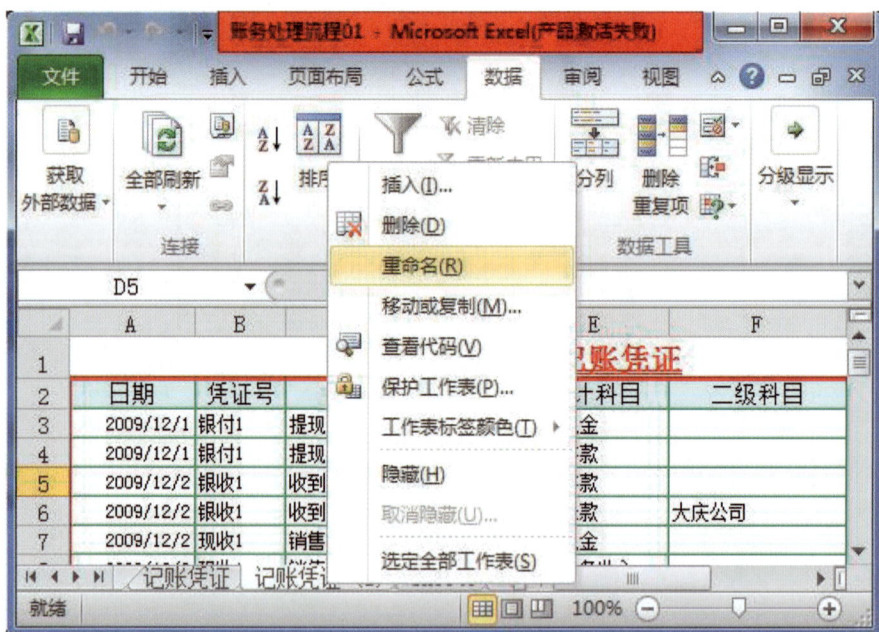

图 2-3　重命名工作表

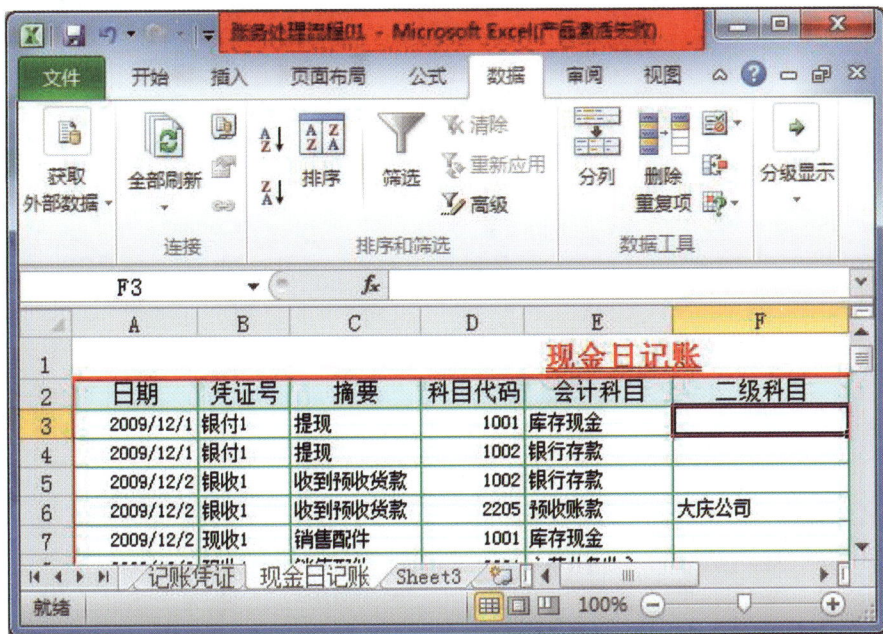

图 2-4　修改标题

(4)插入行。选中第 3 行,单击鼠标右键,在弹出的快捷菜单中选择【插入】菜单项。如图 2-5 所示:

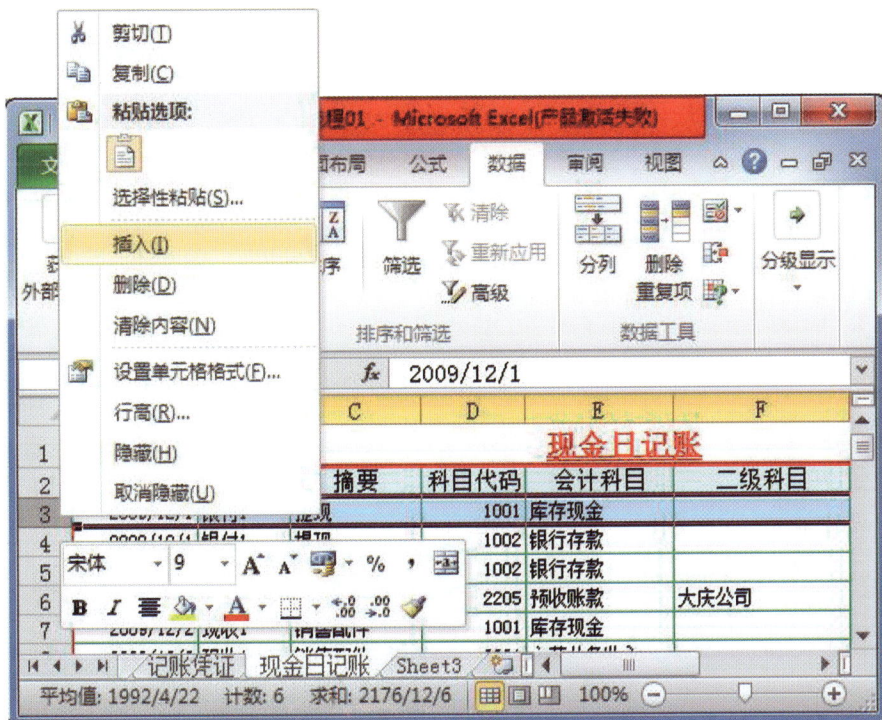

图 2-5　插入行

（5）随即在原行的上方插入了一个新的行，然后进行简单的格式化设置。如图 2-6 所示：

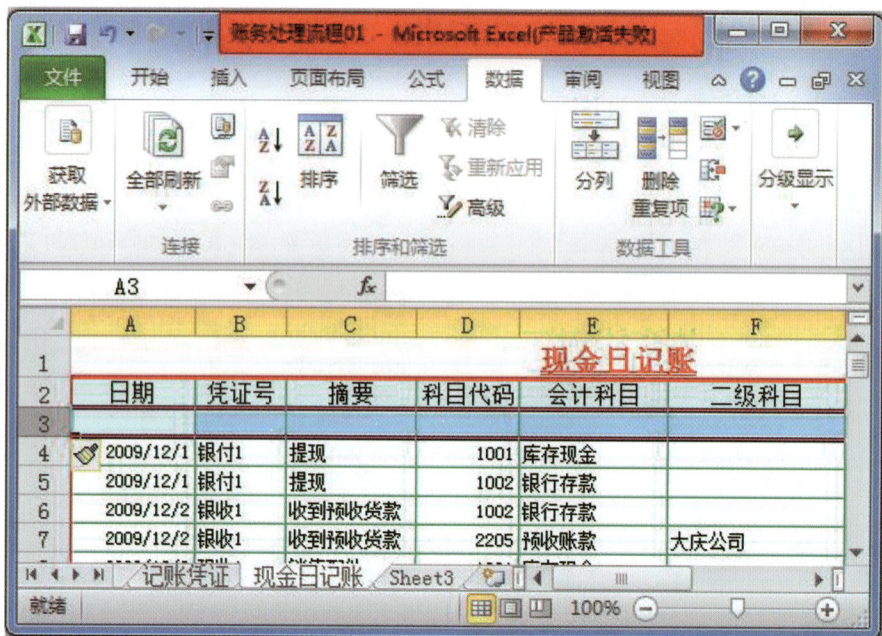

图 2-6　格式化设置

（6）添加新的标题模块"余额"。然后输入日期、摘要中的期初余额，及余额的数据，期初余额即为上期的期末余额。假设 2009 年 11 月末的余额为 80000 元，并进行简单的格式化设置。如图 2-7 所示：

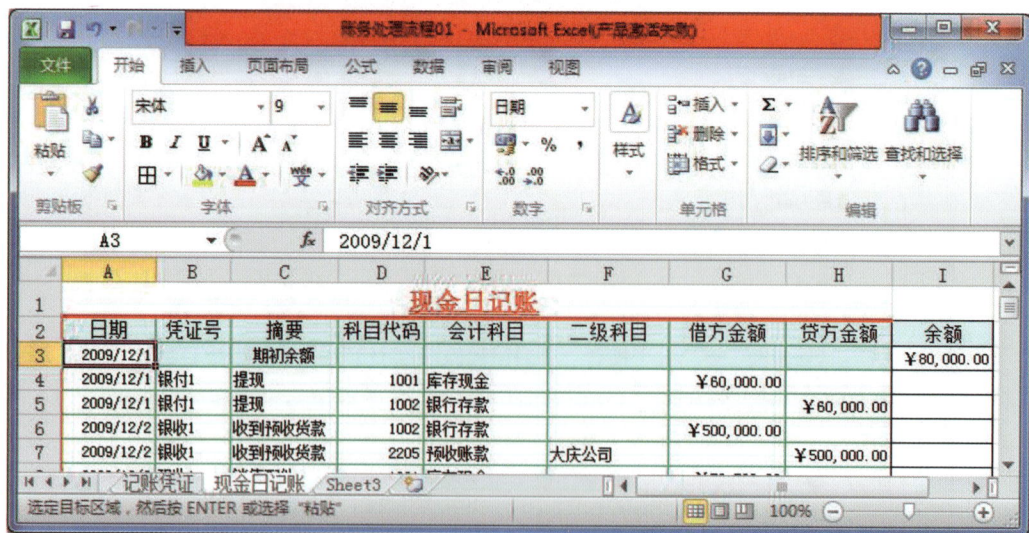

图 2-7　添加新标题模块"余额"

（7）筛选数据。选中单元格区域 A3:I109，切换到【数据】选项卡，然后在【排序和筛选】组中单击【筛选】按钮。如图 2-8 所示：

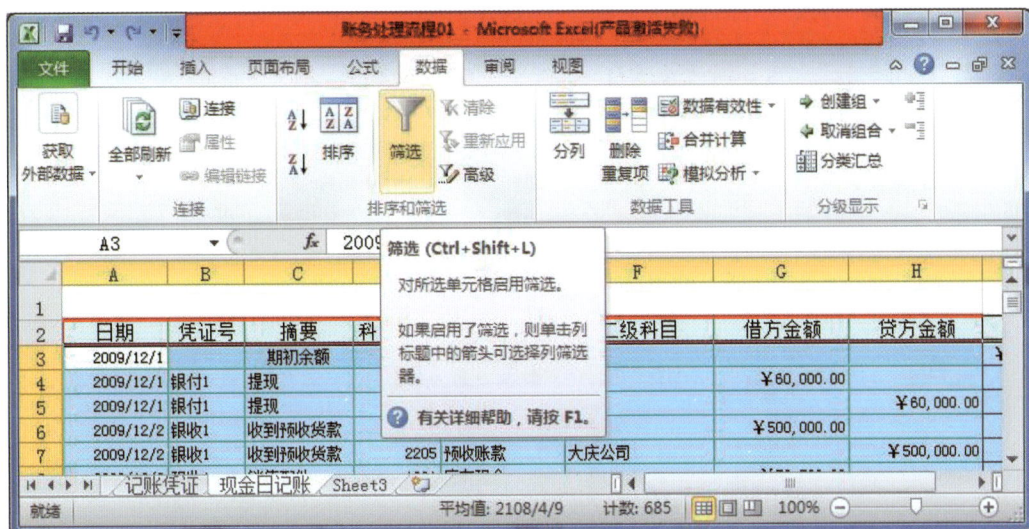

图 2-8　筛选数据

（8）随即第 3 行的各模块右侧都会出现一个下拉按钮，此时工作表进入筛选状态。选中单元格 E3，单击标题模块"会计科目"右侧的下拉按钮，在弹出的下拉列表中撤选除【库存现金】以外的所有复选框。如图 2-9 所示：

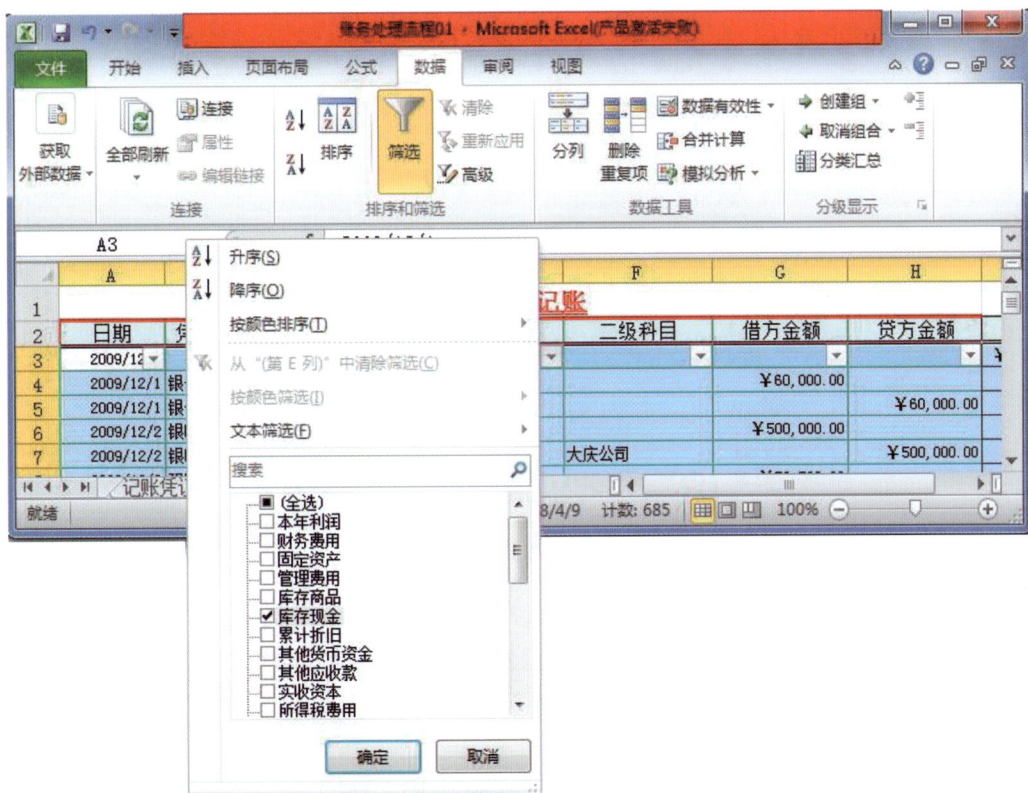

图 2-9　选取复选框

（9）单击【确定】按钮，筛选结果如图 2-10 所示：

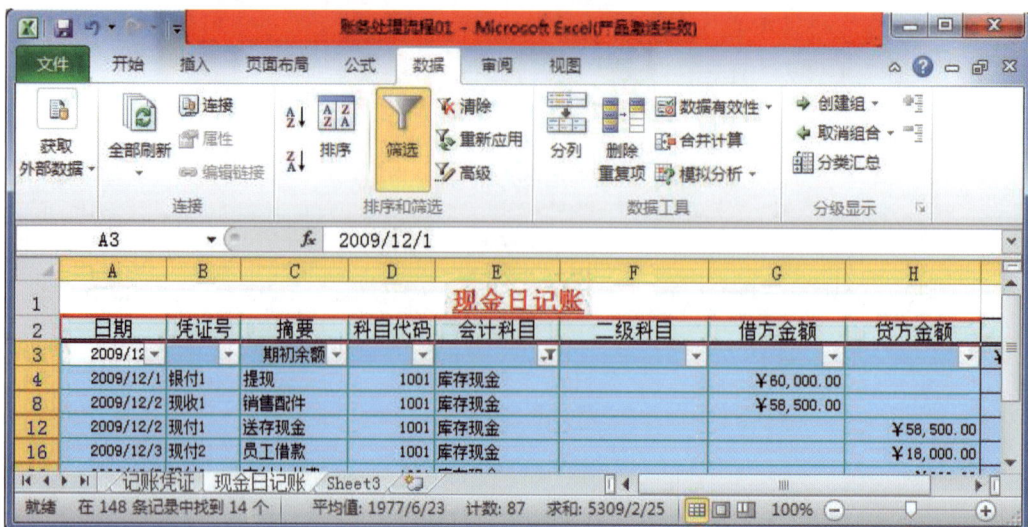

图 2-10　选取复选框结果

（10）数据分类汇总。选中单元格区域 A2：I85，切换到【数据】选项卡，在【分级显示】组中单击"分类汇总"按钮。如图 2-11 所示：

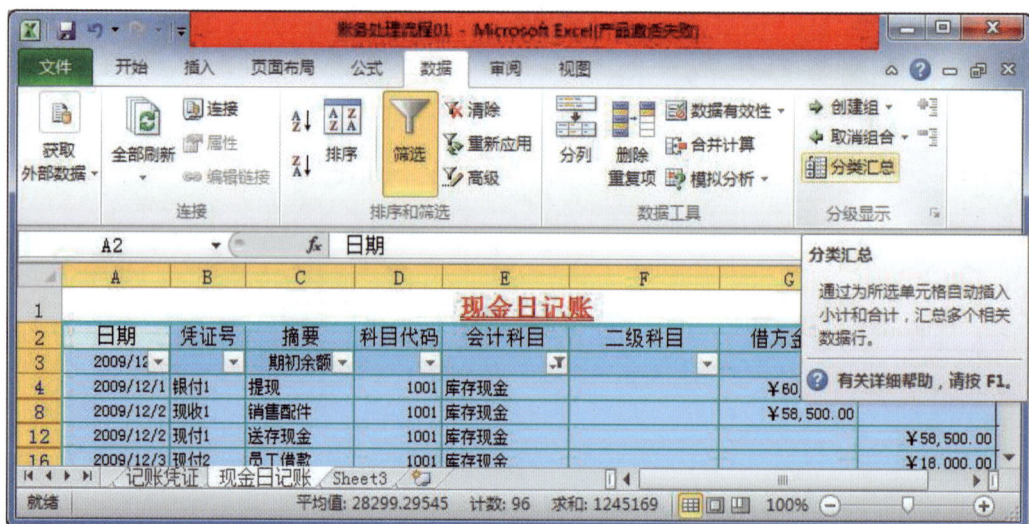

图 2-11　数据分类汇总

（11）弹出【分类汇总】对话框，在【分类字段】下拉列表中选择【日期】选项，在【汇总方式】下拉列表中选择【求和】选项，在【选定汇总项】列表框中分别选择【借方金额】和【贷方金额】选项，然后选中【替换当前分类汇总】和【汇总结果显示在数据下方】两个复选框。如图 2-12 所示：

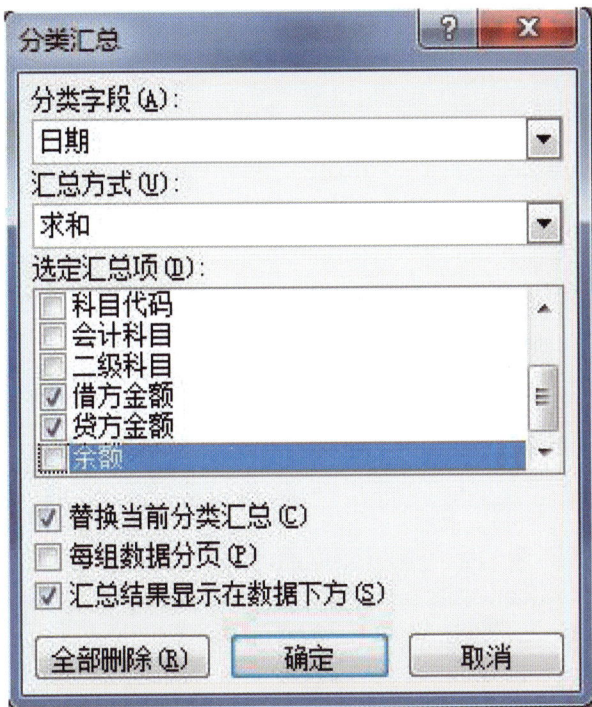

图 2-12　分类汇总对话框

(12)单击【确定】按钮返回工作表中，分类汇总结果如图 2-13 所示。

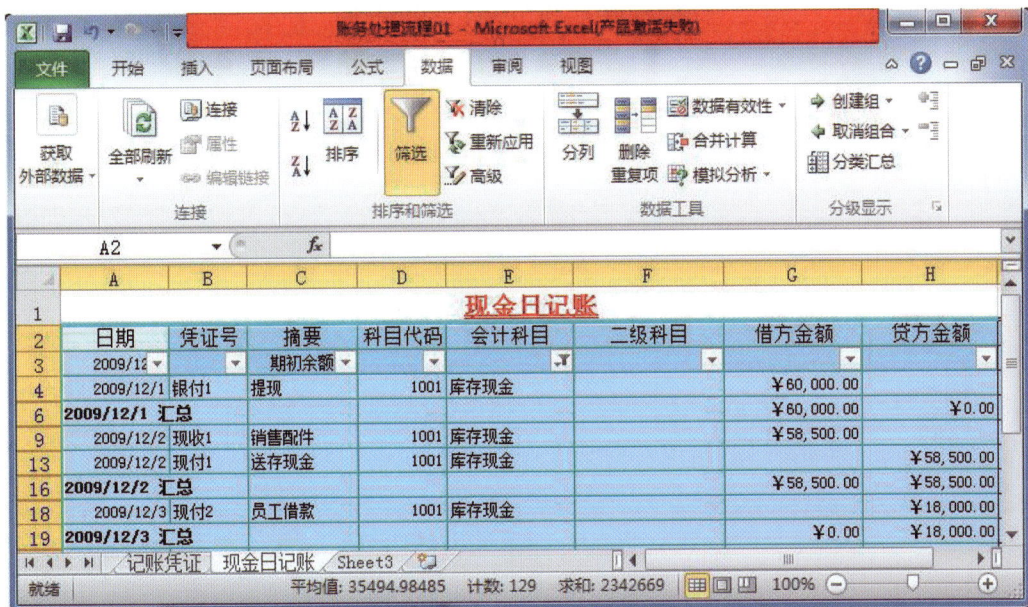

图 2-13　分类汇总结果

(13)输入"本日合计"。按下【Ctrl】键不放，依次选中要输入内容的"摘要"栏单元格，将鼠标放在编辑栏中，输入"本日合计"，然后按【Ctrl】+【Enter】组合键。如图 2-14 所示：

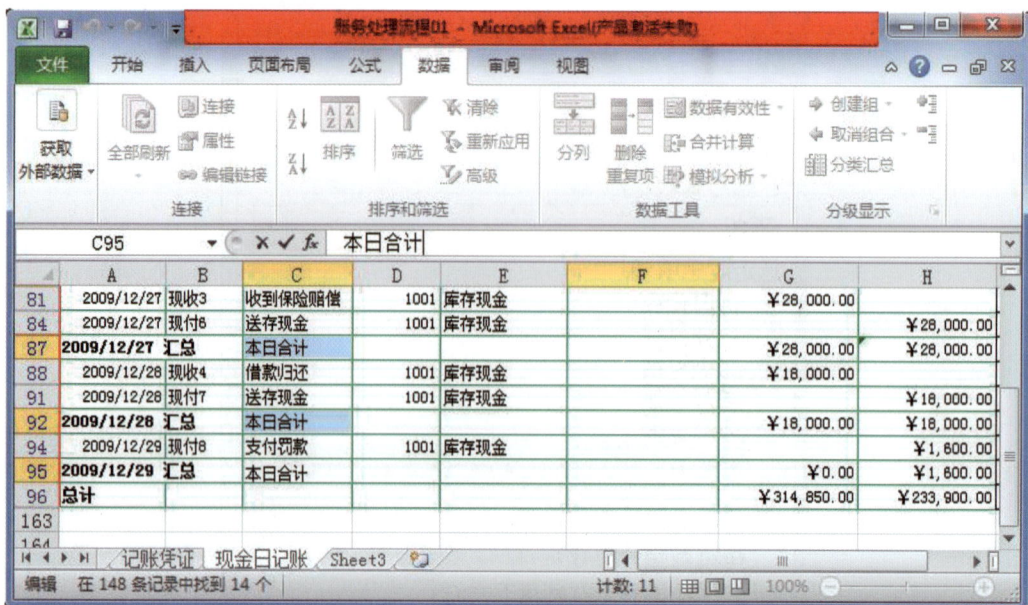

图 2-14　输入"本日合计"

（14）结算每日余额。根据公式"本日金额＝上日余额＋本日借方发生额－本日贷方发生额"，逐日结出余额。选中单元 I6，输入公式"＝I3＋G6－H6"，按【Enter】键确认输入。如图 2-15 所示：

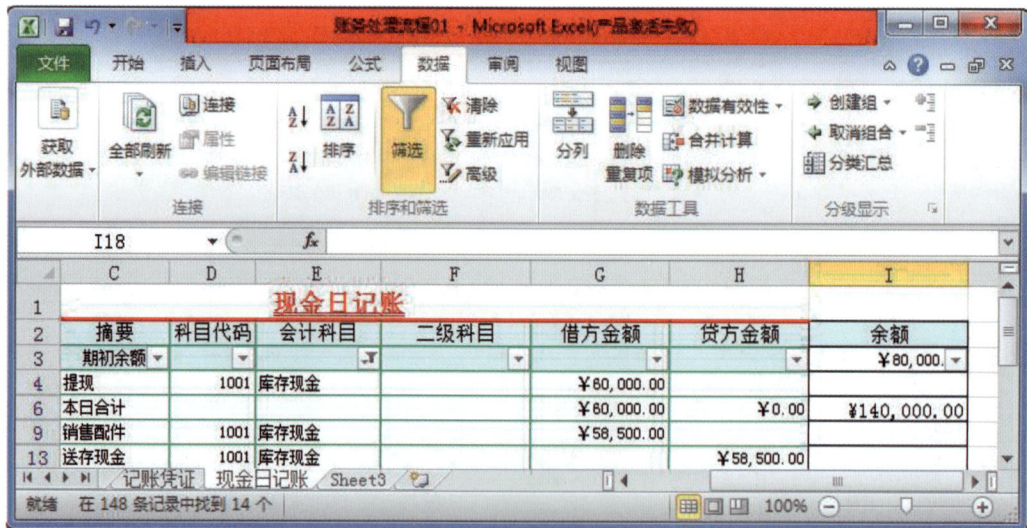

图 2-15　结算每日余额

（15）利用上述公式分别计算每日余额。（注意："总计"这栏的余额等于每个月的月初余额＋本月最后一日的借方发生额－本月最后一日的贷方发生额，验证日记账的数据是否正确，可以将这栏的余额与最后一日的余额对比看是否相等，如果相等，说明正确）结果如图 2-16 所示：

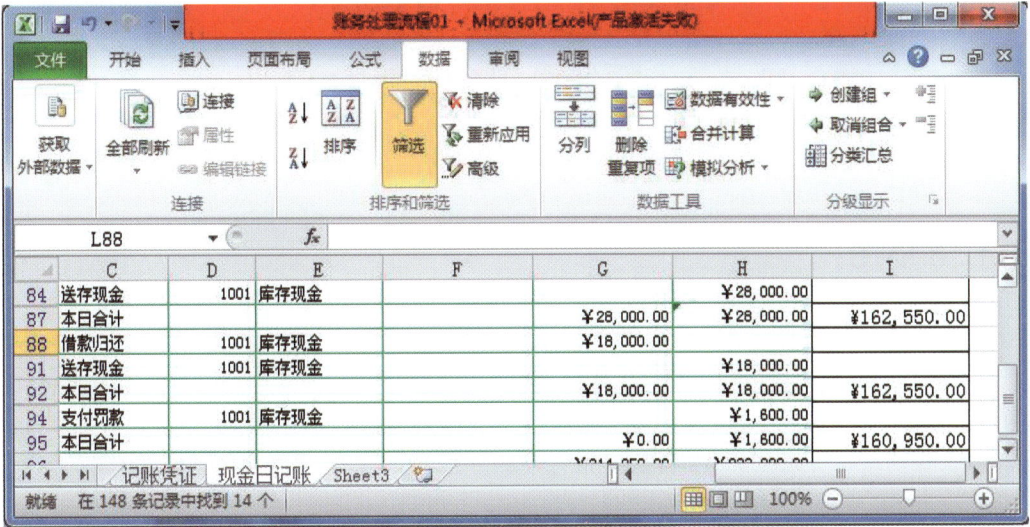

图 2-16　结算每日余额结果

（16）在"本日合计"行的上、下一行各画一道通栏单红线，表明"日清"。（虽然文字上有规定，但现实工作中，一般"本日合计"上下通栏单红线不画）2009 年 12 月份江苏欣欣钢结构有限公司的现金日记账最终效果如图 2-17 所示：

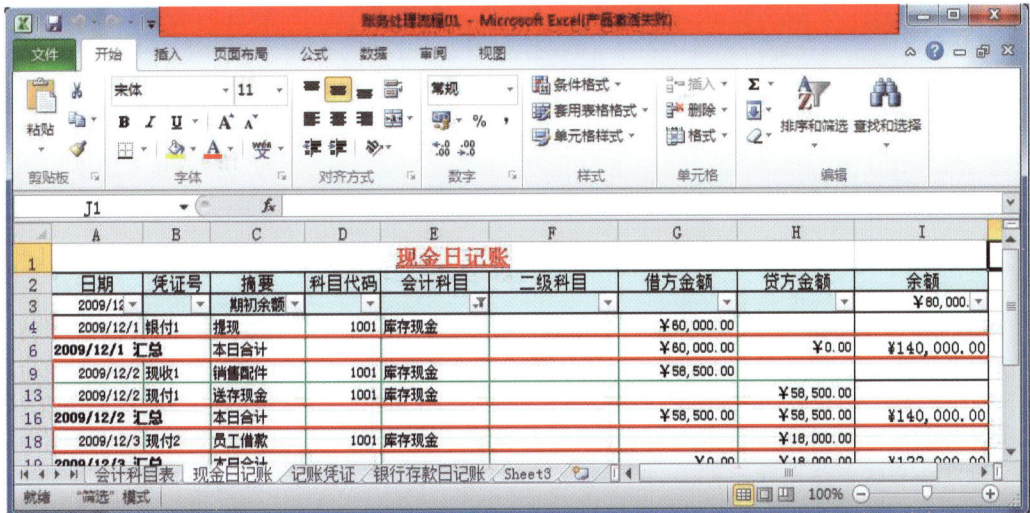

图 2-17　画通栏单红线

五、技能训练

根据所学知识，以上海全能电力设备有限公司为例，假设其 11 月末的余额为 60 000元，以其 2009 年 12 月份的记账凭证为依据生成现金日记账。其原始数据见附件"账务处理流程 02.xls"。

任务 2-2　创建银行存款日记账

一、任务描述

银行存款日记账通常也是由出纳人员根据审核后的银行存款收、付款凭证,逐日逐笔顺序登记。银行存款日记账应按各种存款分别设置。每日终了,应分别计算银行存款收入、付出的合计数和本日余额,以便检查监督各项收支款项,定期与银行对账单逐笔核对。本任务以江苏欣欣钢结构有限公司为例,创建银行存款日记账。

二、任务分析

本任务利用 Excel 的数据处理功能,从记账凭证中生成银行存款日记账。(建议课时:1课时)

三、相关知识

与创建现金日记账的相关知识一致。

四、实际操作

本部分原始文件和最终效果所在位置如下:

原始文件　　账务处理流程 01.xls

最终效果　　财务处理流程 01—银行存款日记账创建效果.xls

打开本实例的原始文件,在工作簿"账务处理流程 01.xls"中创建银行存款日记账,其操作步骤与创建现金日记账基本一致,其中有不一致的地方是第三个步骤和第八个步骤。

第三个步骤重新命名工作表,把工作表"记账凭证 2"改输入为"银行存款日记账",标题"记账凭证"也改输入为"银行存款日记账"。如图 2-18、2-19 所示:

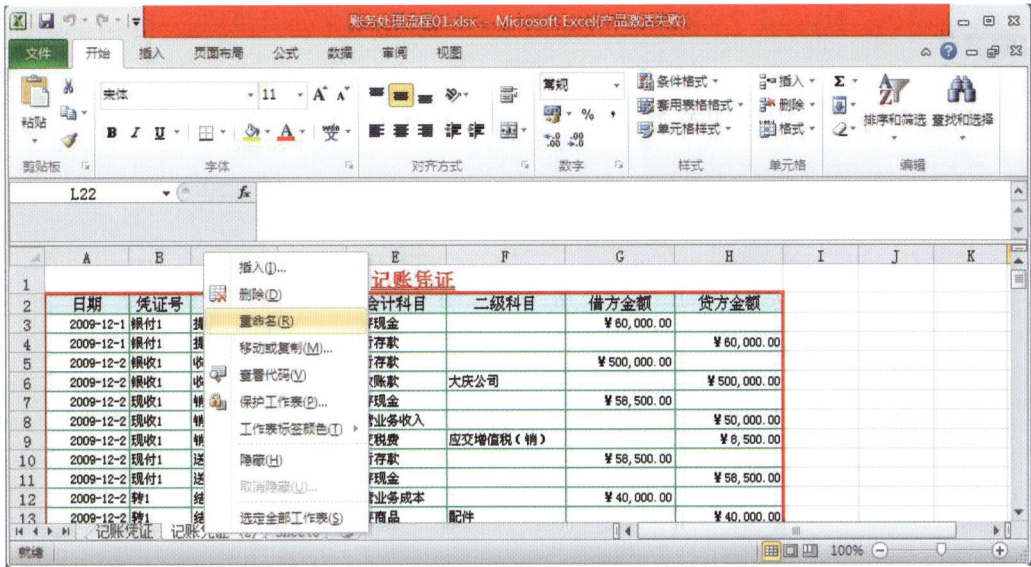

图 2-18　重命名工作表

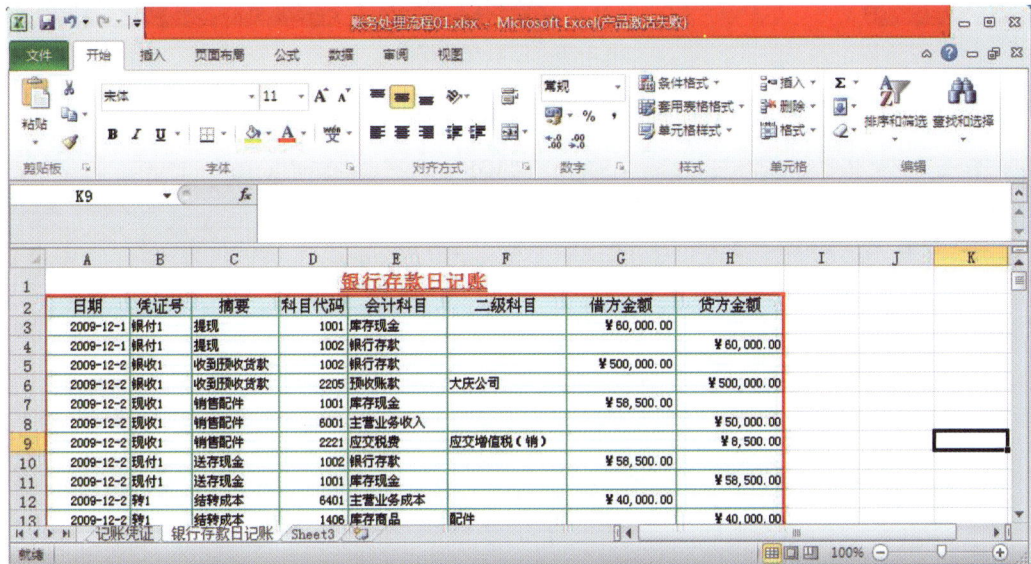

图 2-19　修改标题

第八个步骤：选中单元格 E3，单击标题模块"会计科目"右侧的下拉按钮，在弹出的下拉列表中撤选除【银行存款】以外的所有复选框。如图 2-20 所示：

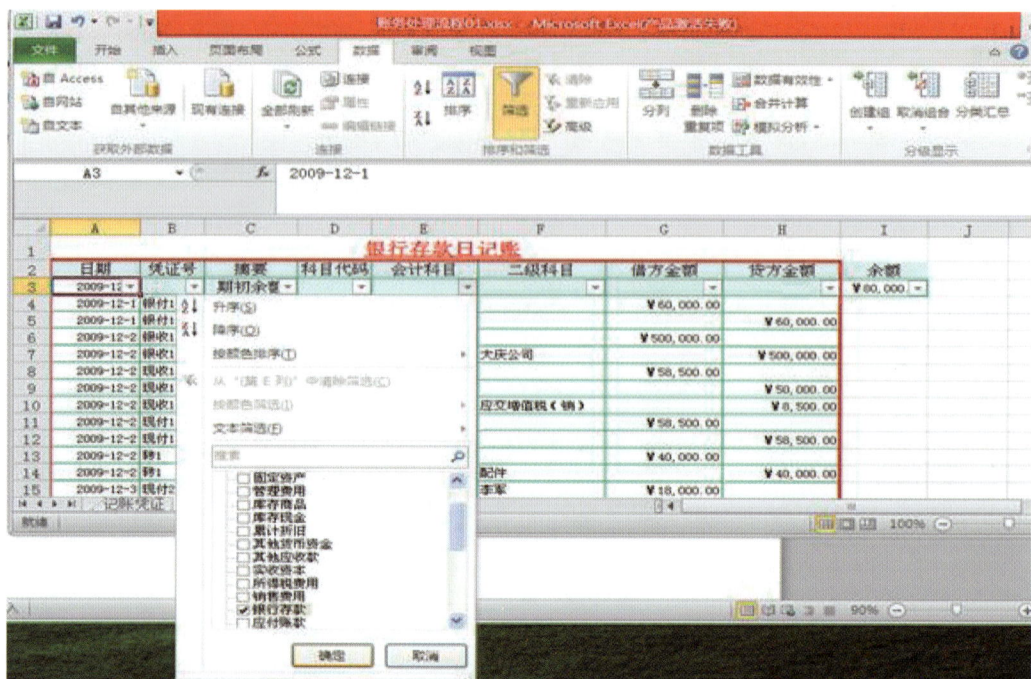

图 2-20　选取复选框

银行存款日记账的最终效果如图 2-21 所示：

图 2-21　银行存款日记账最终效果

五、技能训练

　　根据所学知识，以上海全能电力设备有限公司为例，假设 11 月末的余额为 60 000 元，以其 2009 年 12 月份的记账凭证为依据生成银行存款日记账。其原始数据见附件"账务处理流程 02.xls"。

任务 2-3　创建现金盘点报告表

一、任务描述

库存现金是出纳的一项很重要的管控内容。为了确保库存现金的完整,防止不法行为的发生,出纳自身对库存现金进行清查的基础上,还应制定专人定期或不定期地进行核查的制度,一般通过实地盘点的方法,确定库存现金的实存数,再与现金日记账的账面余额核对,并填制"现金盘点报告表"。

二、任务分析

以江苏欣欣钢结构有限公司为例,2009 年 12 月 31 日出纳会同会计人员以及其他财务人员对 2009 年年底的库存现金进行了实地盘点。现金日记账的账面余额为"￥160950.00",而库存现金的实存与余额为"￥150760.00",出现现金盘亏,确定无法查明原因,报经有关部门审批后,计入管理费用。(建议课时:1 课时)

三、相关知识

现金盘点报表的主要内容包括盘点单位名称、盘点日期、账面余额、实存余额清查结果、盘点说明及相关人员的签字。出现现金盘亏或盘盈其原因(或无法查明原因)经管理部门审批后做相关的记录。本部分内容用到简单的 IF 函数。该函数的功能与语法如表 2-1 所示。

表 2-1　IF 函数的功能和语法

IF 函数的功能	判断是否满足某个条件,如果满足,返回一个值,如果不满足,返回另一个值。
IF 函数的语法	IF(logical_test,[value_if_true],[value_if_false])
	logical_test 表示计算结果可能为 TRUE 或 FALSE 的任意值或表达式; value_if_true 表示当 logical_test 为 TRUE 时,返回的值; value_if_false 表示当 logical_test 为 FALSE 时,返回的值。

四、实际操作

本部分原始文件和最终效果所在位置如下:

原始文件　　现金管理 01.xls

最终效果　　现金管理 01—现金盘点报告表创建效果.xls

（1）打开本实例的原始文件，切换到工作表"现金盘点报告表"中，现金盘点报表的格式如图 2-22 所示。

图 2-22 现金盘点报表格式

（2）注明单位名称和填制日期，如图 2-23 所示：

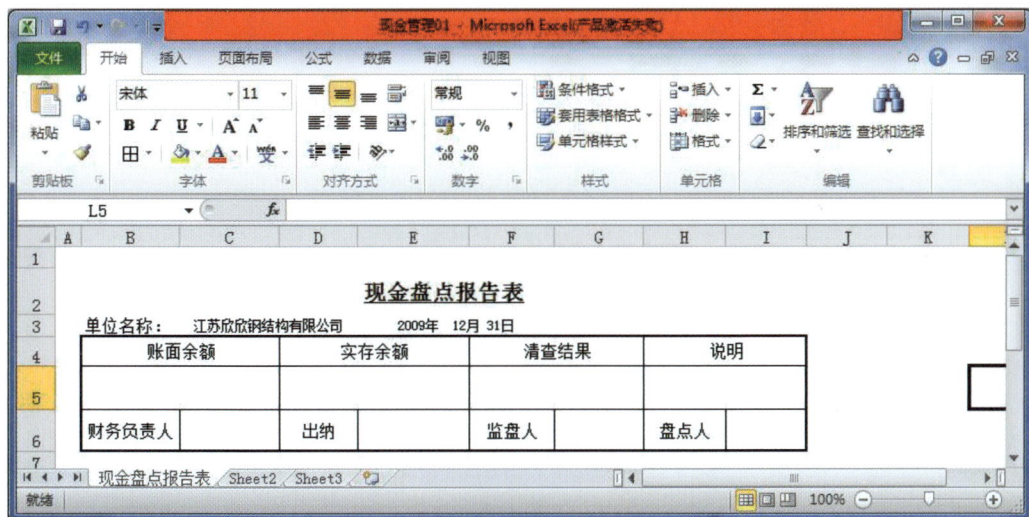

图 2-23 填制单位名称、日期

（3）出纳人员查看现金日记账，将库存现金的账面余额"￥160950.00"记录在现金盘点表中。效果如图 2-24 所示：

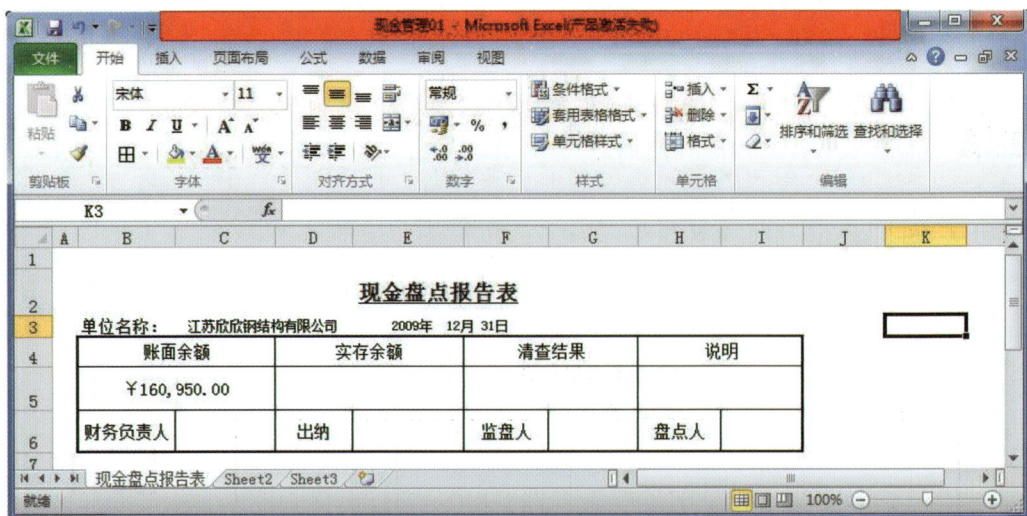

图 2-24　输入账面余额

（4）相关人员清点现金，然后将库存现金实存余额"￥150760.00"记录在现金盘点表中。如图 2-25 所示：

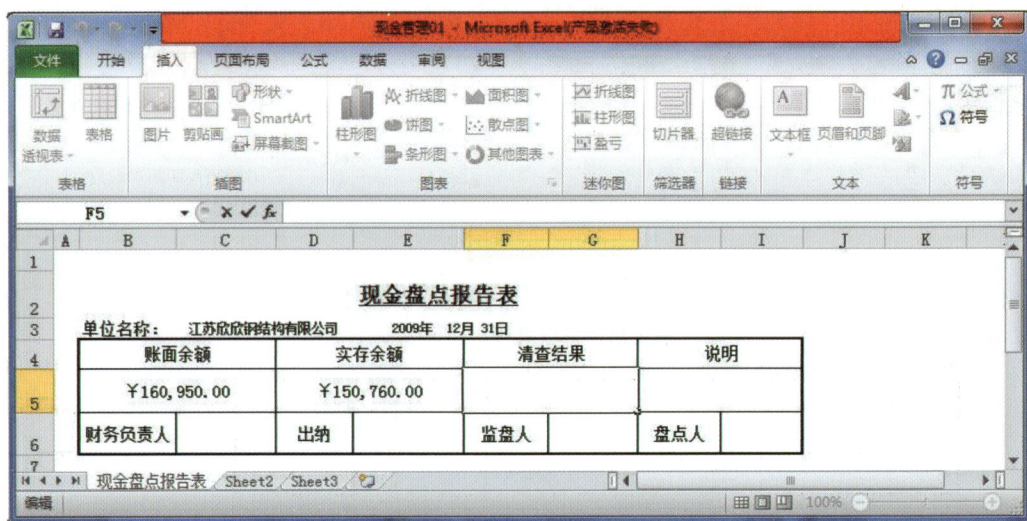

图 2-25　输入实存余额

（5）如果库存现金的账面余额＞实存余额，则出现现金盘亏；如果账面余额＜实存余额，则会出现现金盘盈；如果账面余额＝实存余额，则会账实相符。选中单元格 F5，输入函数公式"＝IF(B4＞D4,"盘亏",IF(B4＜D4,"盘盈",账实相符))"，按【Enter】键确认输入。如图 2-26 所示：

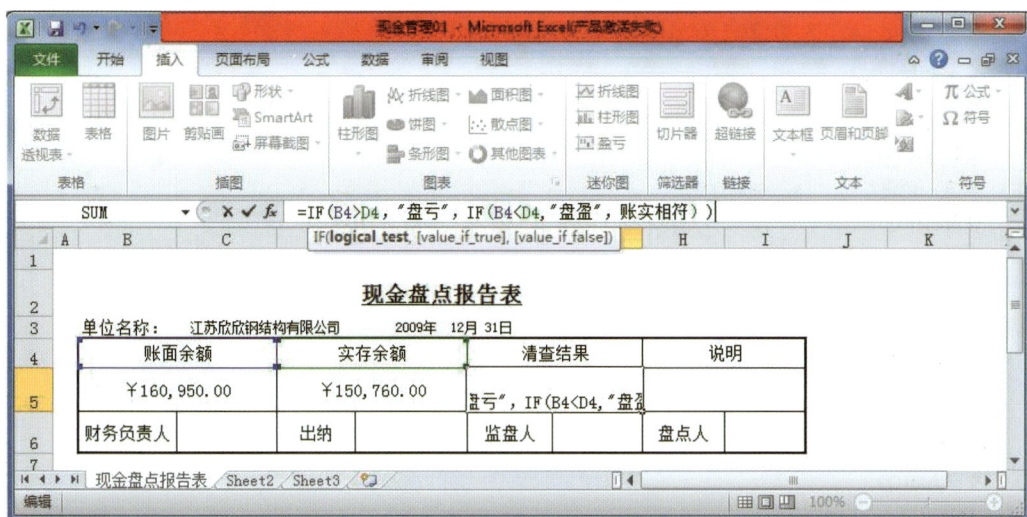

图 2-26　输入函数公式

（6）设置自动换行。选中单元格 H5，切换到【开始】选项卡，在【对齐方式】组中单击右下角的【对话框启动器】按钮。如图 2-27 所示：

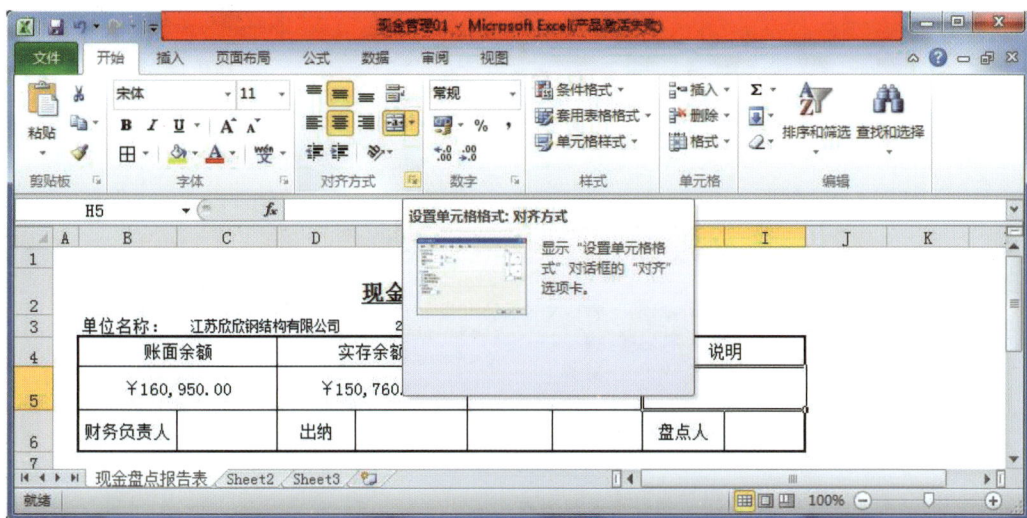

图 2-27　设置自动换行

（7）弹出【设置单元格格式】对话框。切换到【对齐】选项卡，在【文本对齐方式】组合框中的【水平对齐】下拉列表中选择【靠左（缩进）】选项，在【垂直对齐】下拉列表中选择【居中】选项，然后在【文本控制】组合框中选中【自动换行】和【合并单元格】两个复选框，其他选项保持默认设置。如图 2-28 所示：

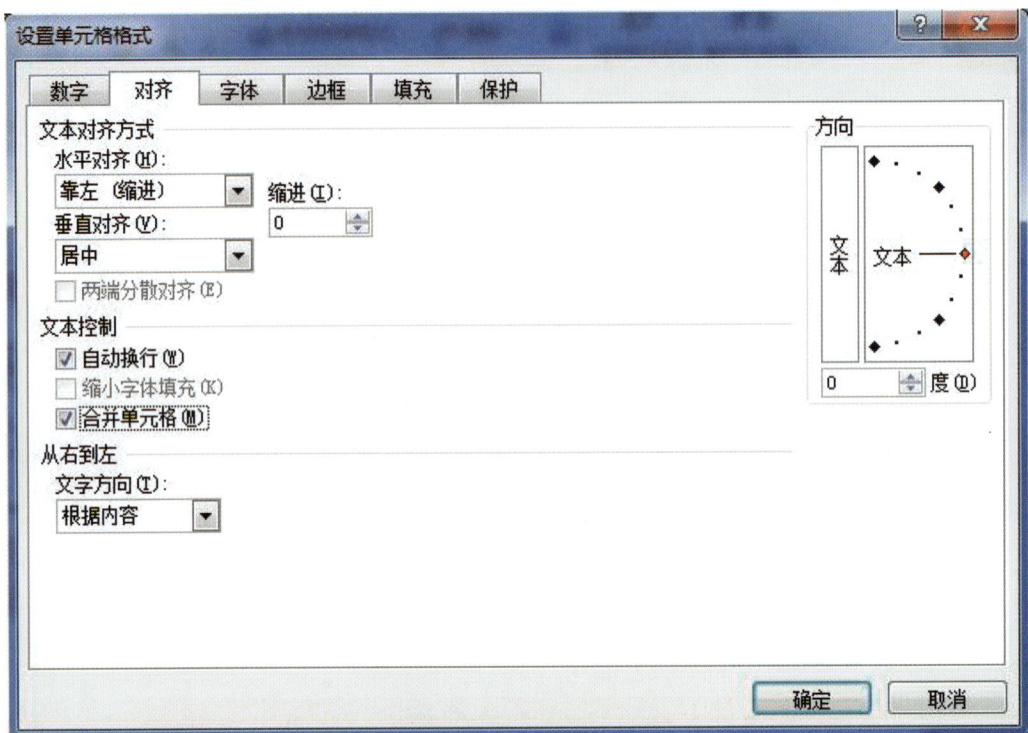

图 2-28　设置单元格格式

（8）单击"确定"，返回工作表中，然后输入说明文字"无法查明原因，计入管理费用"。如图 2-29 所示：

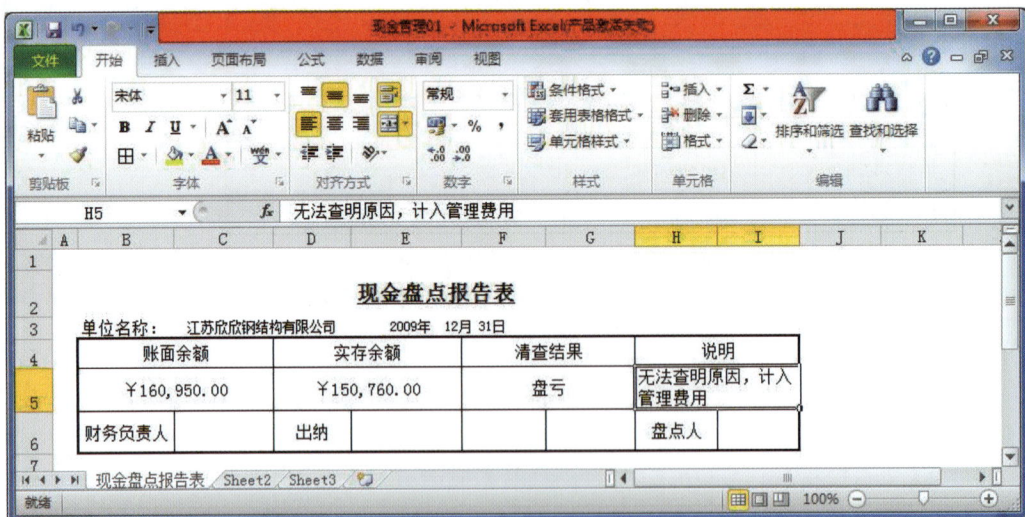

图 2-29　说明盘亏原因

（9）现金盘点报告表填写完毕，相关人员在对应的地方签名或盖章。

五、技能训练

根据所学知识，编制现金盘点报告表，并以上海全能电力设备有限公司为例，将其上个任务产生的结果用于到这个任务中，最终生成现金盘点报告表。原始数据见附件"财务处理流程 02—现金日记账创建效果.xls"与"现金管理 01.xls"。

任务 2-4　制作现金收(付)款凭证

一、任务描述

只要涉及现金和银行存款的相关业务,就要记收、付款凭证。所以出纳往往要编制现金收付款凭证。

二、任务分析

本任务根据已有的信息充分利用数据有效性,来制作现金收款凭证。(注:现金付款凭证制作过程与其一致)(建议课时:2 课时)

三、相关知识

现金收款凭证一般包括制单日期、摘要、会计科目、借方金额、贷方金额、记账符号、附单据张数等内容。Excel 中的数据有效性功能可以限定允许输入的数据类型和范围。可以对一个单元格输入的数据作出限制,也可以自行设定数据有效性。

四、实际操作

本部分原始文件和最终效果所在位置如下:

原始文件　　现金管理 02.xls

最终效果　　现金管理 02—现金收款凭证制作效果.xls

(1)打开本实例的原始文件,切换到工作表"现金收款凭证"中,现金收款凭证的基本格式如图 2-30 所示:

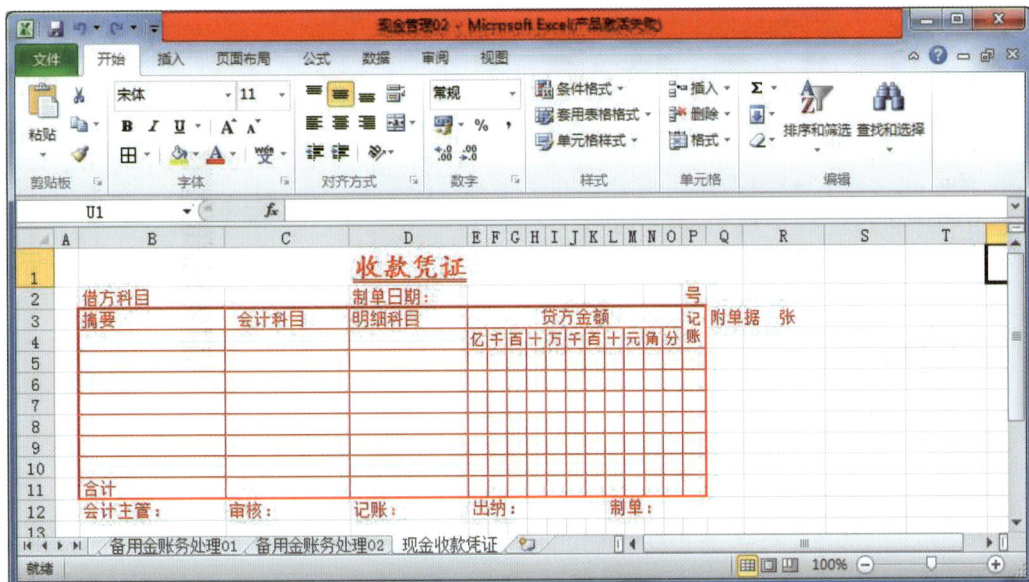

图 2-30 收款凭证基本格式

（2）设置竖排显示。选中单元格区域 Q3：Q11，切换到【开始】选项卡，单击【对齐方式】组中的【对话框启动器】按钮。如图 2-31 所示：

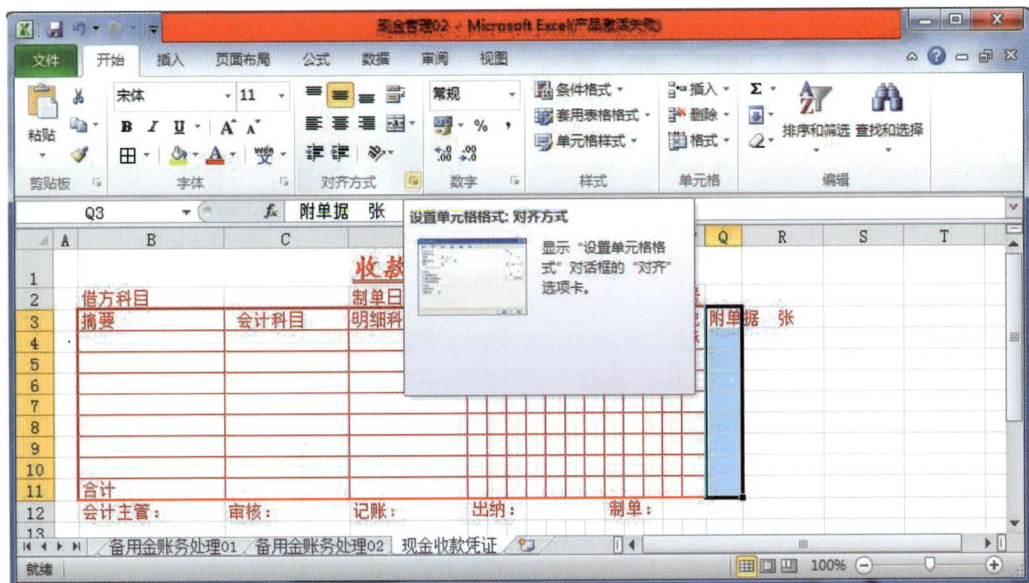

图 2-31 设置竖排显示

（3）弹出【设置单元格格式】对话框，自动切换到【对齐】选项卡分别从【文本对齐方式】组合框中的【水平对齐】和【垂直对齐】下拉列表中选择【居中】选项，在【文本控制】组合框中选中【自动换行】和【合并单元格】两个复选框，然后在右侧的【方向】组合框中选择文字竖排显示方向，其他选项保持默认设置。如图 2-32 所示：

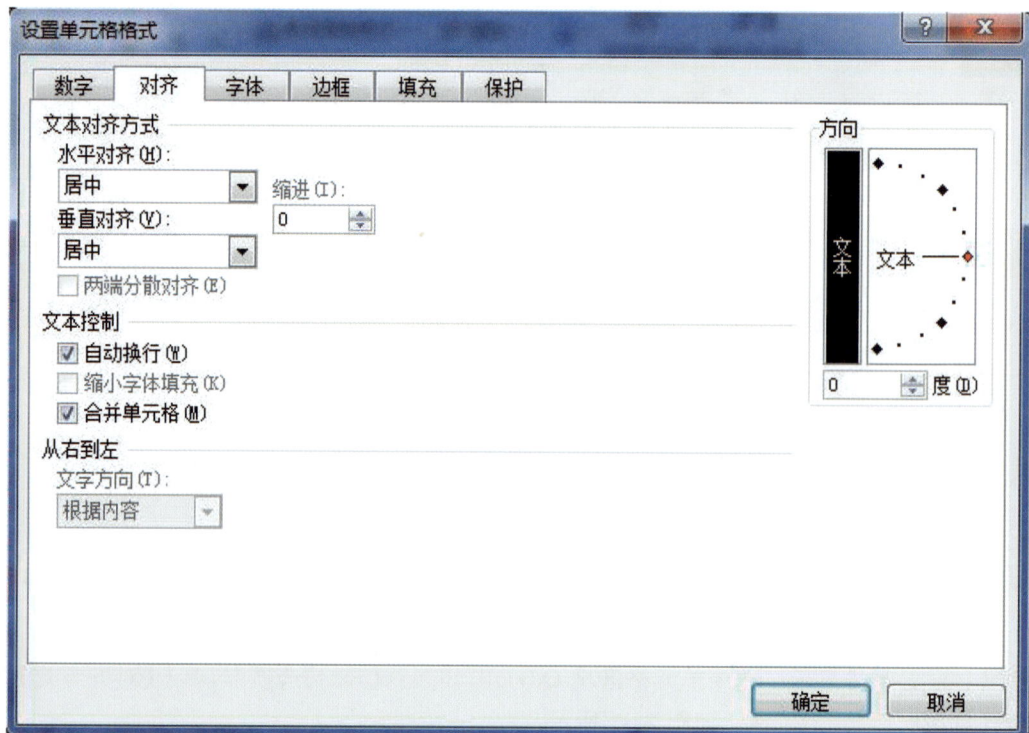

图 2-32　设置单元格格式

（4）单击【确定】按钮，返回工作表中。如图 2-33 所示：

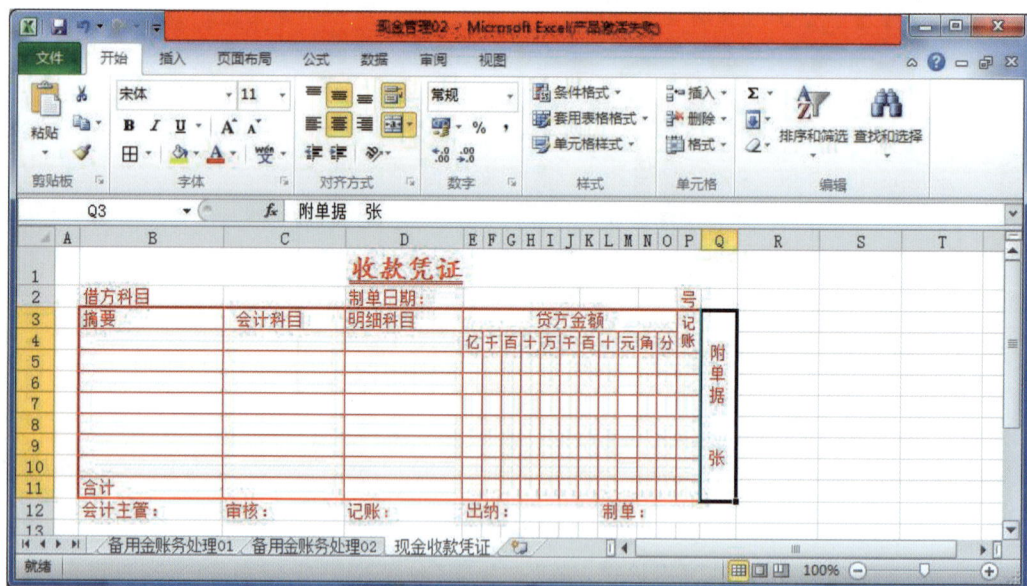

图 2-33　设置单元格格式效果

（5）设置数据有效性。选中单元格 B1，切换到【数据】选项卡，然后在【数据工具】组中点击【数据有效性】选项。如图 2-34 所示：

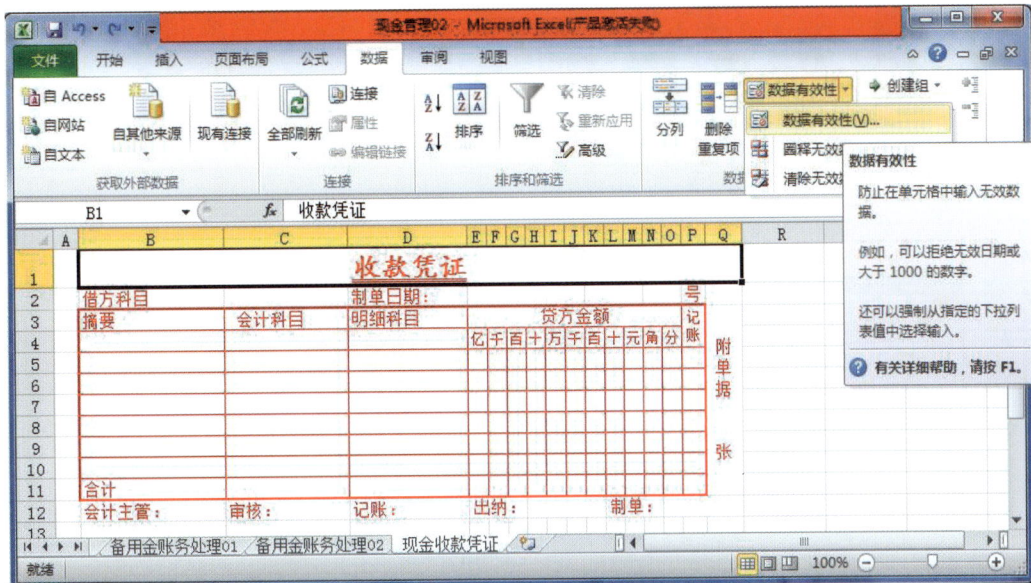

图 2-34　设置数据有效性

（6）弹出【数据有效性】对话框，切换到【设置】选项卡，从【允许】下拉列表中选择【序列】选项，在【来源】文本框中依次输入"收款凭证，付款凭证"，中间用英文半角状态下的"，"隔开。如图 2-35 所示：

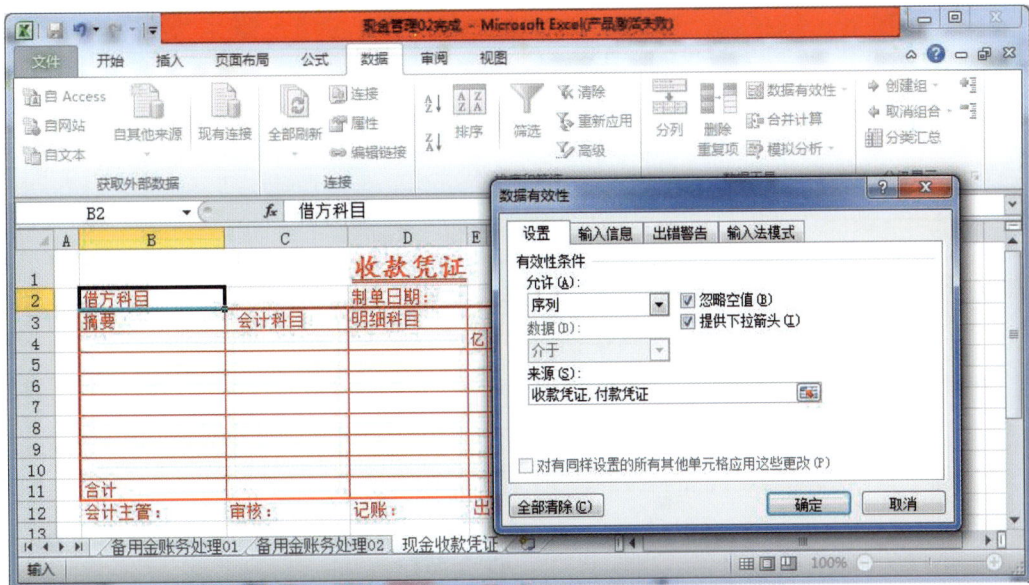

图 2-35　数据有效性对话框

（7）单击【确定】按钮返回工作表中，单元格 B1 的右侧会出现一个下拉按钮。单击此下拉按钮即可选择表格标题，如图 2-36 所示：

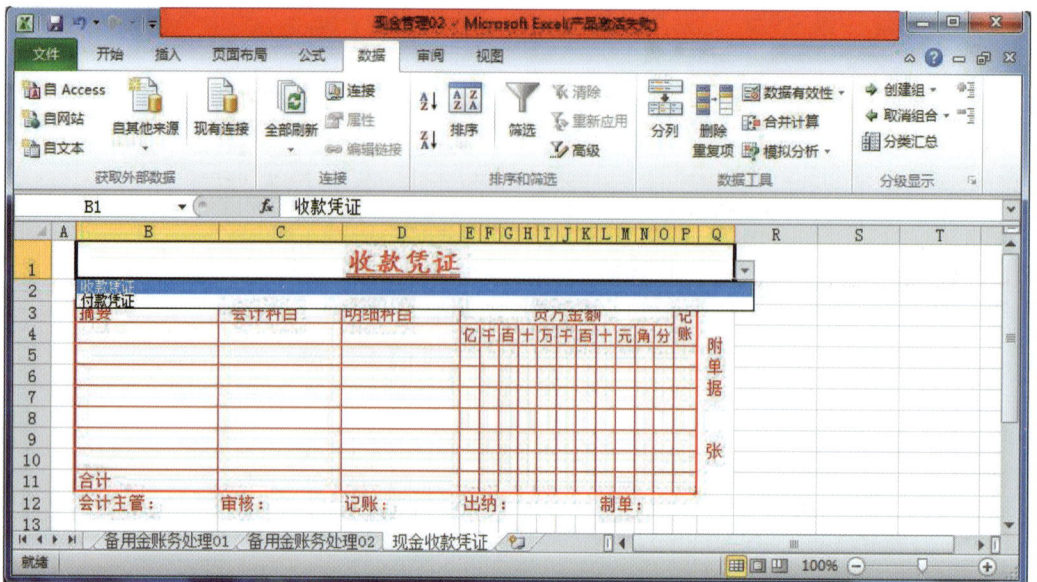

图 2-36　下拉可选择表格标题

　　(8)使用同样的方法,为单元格 B2 设置数据有效性,在【来源】文本框中依次输入"借方科目,贷方科目",设置完毕返回工作表中,单元格 B2 的右侧会出现一个下拉按钮,单击此下拉按钮即可选择表格标题,在弹出的下拉列表中选择【借方科目】选项,如图 2-37 所示:

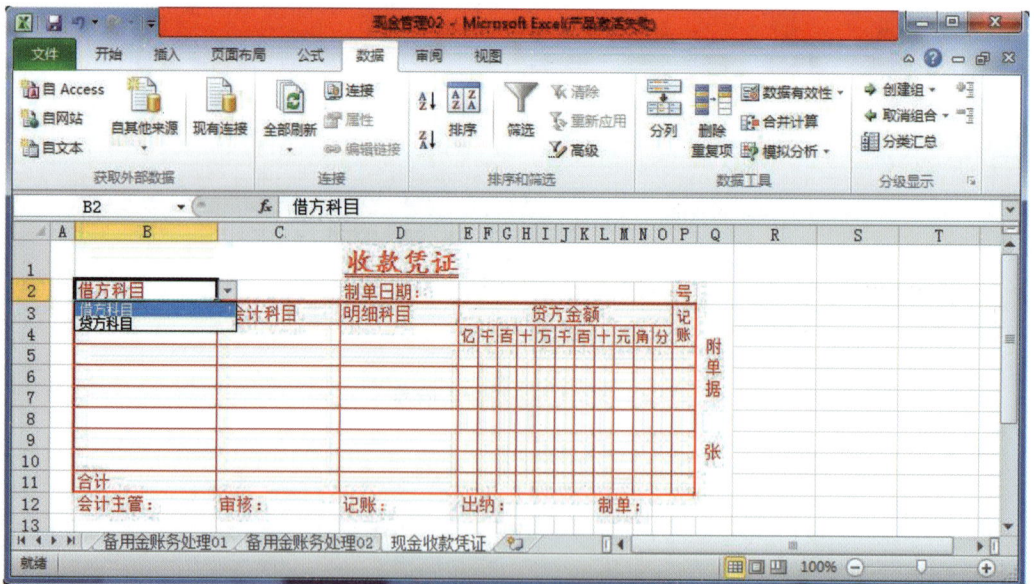

图 2-37　设置数据有效性效果

　　(9)使用同样的方法,为单元格 C2 设置数据有效性,在【来源】文本框中依次输入"库存现金,银行存款",设置完毕返回工作表中,单击单元格 C2 右侧出现的下拉按钮,在弹出的下拉列表中选择【库存现金】选项。如图 2-38 所示:

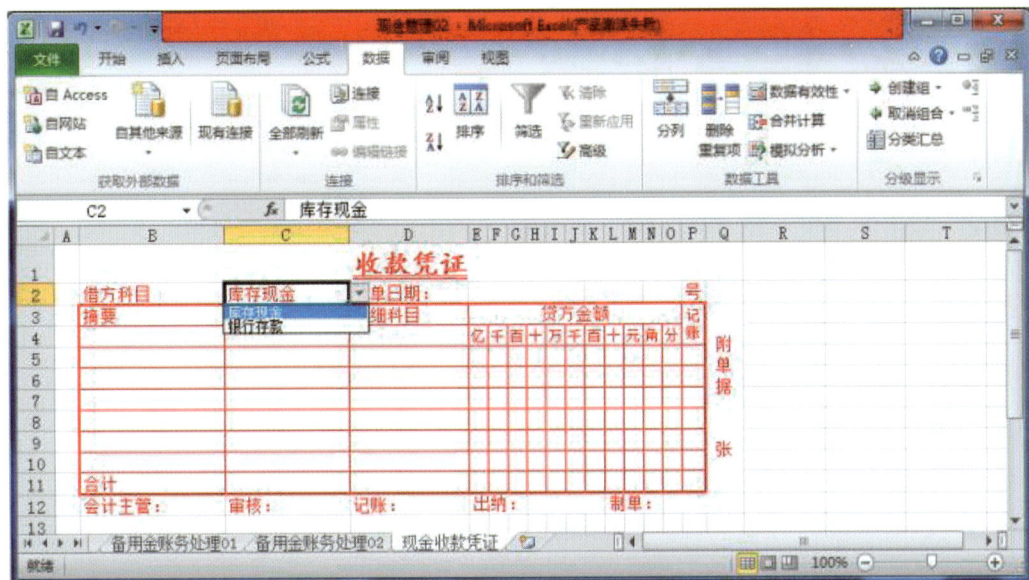

图 2-38　设置数据有效性效果

（10）为单元格 K2 设置数据有效性。在【来源】文本框中依次输入"现收字,现付字,银收字,银付字"，单击单元格 K2 右侧的下拉按钮，在弹出的下拉列表中选择【现收字】选项，如图 2-39 所示：

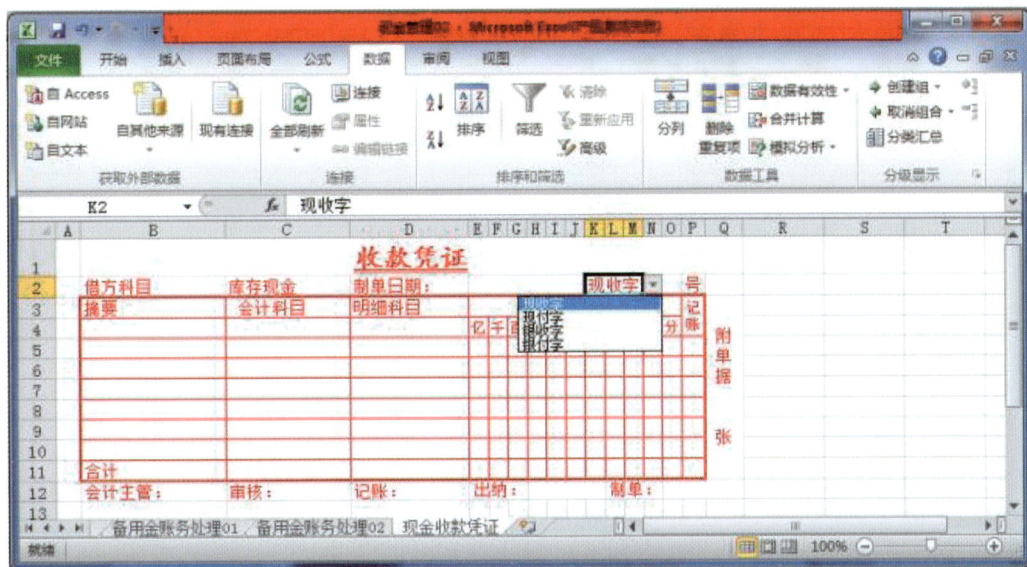

图 2-39　设置数据有效性效果

（11）为单元格 E3 设置数据有效性，在【来源】文本框中依次输入"借方金额,贷方金额"，设置完毕，单击单元格 E3 右侧的下拉按钮，在弹出的下拉列表中选择【贷方金额】选项。如图 2-40 所示：

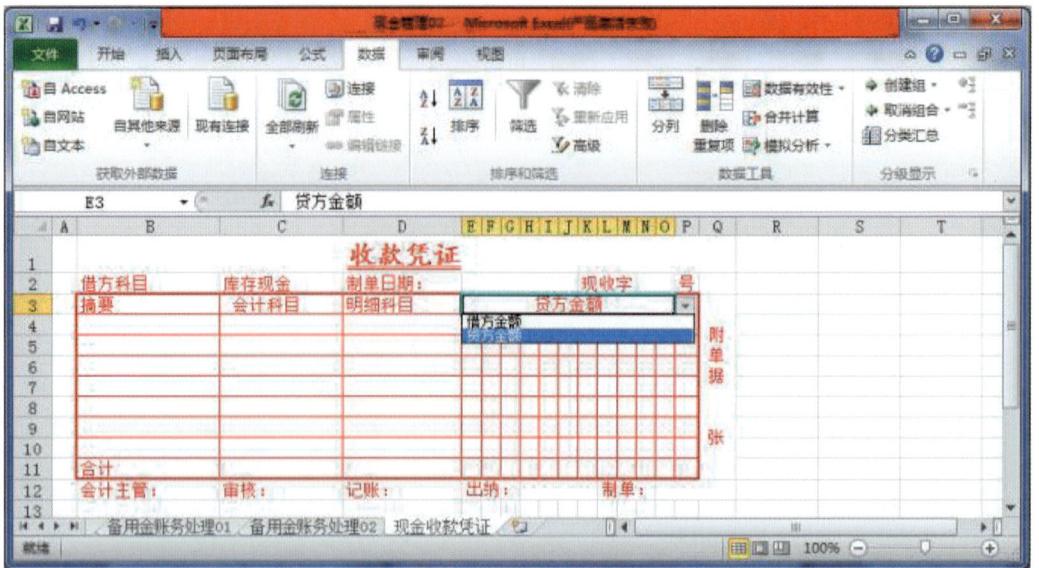

图 2-40　设置数据有效性效果

（12）合并单元格。按【Ctrl】键不放，依次选中单元格区域 B3：B4、C3：C4 和 D3：D4，然后在【对齐方式】组中单击【合并后居中】按钮。如图 2-41 所示：

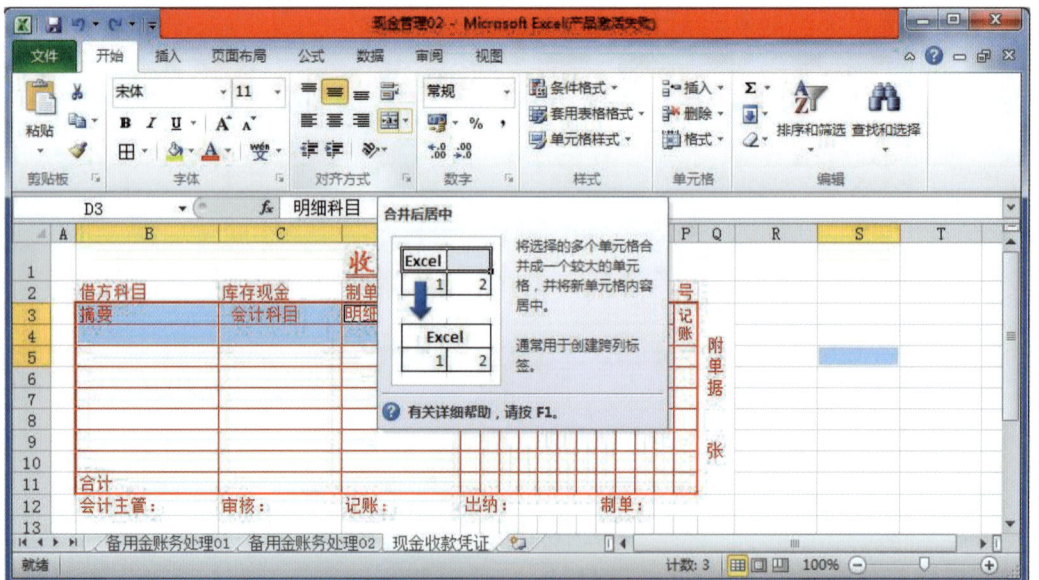

图 2-41　合并单元格

（13）返回工作表中，效果如图 2-42 所示：

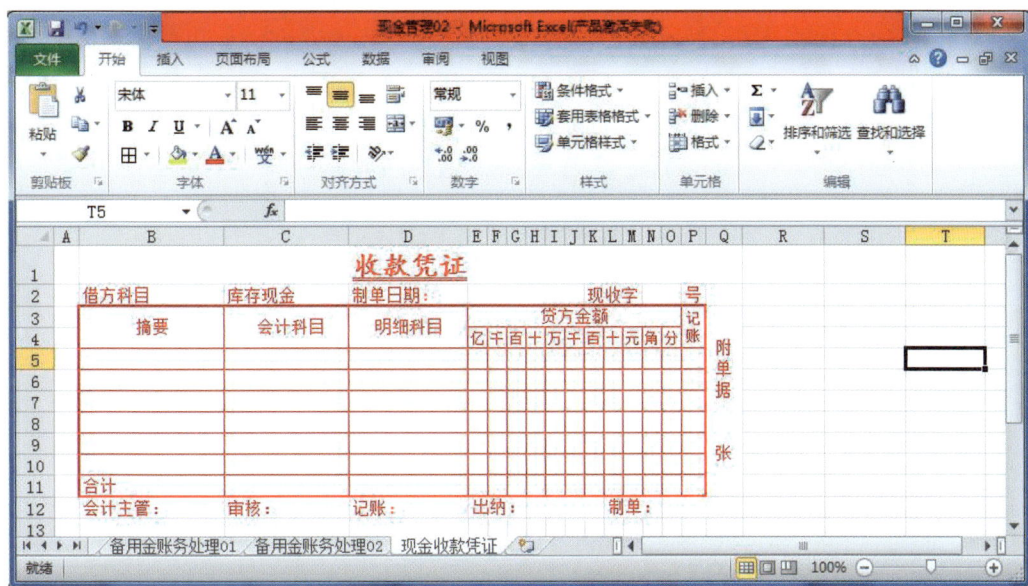

图 2-42　合并单元格效果

（14）调整列宽。将鼠标指针移至列标签"Q"的右侧，鼠标指针变成"十"形状时，按住鼠标左键不放向右拖动，此时鼠标的上方会出现一个数值，是用于标识列宽的具体数值，同时此数值会随着鼠标的移动而发生变化。如图 2-43 所示：

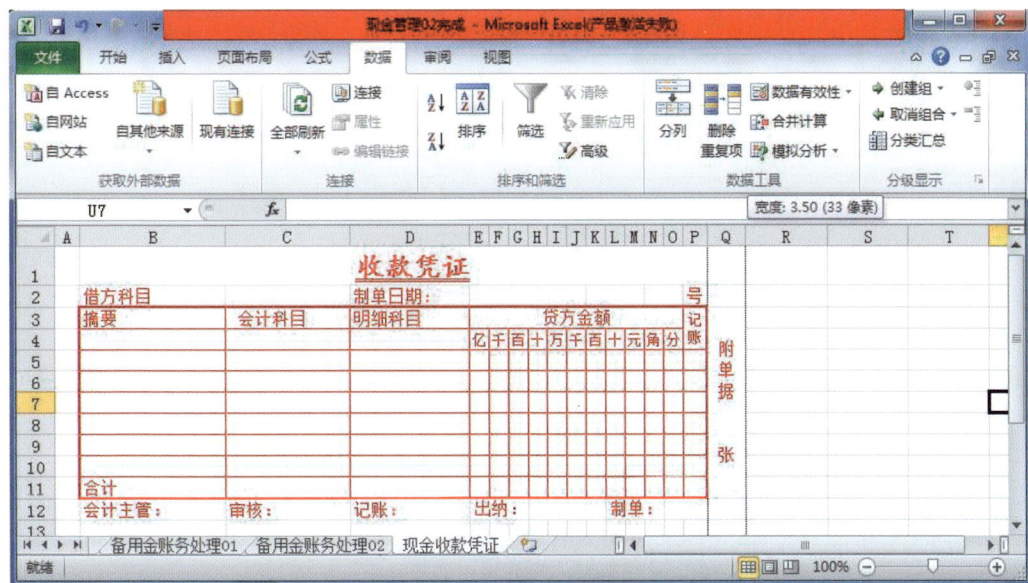

图 2-43　调整列宽

（15）将鼠标拖至合适的位置后释放，此时可以看到"Q"列的列宽发生了变化，然后依次调整其他各列的列宽。如图 2-44 所示：

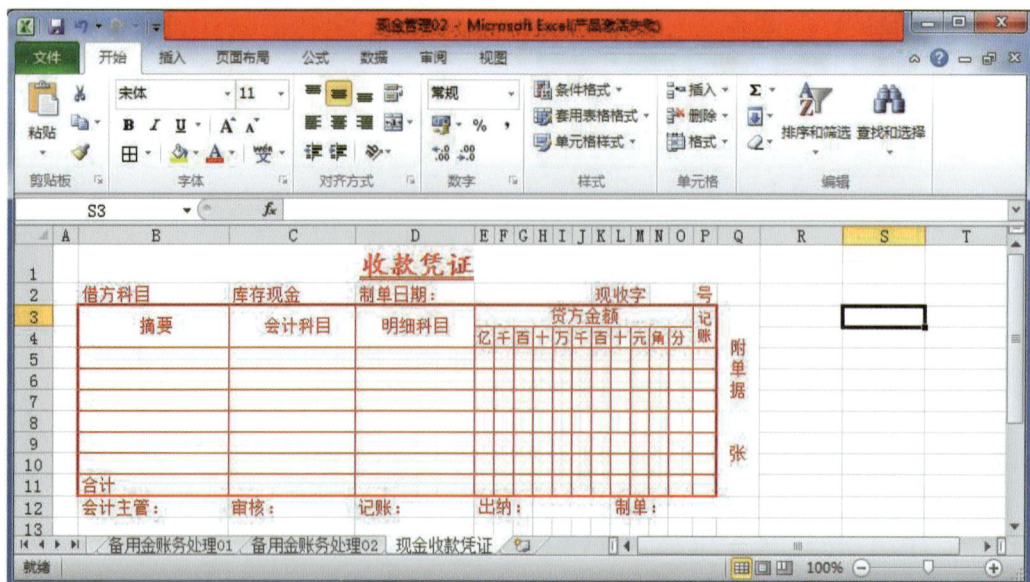

图 2-44 调整列宽效果

（16）设置居中对齐。按【Ctrl】键不放，依次选中单元格 B2、C2、D2 和 B11，然后单击【对齐方式】组中的【居中】按钮。现金收款凭证的最终效果如图 2-45 所示：

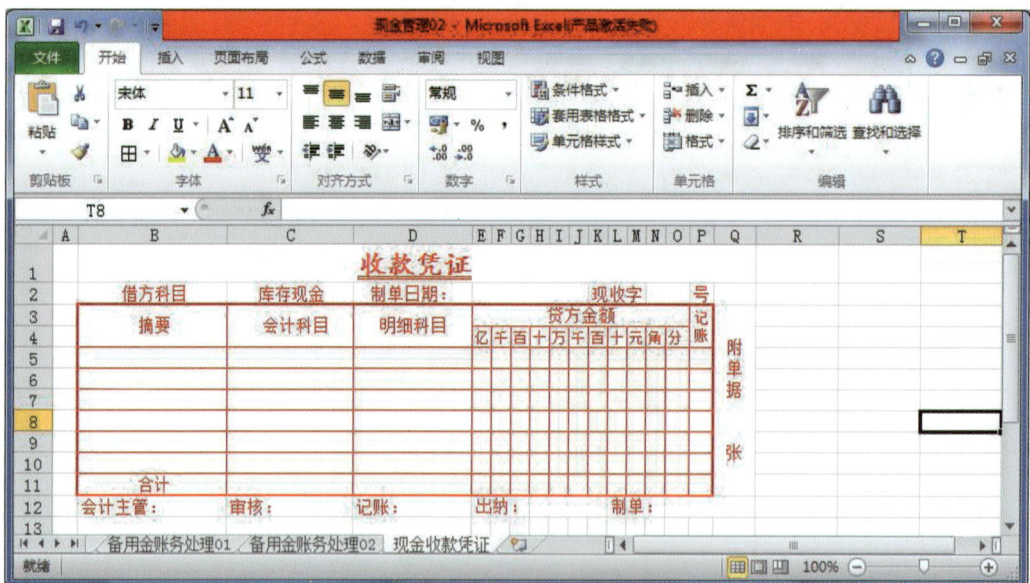

图 2-45 设置居中对齐

五、技能训练

根据所学知识，以付款凭证的原始文件为基础，编制付款凭证。原始数据见附件"现金管理 03.xls"。

任务 2-5　设计借款单及填写借款单

一、任务描述

公司员工出差期间因办理公务会产生交通费、住宿费和公杂费等各项费用。企业工作人员因公出差需要借支差旅费时，应首先到财会部门领取并填写借款单。

二、任务分析

为了加强企业流动资金的管理，提高流动资金利用率，出纳人员应根据本企业实际情况设计内部借款单。企业内部借款单应反映借款人（单位）、借款日期、借款原因、支付方式、部门意见和还款记录等内容。（建议课时：1 课时）

三、相关知识

本任务会用到 Excel 的基本功能见模块一。

四、实际操作

本部分原始文件和最终效果所在位置如下：

原始文件　　报销差旅费 01.xls

最终效果　　报销差旅费 01—借款单设计效果.xls

（1）打开本实例的原始文件，切换到工作表"借款单"中，借款单的基本内容如图 2-46 所示：

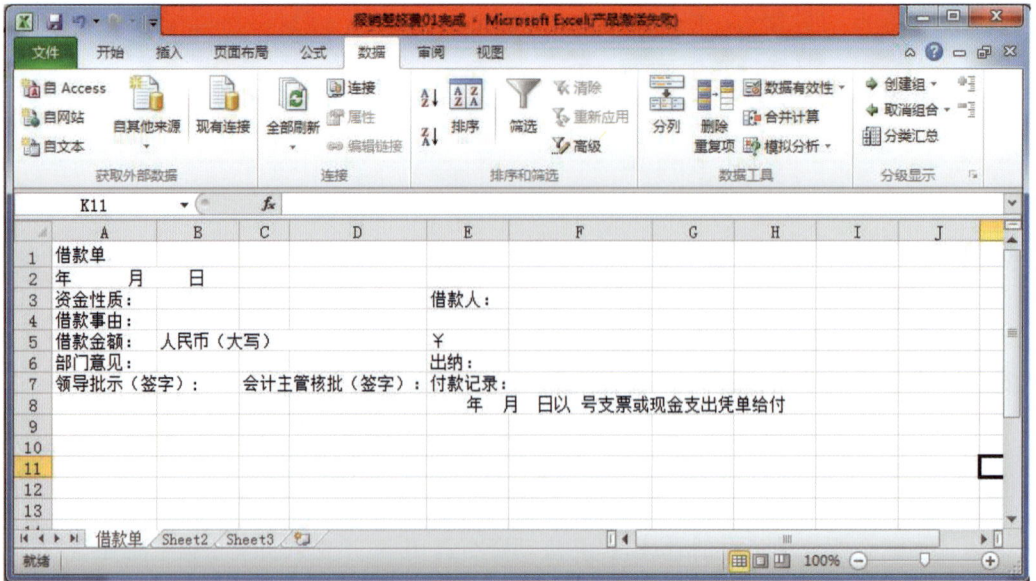

图 2-46 借款单基本内容

（2）合并单元格。按下【Ctrl】键不放，依次选中单元格区域 A1：F1、A2：F2、B3：D3、B4：F4、B5：C5、B6：D6、A7：B7、C7：D7、E7：F7、A8：B9、C8：D9 和 E8：F9，切换到【开始】选项卡，然后在【对齐方式】组中单击【合并后居中】按钮。如图 2-47 所示：

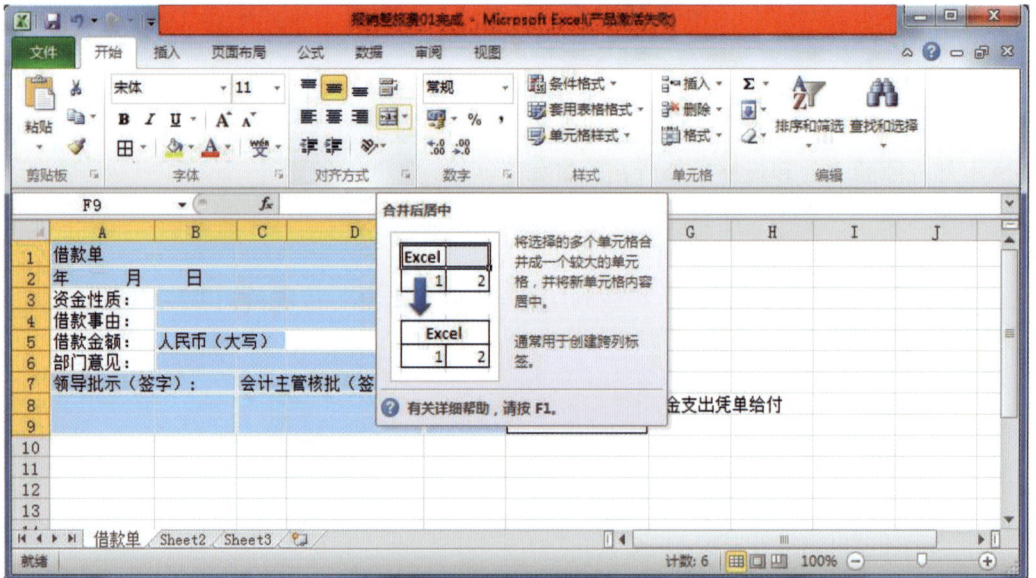

图 2-47 合并单元格

（3）返回工作表中，效果如图 2-48 所示：

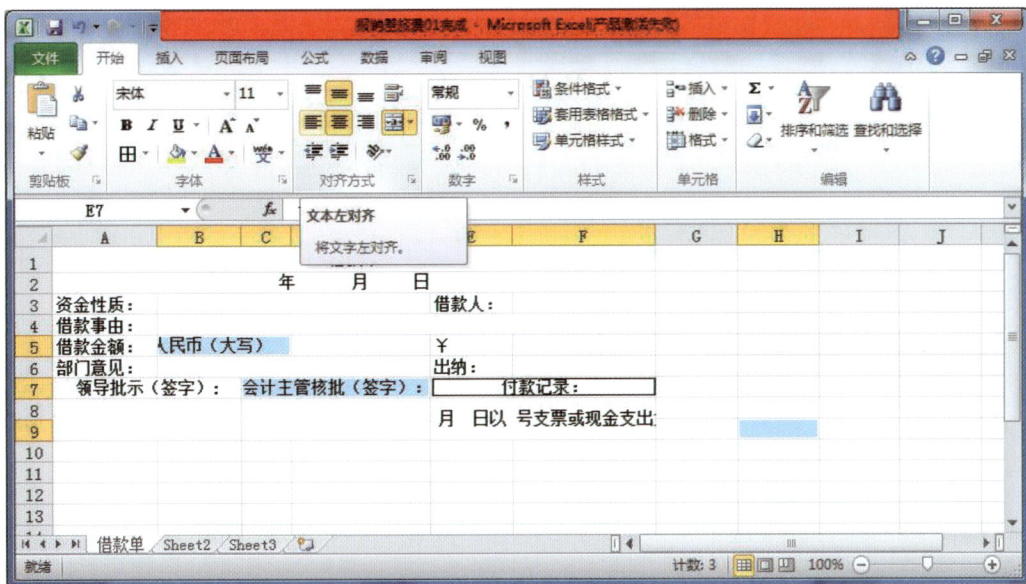

图 2-48 合并单元格后效果

（4）设置左对齐。按住 ctrl 键并选中单元格 B5、C7 和 E7，然后单击【对齐方式】组中的【文本左对齐】按钮，如图 2-49、2-50 所示：

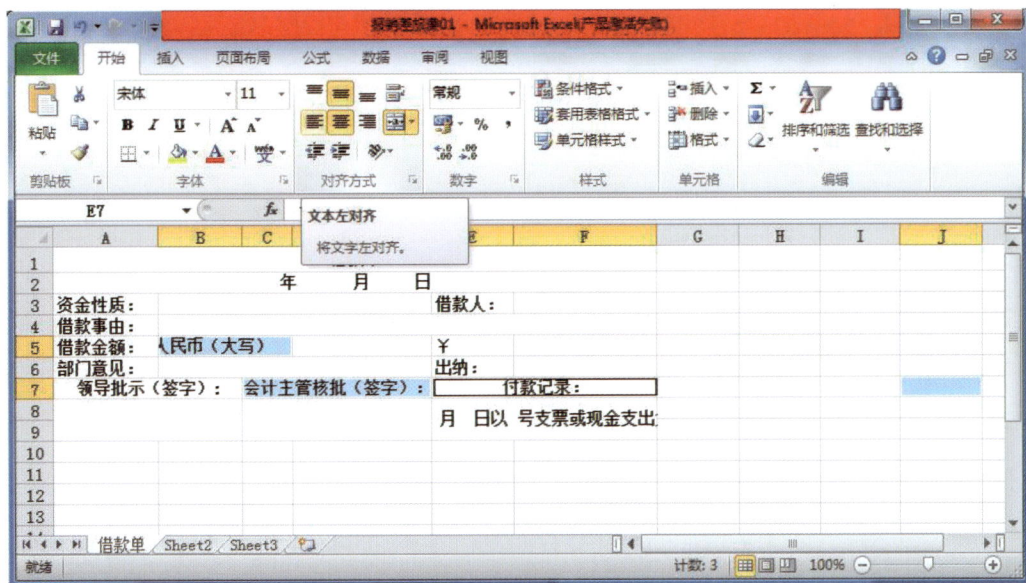

图 2-49 设置左对齐

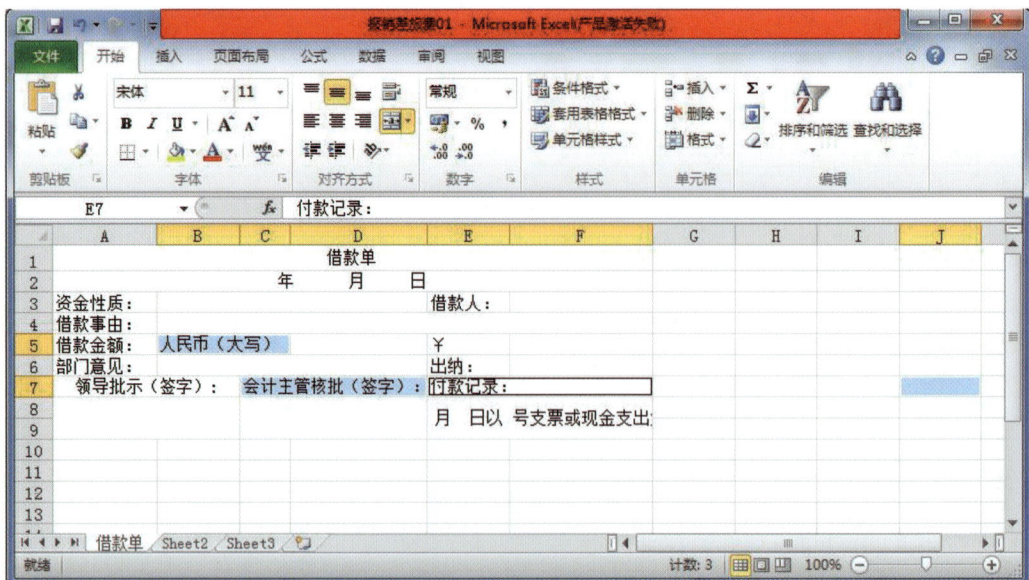

图 2-50　设置左对齐效果

(5)设置居中对齐。按住 ctrl 键并选中单元格区域 A3：A6、E5：E6 和单元格 E3，然后单击【对齐方式】组中的【居中】按钮键，如图 2-51、2-52 所示：

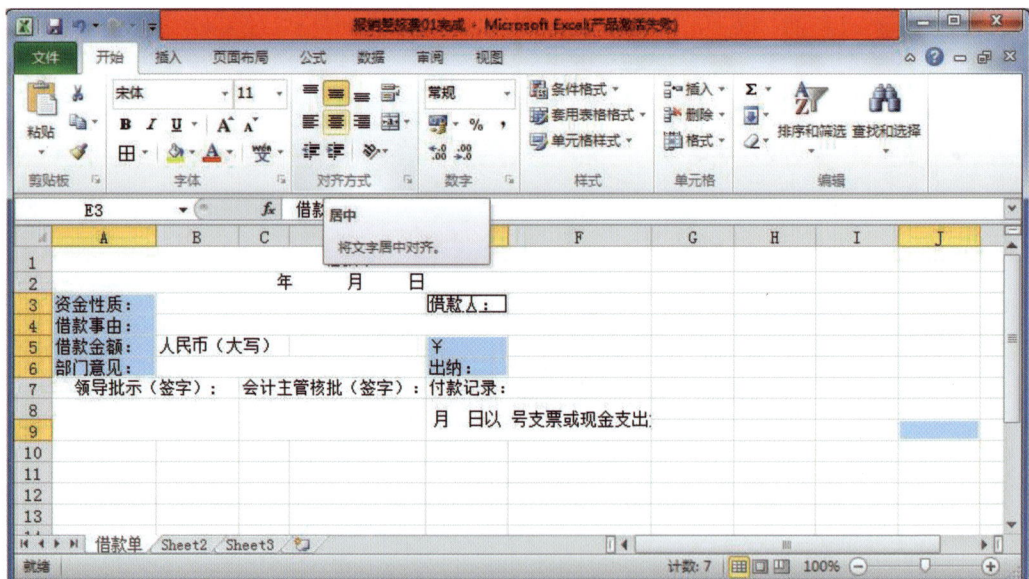

图 2-51　设置居中对齐

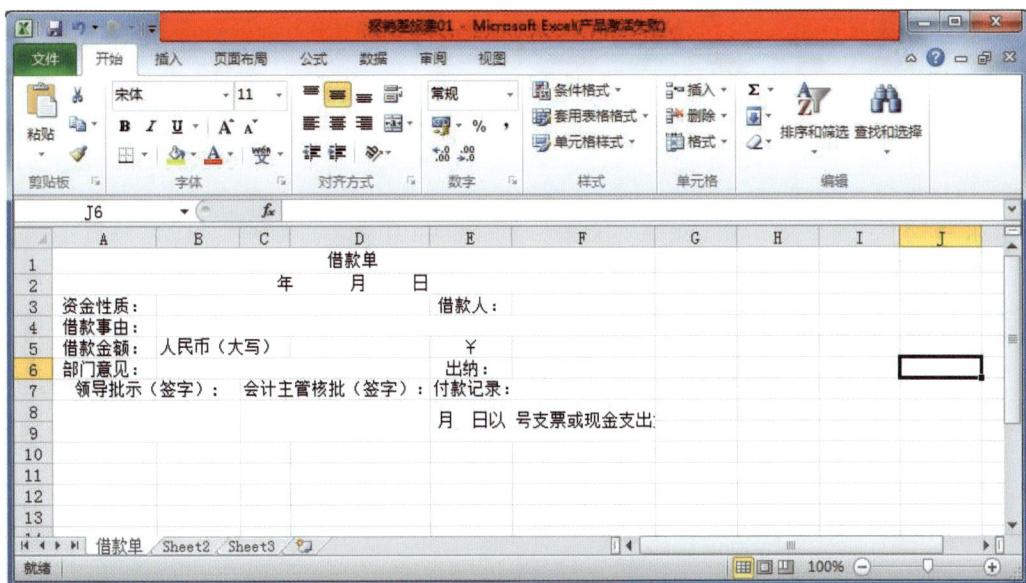

图 2-52　设置居中对齐效果

（6）设置自动换行。选中单元格 E8，然后单击【对齐方式】组中的【自动换行】按钮键。如图 2-53 所示：

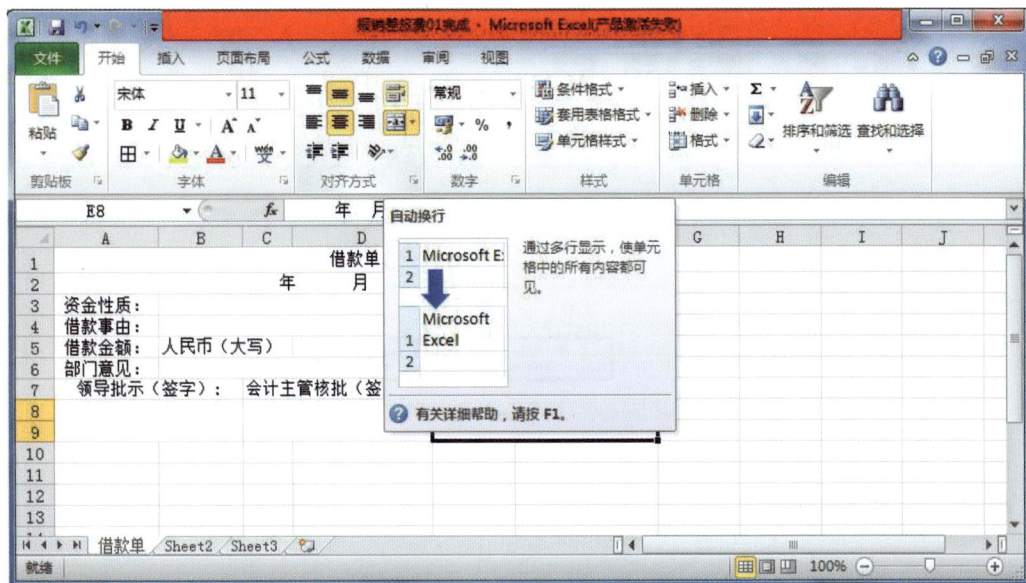

图 2-53　设置自动换行

（7）返回工作表中，效果如图 2-54 所示：

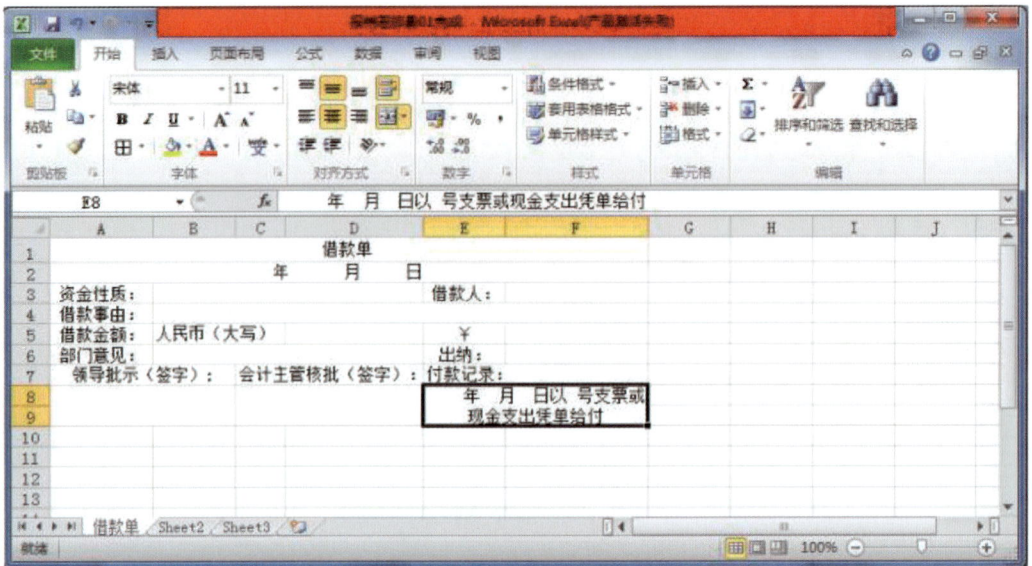

图 2-54　自动换行效果

(8)单击【对齐方式】组中的【文本左对齐】按钮键。如图 2-55 所示：

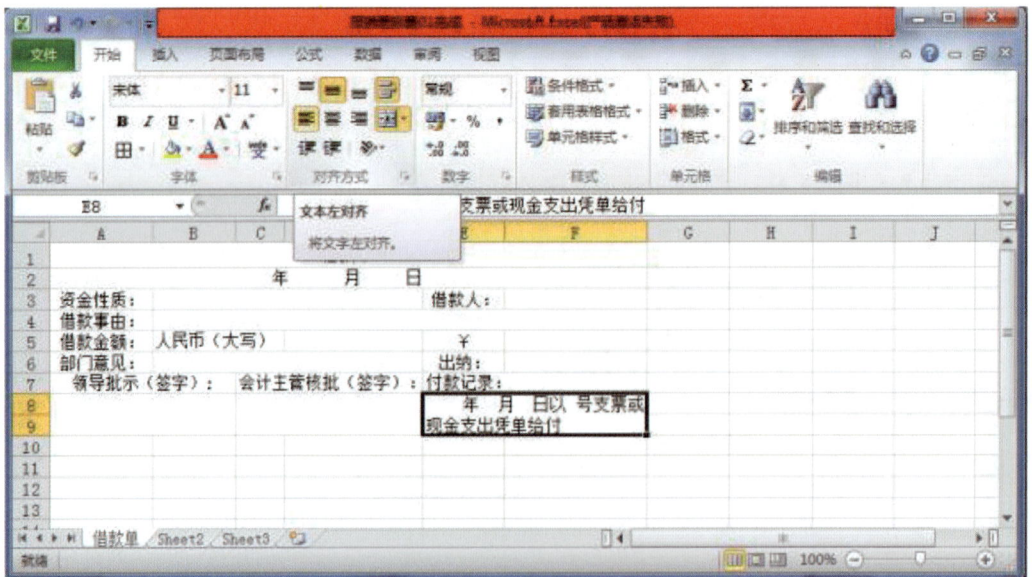

图 2-55　设置对齐方式

(9)添加边框。选中单元格区域 A3:F9,单击【字体】组中的【边框】按钮键,在弹出的下拉列表中选择【所有框线】选项。如图 2-56 所示：

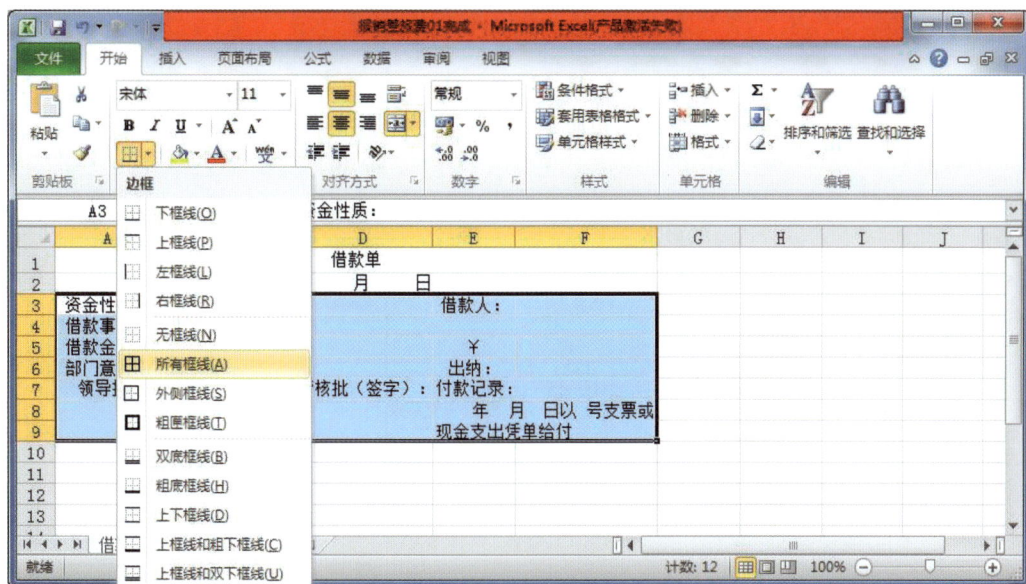

图 2-56　添加边框

（10）返回工作表中，效果如图 2-57 所示：

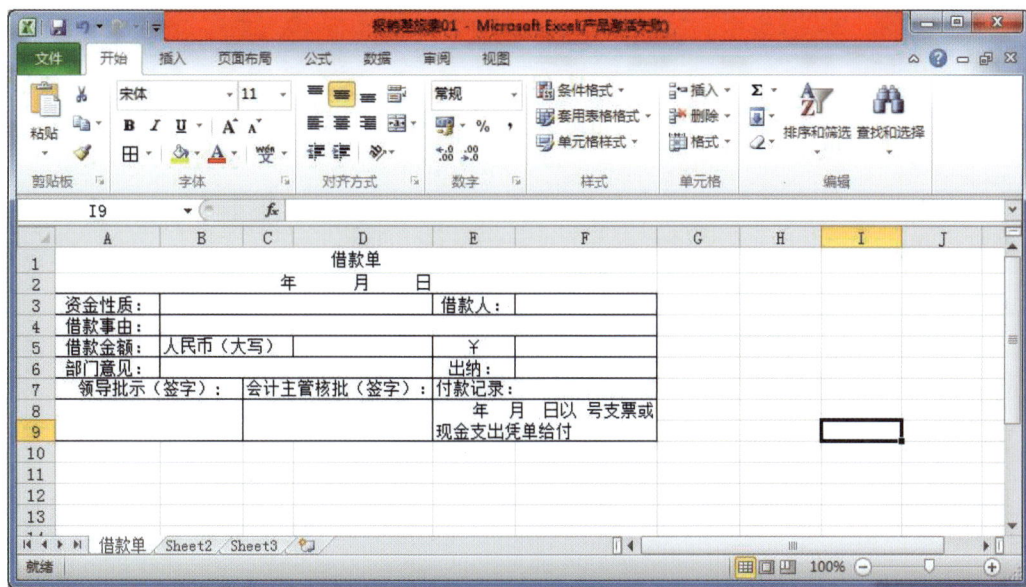

图 2-57　添加边框效果

（11）插入列。选中 A 列，切换到【开始】选项卡，然后在【单元格】组中单击【插入】按钮。如图 2-58 所示：

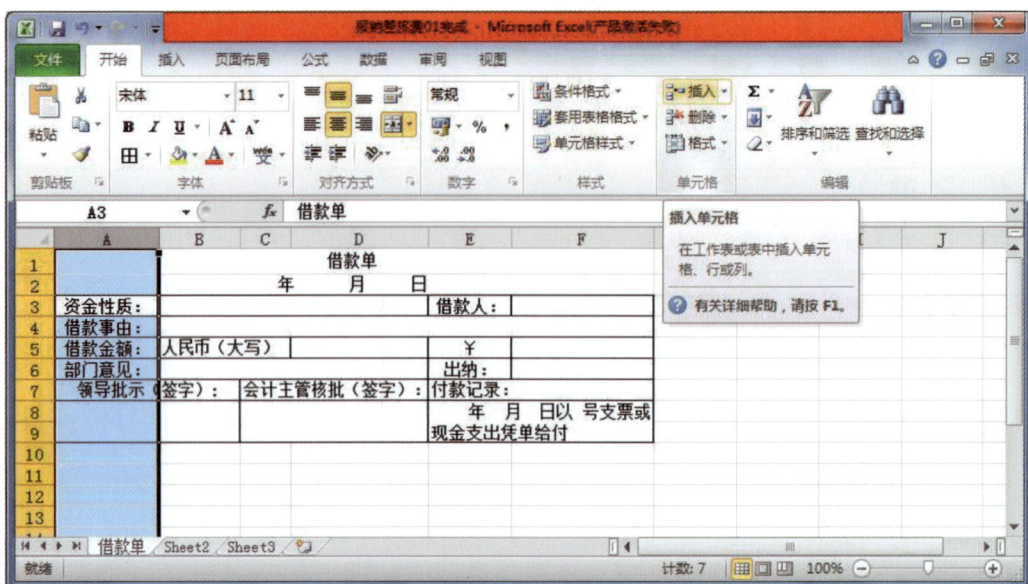

图 2-58　插入列

（12）返回工作表中，效果如图 2-59 所示：

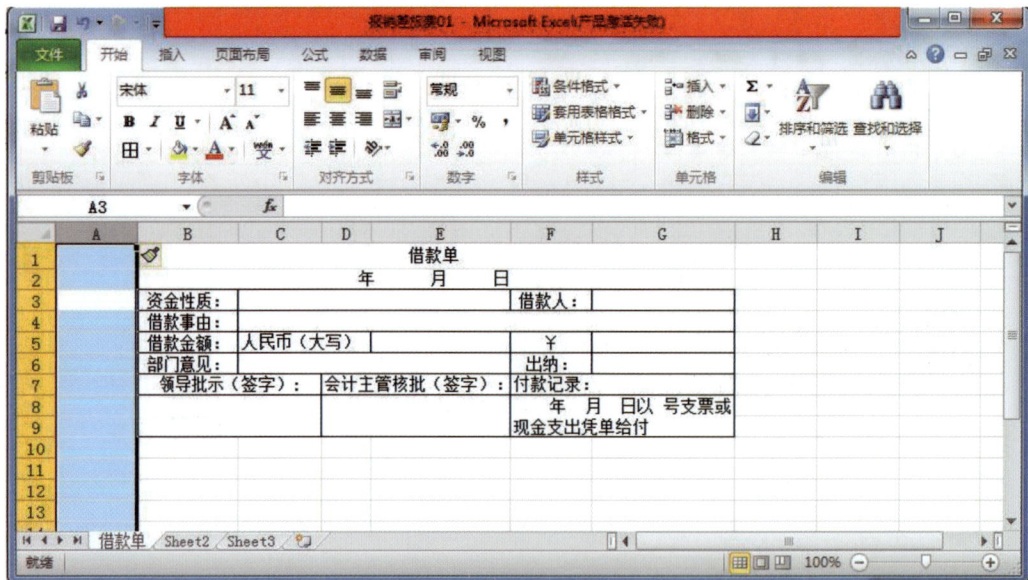

图 2-59　插入列效果

（13）调整列宽。将鼠标指针移至列标签"A"的右侧，此时鼠标指针变成类似"十"的形状，按住鼠标左侧不放向右拖动，此时在鼠标的上方会出现一个数值，是用于标识列宽的具体数值，同时此数值会随着鼠标的移动而发生变化。如图 2-60 所示：

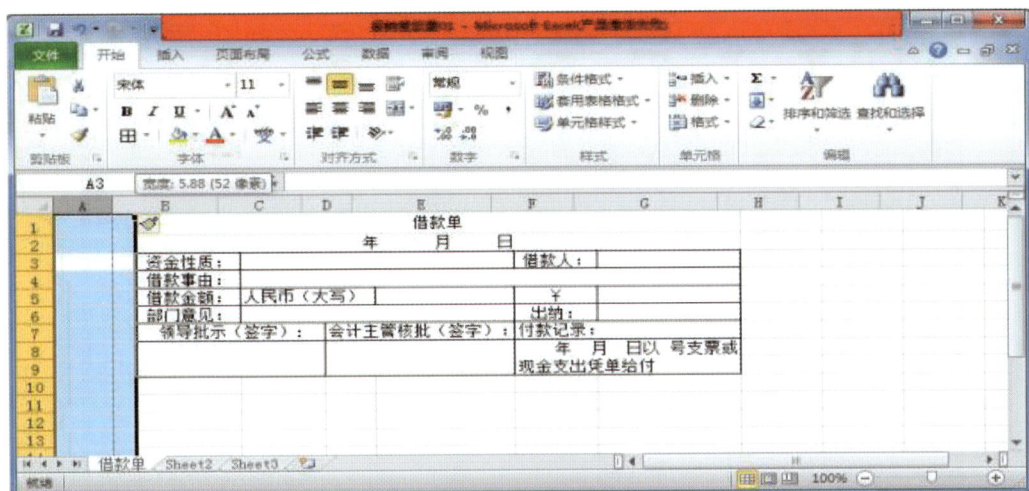

图 2-60 调整列宽

（14）将鼠标拖至合适的位置后释放，此时可以发现"A"列的列宽发生了变化，然后依次调整其他各列的列宽。如图 2-61 所示：

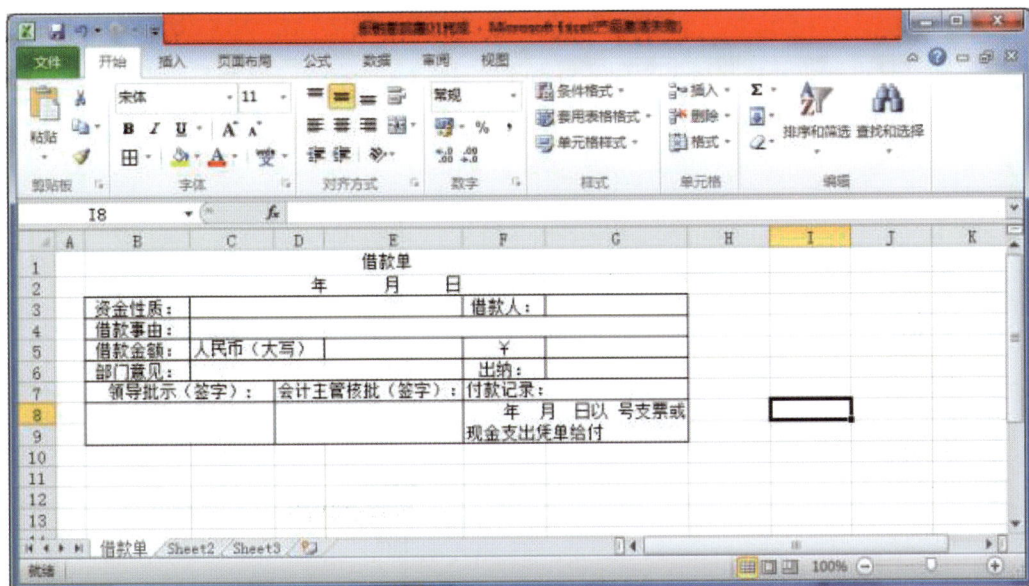

图 2-61 调整列宽效果

（15）设置表格标题。选中单元格 B1，然后单击鼠标右键，在弹出的快捷菜单中选择【设置单元格格式】菜单项。如图 2-62 所示：

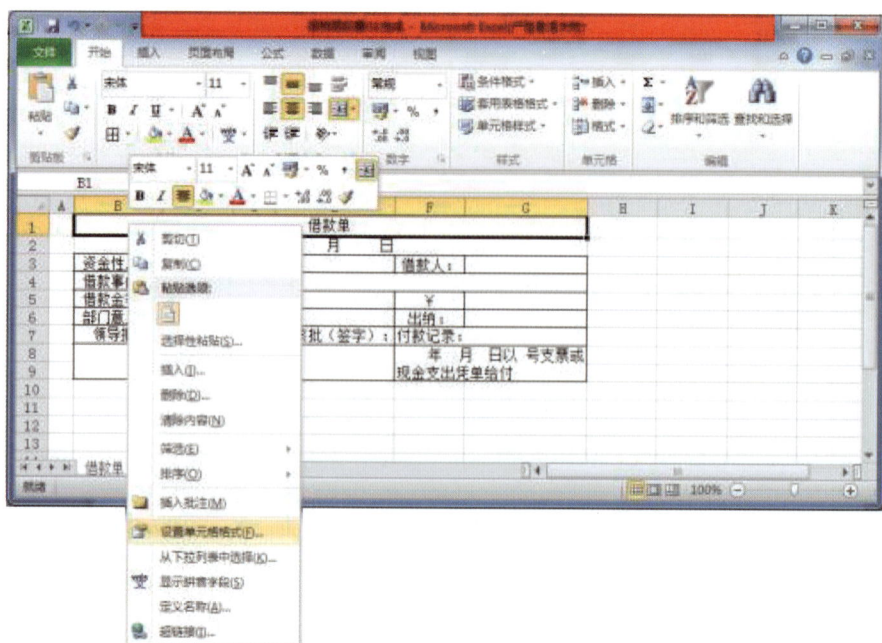

图 2-62　设置表格标题

（16）弹出【设置单元格格式】对话框，切换到【字体】选项卡，从【字体】列表框中选择【华文楷体】选项，从【字形】列表框中选择【加粗】，从【字号】列表框中选择【16】选项。如图 2-63 所示：

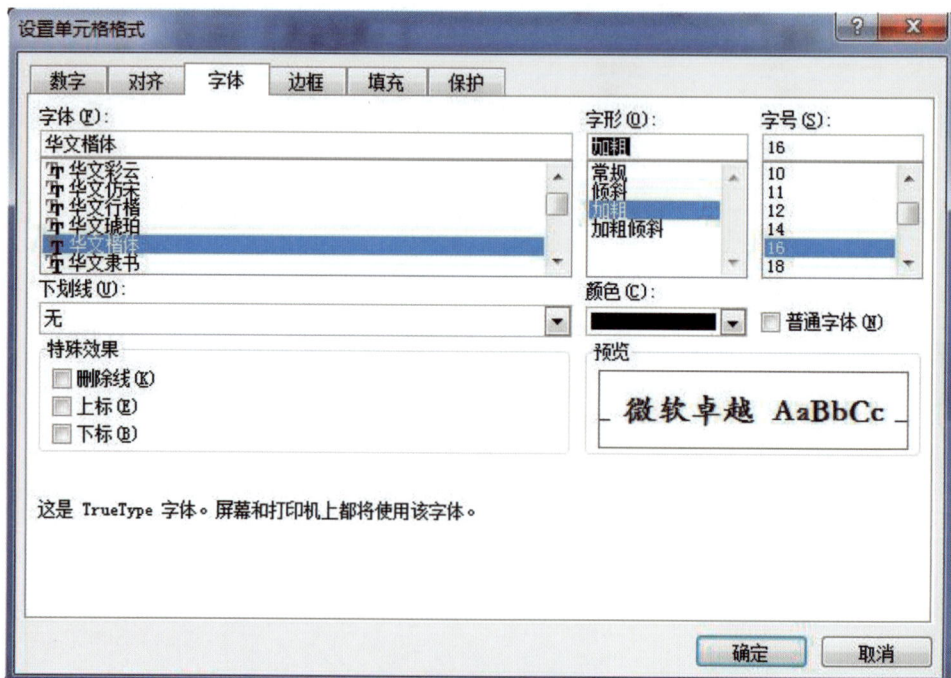

图 2-63　设置单元格格式

（17）单击【确定】按钮，返回工作表中。如图 2-64 所示：

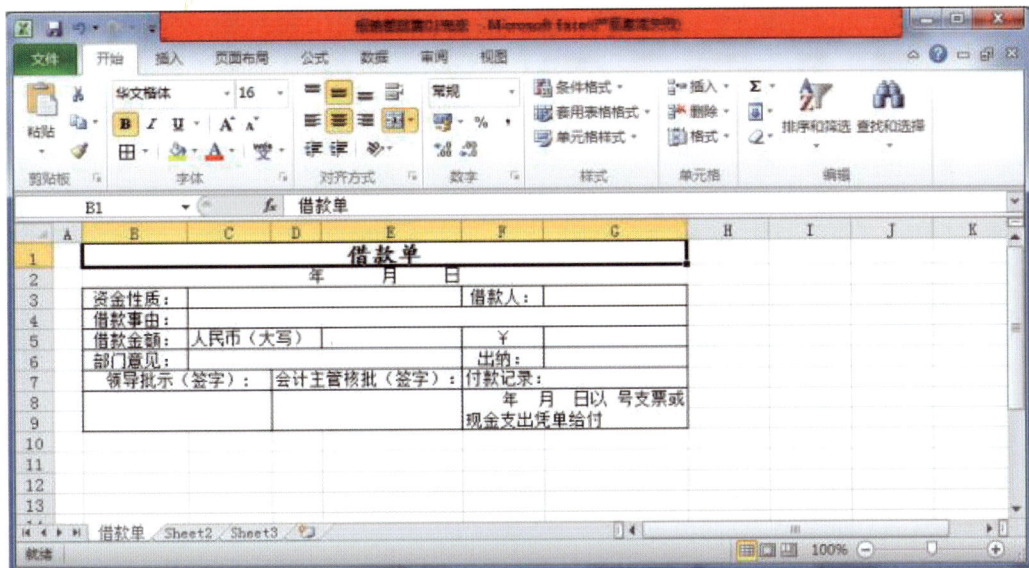

图 2-64　设置单元格格式效果

（18）撤消网格线。切换到【页面布局】选项卡，然后在【工作表选项】组中取消选中【查看网格线】复选框。如图 2-65 所示：

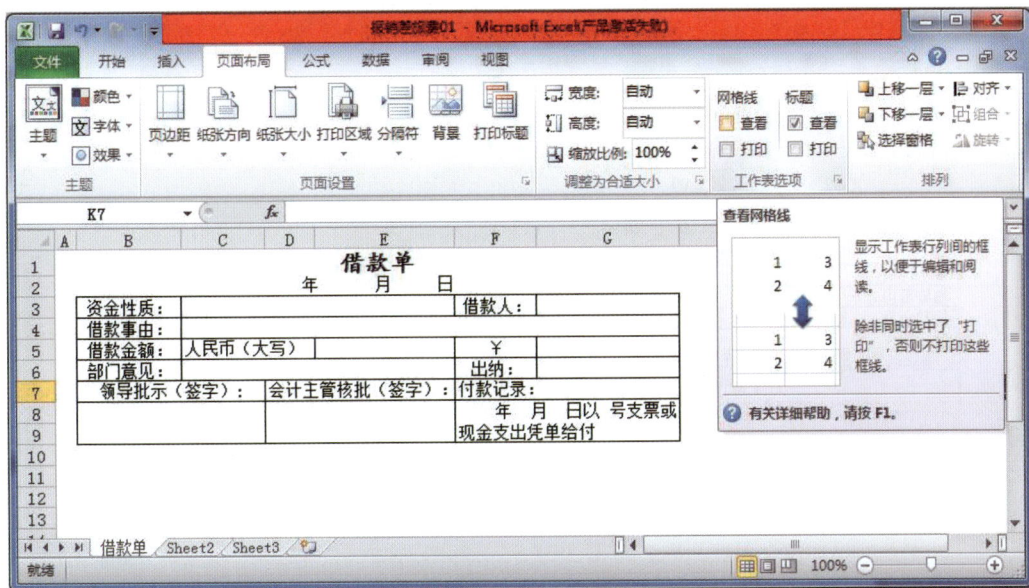

图 2-65　撤销网络线

（19）返回工作表中，效果如图 2-66 所示：

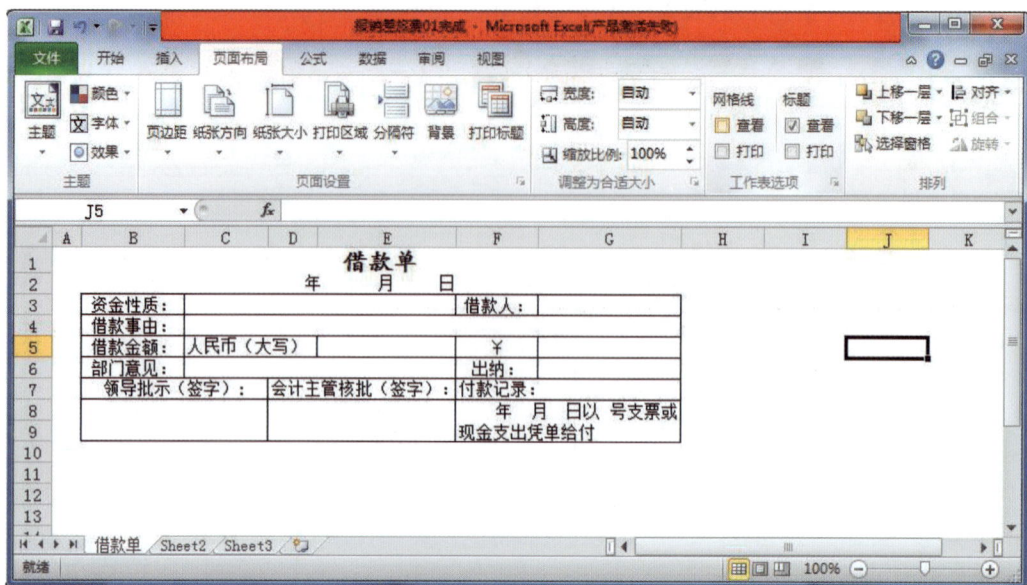

图 2-66　撤销网络线效果

(20)假设公司销售员张军为了出差谈业务,2010 年 3 月 5 日向公司借款5 000元,出纳根据此状况填列上述借款单。如图 2-67 所示:

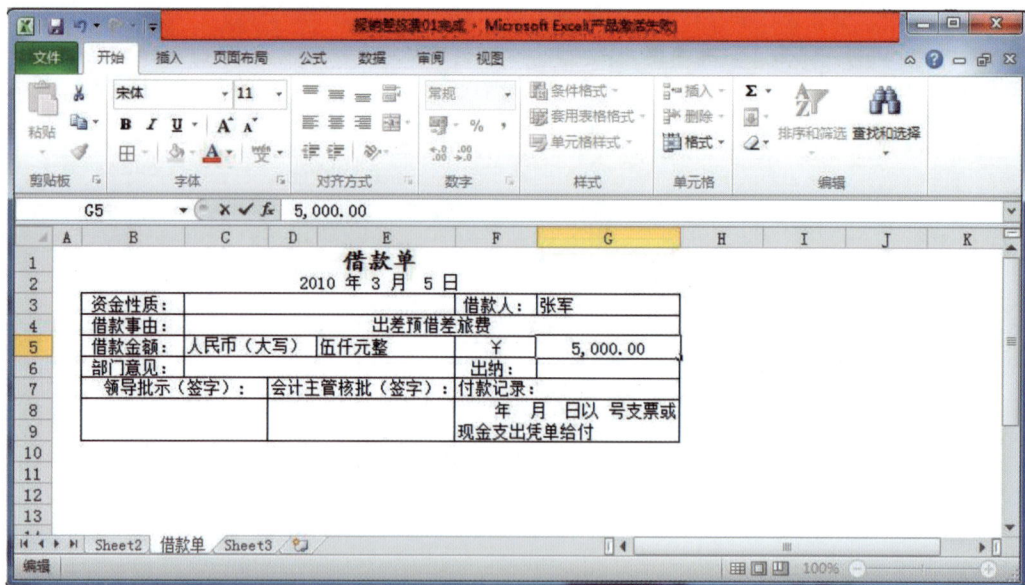

图 2-67　填列借款单

(21)将填好的借款单送所在部门的领导和有关人员审查签字,经部门负责人同意交由单位领导和会计主管审批。

五、技能训练

根据所学知识,以上海全能电力设备有限公司为例,根据其 2009 年 12 月的现金日记账中员工借款情况,编制借款单并填制,原始数据见附件"财务处理流程 02.xls"中的工作表"记账凭证"和"报销差旅费 01.xls"。

任务 2-6　提存现金管理

一、任务描述

为了给员工发放工资或补足库存现金定额,除了按规定可以用非业务性现金收入补充以及国家规定可以坐支者外,企业均应按规定从银行提取现金;企业在日常现金收支业务中,除了规定可以坐支的现金和用于补足库存现金限额的非业务性零星收入外,其他业务活动取得的现金以及超过库存现金限额的现金都必须按规定于当日送存银行。当日送银行确有困难的,由开户银行确定送存时间。

二、任务分析

企业从银行提取或送交现金必须遵循一定的程序并做相关的账务处理。(建议课时:1课时)

三、相关知识

提取现金应按照以下程序进行:

(1)签发现金支票。现金支票是银行的存款人签发给收款人办理结算或委托开户银行将款项直接支付给收款人的一种票据。出纳员应认真填写支票的有关内容,并加盖印章。与一般签发现金支票不同,企业向银行提取现金,其收款人和签发人都是本单位。

(2)取款。企业取款人持出纳员签发的现金支票到银行取款时,先将现金支票交给银行送交给银行有关人员审核,审核无误将支票交给经办本企业结算业务的银行经办出纳人员,等待取款,银行经办出纳人员对支票进行审核,核对密码,办理规定的付款手续,手续齐备后呼叫领取单位名称。银行经办人员呼叫领取单位时,取款人应立即回答,并回答银行经办人员索要取款的数量,无误后银行经办人员即照支票付款。

如果单位取款是为发工资等而需要一定的零钱,应到取款时将各种券别的数量开具清单一并交给银行经办人员,以便银行经办出纳人员在付款时按要求搭配一定量的零钱,取款人收到银行出纳人员付给的现金时,一般应当面清点现金数量,清点无误才离开柜台,切不可离开柜台后点数。如果提取现金的数额较大,当面清点确有困难,应当将大捆大把的数字核对清楚,并当面点清散把和零张钞票,然后把现金全部装入取款袋(或箱),回单位后进一步清点。

清点现金时,一般应先检查封签、类别和把数是否相符,然后再具体点钞。点钞的程序是:先点捆数,捆数无误再拆捆复点把数,把数点完后才能点零张。

清点时应当注意以下几点:

(1)清点现金,特别是回单位清点,最好由本单位两位以上财务人员共同进行。

(2)清点应逐捆逐把逐张进行,做到一捆一把一清。清点时不能随意混淆或丢弃每一把的捆钞纸,只有把全捆所有把数清点无误才可以将每把的捆钞纸连同每捆封签一起扔掉。

(3)在清点中发现有残缺、损伤的票币以及假钞,应立即向银行要求调换。

(4)所有现金应清点无误才能发放使用,切忌一边清点一边发放,否则一旦发生差错就无法查清。

(5)在清点过程中,特别是回单位清点过程中,如果发现确有差错,应将所取款项保持原状,随即通知银行经办人员妥善办理。

出纳员按规定整理现金并填写"现金交款单"后,应将现金连同"现金交款单"一起送交银行柜台收款员。在交款时,出纳员必须同银行柜台收款员当面交接清点。经柜台收款员清点无误,银行按规定在"现金交款单"上加盖印章,并将"回单联"退还送给送款人,送款人在接到"回单联"后应当进行检查,确认为本企业交款回单,而且银行有关手续已经办妥后即可离开柜台。

四、实际操作

本部分原始文件和最终效果所在位置如下：

原始文件　　现金管理—银行存款付款凭证.xls

最终效果　　现金管理—银行存款付款凭证最终效果.xls

(一)提取现金的账务处理

用现金支票提取现金时,出纳人员应当根据支票存根编制银行存款付款凭证。其会计分录如下：

借:库存现金

　　贷:银行存款

例如:2009 年 9 月 20 日,某公司出纳人员签发现金支票一张,从银行提取现金12 000元。出纳人员根据现金支票存根编制银付字 1 号凭证。

(小提示:对于涉及"现金"和"银行存款"之间的经济业务,一般只编制付款凭证,不编收款凭证。如将现金存入银行或从银行提取现金,为了避免重复记账,一般只编制付款凭证,不编收款凭证)

接下来在 Excel 2010 中填制银行存款付款凭证,具体的操作步骤如下：

(1)打开本实例的原始文件"现金管理—银行存款付款凭证.xls",切换到工作表"银行存款付款凭证"。如图 2-68 所示：

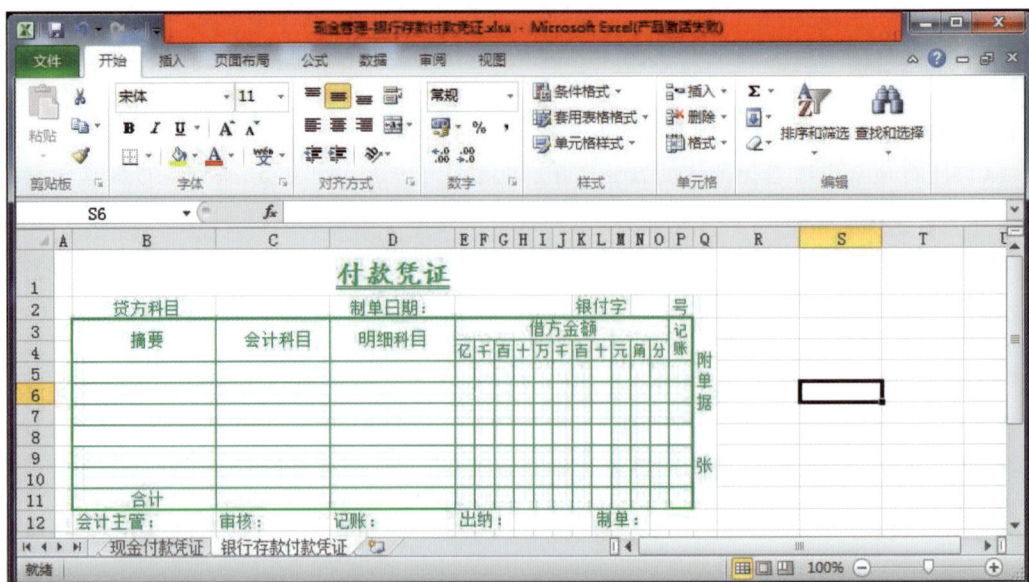

图 2-68　选择银行存款付款凭证表

（2）然后单击单元格 K2 右侧的下拉按钮，在弹出的下拉列表中选择【银付字】选项。如图 2-69 所示：

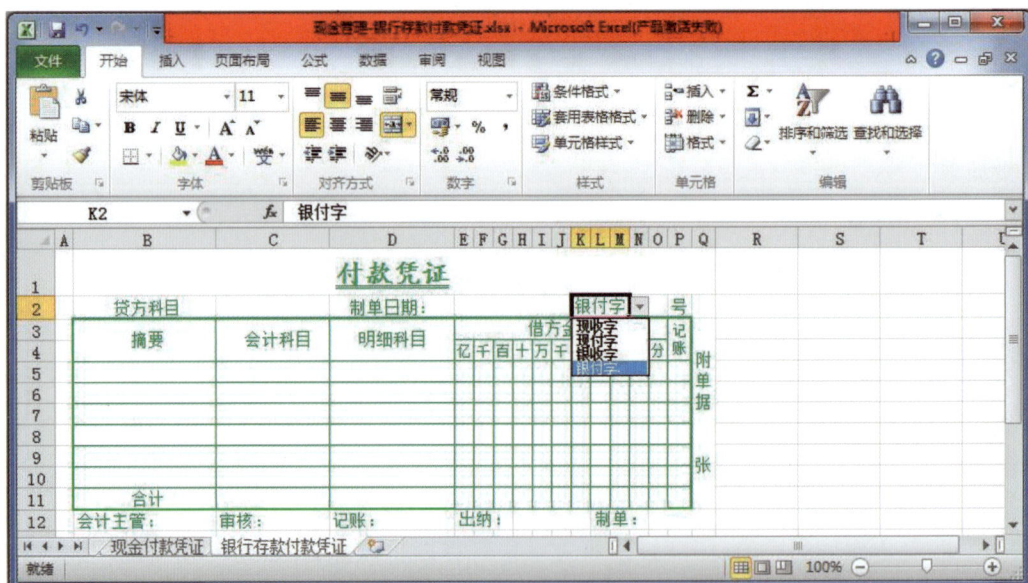

图 2-69　选"银付字"

（3）单击单元格 C2 右侧的下拉按钮，在弹出的下拉列表中选择【银行存款】选项。如图 2-70 所示：

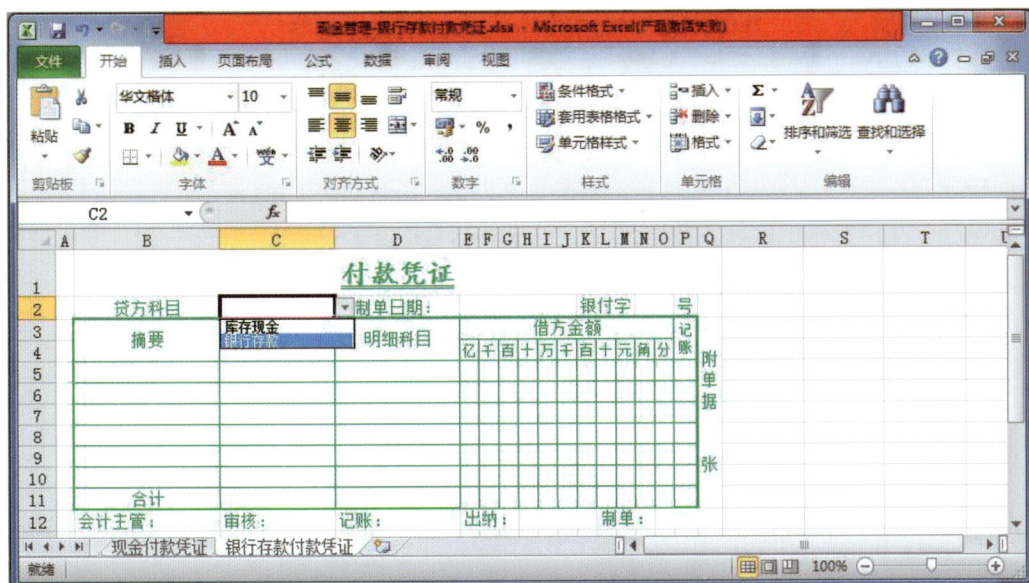

图 2-70　选贷方科目银行存款

（4）填制相关的日期、摘要、会计科目、凭证号、凭证张数及金额。如图 2-71 所示：

图 2-71　填制相关数据

（5）填完金额后应将没有填的空从右到左画斜线，以免被人更动，并在出纳盖章处盖上出纳人员的私章或签名。如图 2-72 所示：

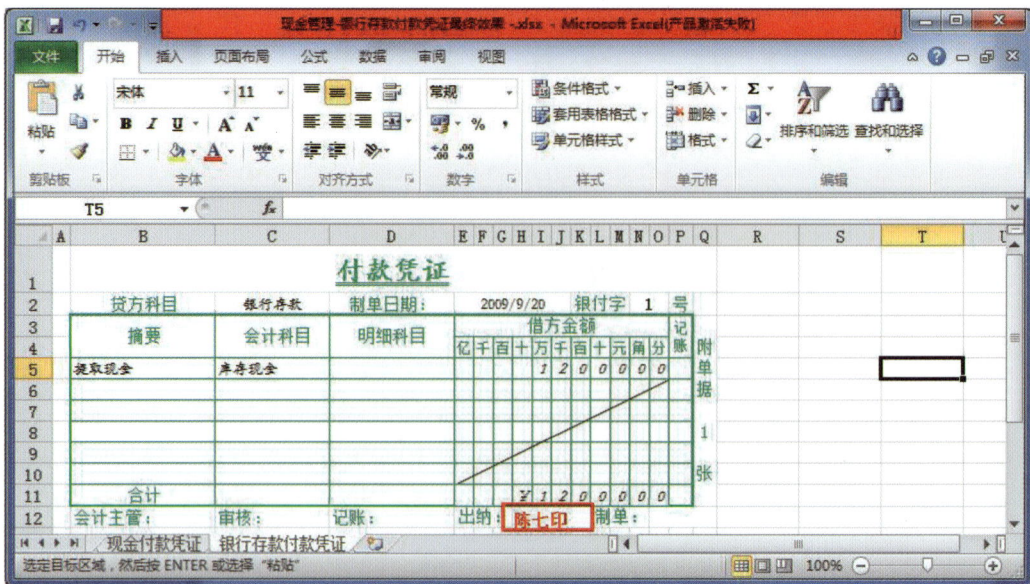

图 2-72　画线并盖章

(二)送交银行存款

交款人将现金送存银行并取回"现金交款单"(回单联),出纳人员根据"回单联"填制现金付款凭证。其会计分录如下:

借:银行存款

　　贷:库存现金

例如 2009 年 9 月 25 日,某公司财务人员向开户行送存一笔现金,金额 4 000 元。取回"现金交款单"(回单联)后,出纳人员根据"回单联"填制现付字 3 号凭证。

本小节在 Excel 2010 中填制现金付款凭证,具体的操作步骤如下:

本部分原始文件和最终效果所在位置如下:

原始文件　　　现金管理—现金付款凭证.xls

最终效果　　　现金管理—现金存款付款凭证最终效果.xls

(1)打开本实例的原始文件"现金管理—现金付款凭证.xls",切换到工作表"现金付款凭证"中,如图 2-73 所示。

图 2-73　打开现金付款凭证表

（2）然后单击单元格 K2 右侧的下拉按钮，在弹出的下拉列表中选择【现付字】选项。如图 2-74 所示：

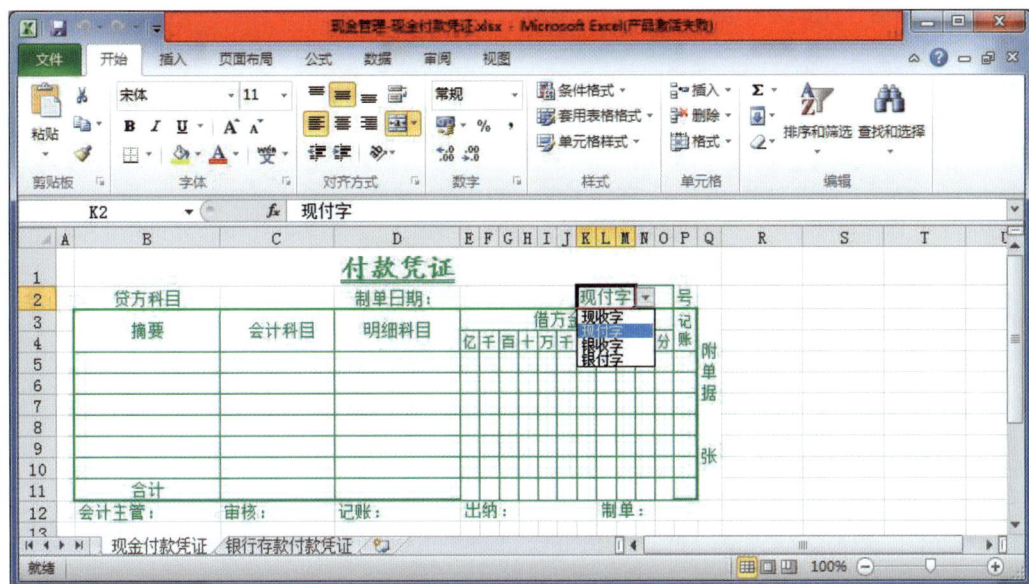

图 2-74　选择"现付字"

（3）单击单元格 C2 右侧的下拉按钮，在弹出的下拉列表中选择【库存现金】选项。如图 2-75 所示：

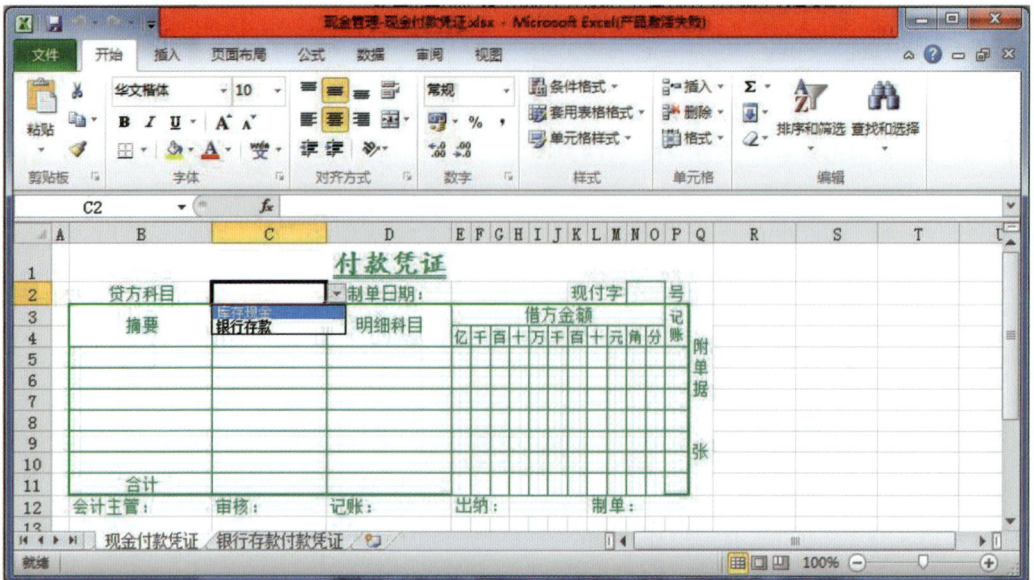

图 2-75 选择贷方科目库存现金

（4）填制相关的日期、摘要、会计科目、凭证号、凭证张数及金额。如图 2-76 所示：

图 2-76 填制相关数据

（5）填完金额后应将没有填的空从右到左画斜线，以免被人改动，并在出纳盖章处盖上出纳人员的私章或签名。如图 2-77 所示：

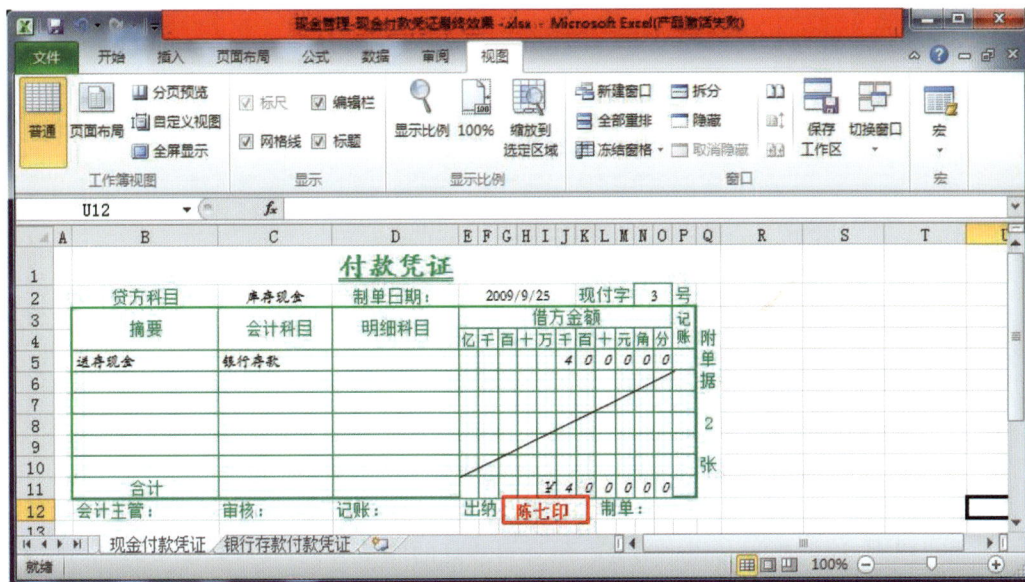

如 2-77　画斜线并盖章

五、技能训练

根据所学知识,寻找公司实际操练现金的提存过程。

综合实训二

【资料】

假设 2014 年 2 月底北京文具创新有限公司记账凭证账面余额为 250 000 元,2014 年 3 月 1 日—2014 年 3 月 22 日北京文具创新有限公司发生以下简单经济业务如下:

业务 1:3 月 1 日,出纳人员开出现金支票,从银行提取现金 20 000 元。

业务 2:3 月 2 日,根据与辽宁书笔有限公司签订的购销合同,预收货款 2 万元,款项已经到账(采用电汇方式)。

业务 3:3 月 6 日,根据订单,本公司销售给北京致远文化有限公司一批文具,不含税价款 20 000 元(单价 200 元,共 100 件),增值税率 17%,商品已发出,北京宁远电缆厂采用现金方式结算,款项已经收到。

业务 4:3 月 6 日,结转当日销售文具成本 10 000 元。

业务 5:3 月 15 日,企业员工林斯萍借款 23 000 元出差,用现金支付。

业务 6:3 月 22 日,根据订单,销售一批文具给青青书笔有限公司,不含税价款 30 万元,增值税率 17%,商品已发出,货款尚未收到。

实训要求

(1)根据资料编制会计分录并填制记账凭证。(会计人员做)

(2)根据上面所编制的记账凭证生成现金日记账。

(3)假设在 3 月 22 日盘点出来的库存现金是 50 万,多余的现金查明是由于债券单位撤销而使应付账款无法清偿,请编制并填写现金盘点报告表。

(4)根据记账凭证设计借款单,并填写。

模块三:Excel 在薪资管理岗位中的应用

学习目标

通过本章学习,掌握财务人员在薪资管理工作中应具备的基本知识和操作技能,主要包括以下几点:

1.员工基本信息的录入、设置

2.工资表的计算、统计

3.工资费用的数据查询

4.工资条的制作、打印

5.掌握 IF、VLOOKUP 等函数的用法

本模块建议课时:8 课时

任务 3-1　建立薪资管理基本信息表

一、任务描述

本任务以华天实业公司为例,建立薪资管理所需的如下基本信息表:员工基本信息表、基本工资表、奖金表、考勤表。

二、任务分析

本任务主要根据员工一些基础数据建立薪资管理所需的基本信息表格。(建议课时:1课时)

三、相关知识

(一)数据输入

具体数据输入及表格设置等相关知识可以参阅模块一。在信息表输入时,可以利用"数

据有效性"这一功能,提高数据输入的效率和准确性。具体使用方法参见下例实际操作部分。

(二)函数使用

本任务需要使用的主要函数如下:

(1)VLOOKUP 函数,该函数的功能与语法见表 3-1。

表 3-1　VLOOKUP 函数的功能与语法

VLOOKUP 函数的功能	在表格或数值数组的首列查找制定的数值,并由此返回表格或数组当前行中指定列处的数值。
VLOOKUP 函数的语法	VLOOKUP(lookup_value,table_array,col_index_num,[range_lookup]) lookup_value 表示需要在数据表第一列中查找的数值; table_array 表示需要在其中查找数据的数据表; col_index_num 表示 table_array 中待返回的匹配值的列序号。col_index_num 为 1 时,返回数据表第一列中的数值,为 2 时,返回数据表第二列中的数值,以此类推; range_lookup 表明函数搜寻时,是完全符合,还是部分符合,若为 TRUE 或省略,则返回部分符合值,若返回 FALSE,则返回完全符合值。 (注意:若 range_lookup 为 TRUE 或省略时,则 table_array 第一列中的数值必须按升序排列,否则函数 VLOOKUP 不能返回正确的值)

(2)IF 函数,该函数的功能与语法见表 3-2。

表 3-2　IF 函数的功能与语法

IF 函数的功能	判断是否满足某个条件,如果满足,返回一个值,如果不满足,返回另一个值。
IF 函数的语法	IF(logical_test,[value_if_true],[value_if_false]) logical_test 表示计算结果可能为 TRUE 或 FALSE 的任意值或表达式; value_if_true 表示当 logical_test 为 TRUE 时,返回的值; value_if_false 表示当 logical_test 为 FALSE 时,返回的值。

四、实际操作

(一)建立基本信息表

(1)建立"工资管理"工作簿,将工作表 Sheet1 命名为"员工基本信息表",并保存。

(2)设计并输入"员工基本信息表",根据单位实际情况直接输入员工编号、员工姓名。

(3)由于性别、部门、学历等几项的资料基本固定,且内容较少,可采用下列列表的形式输入。下面以学历为例进行讲解，其操作方法为：a.选定单元格区域 G3：G32，然后选择"数据—数据有效性"命令，打开"数据有效性"对话框；b.在"设置"选项卡中"有效性条件"栏中的"允许"下拉列表框中选择"序列"，并在"来源"中输入几种学历（比如：硕士、本科、大专、高中、中专），如图 3-1 所示。c.单击"确定"。结果如图 3-2 所示。

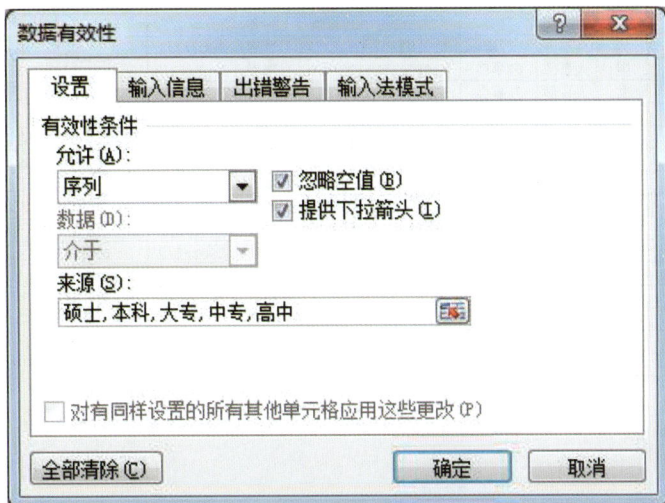

图 3-1　设置学历数据有效性参数

图 3-2　选择输入各学历

（4）同样的方法在性别、职务等模块栏也采用数据序列表的形式产生数据，方法如上。其他数据的输入采用直接输入法。

注意：

a.输入入职时间时，应把格式调整为日期。

b.输入身份证号码时，应把格式调整为文本。

（5）输入所有模块栏的数据后结果如图 3-3 所示。

	A	B	C	D	E	F	G	H	I	J
1	华天实业公司员工信息表									
2	员工编号	员工姓名	性别	部门	职务	身份证号码	学历	入职时间	家庭住址	联系方式
3	00101	杨光	男	办公室	经理	14012219740830XXXX	本科	2000/7/1	山西省太原市阳曲县	13933691***
4	00102	刘晓	男	办公室	文员	36010219800606XXXX	硕士	2008/10/8	江西省南昌市东湖区	15974529***
5	00201	贺龙	女	办公室	文员	441201820502XXX	本科	2005/7/5	广东省肇庆市鼎湖区永安镇	13767830***
6	00202	冉然	男	办公室	文员	23010119850930XXXX	大专	2010/6/5	黑龙江省哈尔滨市方正县	15974522***
7	00203	刘娟	女	办公室	文员	231225870518XXX	中专	2013/4/10	黑龙江省绥化市明水县	13767830***
8	00301	金鑫	男	人事部	经理	11010119790925XXXX	大专	2002/7/1	北京东城区	15982101***
9	00302	李娜	男	人事部	办事员	51010119811220XXXX	本科	2005/11/4	四川省成都市一环路南四段	15982204***
10	00303	李娜	女	人事部	办事员	230103860108XXX	本科	2006/7/5	哈尔滨市南岗区哈双路	15982105***
11	00401	张冉	男	财务部	经理	11010619770902XXXX	硕士	2004/4/6	北京丰台区赵公口小区	15982104***
12	00402	赵军	女	财务部	会计	51010119840409XXXX	本科	2007/7/7	四川成都市清江东路	15982107***
13	00403	苏飞	男	财务部	出纳	110105830208XXX	本科	2005/12/8	北京市朝阳区平乐园	13026906***
14	00501	黄亮	女	企划部	经理	330301781008XXX	本科	2008/7/9	浙江温州工业区	13312587***
15	00502	王雯	男	企划部	办事员	52010119850118XXXX	本科	2005/9/9	贵阳市中华北路	13798898***
16	00503	王宏	女	企划部	办事员	33010119790508XXXX	硕士	2006/8/5	杭州上城区兴隆路	13682399***
17	00601	李红	男	销售部	经理	61010119750216XXXX	本科	2001/3/2	西安市高新区唐延路	13982516***
18	00602	张三民	男	销售部	业务员	11010219790403XXXX	高中	2009/7/4	北京市西城区阜外大街	13951327***
19	00603	刘毅	男	销售部	业务员	420205771228XXX	中专	2003/7/4	湖北省黄石市铁山区	13099512***
20	00604	叶甜	男	销售部	业务员	51010119780728XXXX	中专	2006/10/5	四川成都市人民南路四段	15833681***
21	00605	李楠	女	销售部	业务员	51190119800918XXXX	中专	2013/4/6	巴中市江北大街	15922330***
22	00701	张杰	男	技术部	经理	51202219751016XXXX	本科	2000/7/7	资阳市乐至县	15856987***

图 3-3 员工基本信息表

（二）建立基本工资表和奖金表

一般来说，员工的基本工资是相对固定的，假设在本例中，该企业是根据员工的职务制定基本工资，即相同职务的员工的基本工资是一样的。而奖金通常是工资构成中的浮动部分，员工的奖金与职务、公司的制度等都存在很大的关系，因此该资料可能每个月都会发生变化。

操作步骤如下：

（1）在工作表 Sheet2 中建立如图 3-4 所示表格，并将工作表命名为“基本工资”。

	A	B	C	D	E	F
1	职务	基本工资				
2	经理	3500				
3	文员	2000				
4	办事员	2500				
5	会计	3000				
6	出纳	2500				
7	业务员	2000				
8	工程师	3000				
9	生产人员	2000				

图 3-4 建立基本工资表

（2）建立奖金表并填入相关资料。

在工作表 Sheet3 中建立如图 3-5 所示表格，并将工作表命名为“奖金”。其中，“员工编号”“员工姓名”“部门职务”几列的数据可以从“员工信息表”中复制得到。

	A	B	C	D	E
1	员工编号	员工姓名	部门	职务	奖金
2	00101	杨光	办公室	经理	4000
3	00102	刘晓	办公室	文员	3000
4	00201	贺龙	办公室	文员	3000
5	00202	冉然	办公室	文员	3000
6	00203	刘娟	办公室	文员	3000
7	00301	金鑫	人事部	经理	4000
8	00302	李娜	人事部	办事员	1500
9	00303	李娜	人事部	办事员	1500
10	00401	张冉	财务部	经理	4000
11	00402	赵军	财务部	会计	3500
12	00403	苏飞	财务部	出纳	3000
13	00501	黄亮	企划部	经理	4000
14	00502	王雯	企划部	办事员	3000
15	00503	王宏	企划部	办事员	3000
16	00601	李红	销售部	经理	4000
17	00602	张三民	销售部	业务员	3000
18	00603	刘毅	销售部	业务员	3000
19	00604	叶甜	销售部	业务员	3000
20	00605	李楠	销售部	业务员	3000
21	00701	张杰	技术部	经理	4000
22	00702	宋江	技术部	工程师	3500
23	00703	曾伟	技术部	工程师	3500
24	00704	刘非	技术部	工程师	3500
25	00801	邓云凯	生产部	经理	4000

图 3-5　建立奖金表

（三）建立考勤表

员工考勤统计表是用来统计企业员工出勤情况的，通常在每个月月末进行统计，然后根据公司制定的考勤制度和员工的出勤统计计算员工的考勤扣款，最后在计算当月工资时一并核算。

假设该公司的考勤制度如下：

（1）迟到扣款制度。员工一个月累计迟到不超过 10 分钟，不扣款；累计迟到不超过半小时，扣款 10 元；累计迟到不超过 1 小时，扣款 20 元；若累计迟到超过 1 小时，按基本工资的 3% 进行扣款。

（2）病假不扣款。

（3）事假扣款制度。员工请事假，扣除当天基本工资（每个月按 30 天计算）。

明确了考勤制度后，在 Excel 中建立考勤表格，具体操作步骤如下：

（1）建立一个"本月考勤"的新工作表，考勤表包含的表的模块如图 3-6 所示。其中本月累计迟到分钟数和本月累计事假数，根据实际情况输入数据。

图 3-6　建立考勤表

（2）引用基本工资。在表格 C2 中输入公式：＝VLOOKUP(VLOOKUP(A2，员工信息表！＄A＄2：＄I＄32，5，FALSE)，基本工资表！＄A＄2：＄B＄9，2，FALSE)，回车后，向下复制公式，得到如图 3-7 所示结果。

图 3-7　引用基本工资

注意：

此处的公式运用了 VLOOKUP 函数的嵌套，内层的 VLOOKUP 函数的作用是根据员工编号，寻找员工的职务；外层的 VLOOKUP 函数，则是根据员工的职务，查找基本工资。

（3）计算考勤扣款。根据公司规定，在单元格 F2 中输入公式：=IF(D2<10,0,IF(D2<=30,10,IF(D2<=60,20,IF(D2>60,C2*0.03))))+E2*C2/30，按回车后，向下复制公式，得到如图 3-8 所示结果（保留两位小数）。

	F2		▼	f_x	=IF(D2<10, 0, IF(D2<=30, 10, IF(D2<=60, 20, IF(D2>60, C2*0.03))))+E2*C2/30		
	A	B	C	D	E	F	G
1	员工编号	姓名	基本工资	本月累计迟到（分钟）	本月累计事假（天）	扣款	
2	00101	杨光	3500	3	0	0.00	
3	00102	刘晓	2000	5	0	0.00	
4	00201	贺龙	2000	10	0	10.00	
5	00202	冉然	2000	0	1	66.67	
6	00203	刘娟	2000	0	3	200.00	
7	00301	金鑫	3500	15	0	10.00	
8	00302	李娜	2500	80	0	75.00	
9	00303	李娜	2500	40	0	20.00	
10	00401	张冉	3500	70	0	105.00	
11	00402	赵军	3000	0	0	0.00	
12	00403	苏飞	2500	0	0	0.00	
13	00501	黄亮	3500	0	0	0.00	
14	00502	王雯	2500	0	0	0.00	
15	00503	王宏	2500	5	3	250.00	
16	00601	李红	3500	20	0	10.00	
17	00602	张三民	2000	0	0	0.00	
18	00603	刘毅	2000	0	0	0.00	
19	00604	叶甜	2000	0	0	0.00	
20	00605	李楠	2000	50	2	153.33	

图 3-8　考勤扣款计算结果

注意：

此处 IF 函数的嵌套使用。

五、技能训练

根据所学知识，以任意公司为例，建立员工基本信息、基本工资、奖金和考勤表。

任务 3-2　建立工资表

一、任务描述

本任务以华天实业公司为例,建立薪资管理工资表。

二、任务分析

本任务主要根据薪资管理所需的基本信息表格及工薪所得税的计算规定,建立工资表,并利用 Excel 函数实现自动计算实发工资。(建议课时:1 课时)

三、相关知识

个人所得税的模块有多个,各自遵循相应的纳税规定。其中工资薪金使用的是 7 级超额累进税率,具体规定见表 3-3。

表 3-3　工资薪金所得税税率表

级数	全月应纳税所得额	税率(%)	速算扣除数
1	不超过1 500	3	0
2	超过1 500~4 500的部分	10	105
3	超过4 500~9 000的部分	20	555
4	超过9 000~35 000的部分	25	1 005
5	超过35 000~55 000的部分	30	2 755
6	超过55 000~80 000的部分	35	5 505
7	超过80 000的部分	45	13 505

工资薪金所得税的有关计算公式是:

应纳所得税=应纳税所得额×适用税率−速算扣除数

应纳税所得额=月工资薪金总所得−免税所得−税前抵减−减除费用标准

工资薪金总所得包括工资(基本工资、职务工资)、补贴和津贴、奖金等。

这里的免税所得主要包括:省级人民政府、国务院部委和中国人民解放军军以上单位,以及外国组织、国际组织颁发的科学、教育、技术、文化、卫生、体育、环境保护等方面的奖金,按照国家统一规定发给的补贴、津贴、福利费、抚恤金、救济金等。

这里的税前抵减专指在规定标准范围内实际缴付的住房公积金、医疗保险金、基本养老保险金和失业保险金(简称代扣 4 金),这 4 金在计算个人所得税时允许在税前抵减收入,4 金缴纳比例根据企业实际情况,可能有所不同,这里为了简化计算,统一按基本工资的18％缴纳。

现行规定,中国公民的减除费用标准为3 500元/月。在中国境内的外商投资企业和外国企业中工作的外籍人员,应聘在中国境内的企业、事业单位、社会团体、国家机关中工作的外籍专家,在中国境内有住所而在中国境外任职或者受雇取得工资、薪金所得的个人,这三类人员(简称外籍人员)在3 500元基础上附加减除1 300元,即减除费用标准为4 800元/月。

四、实际操作

(1)新插入工作表,并命名为"员工工资表"

员工工资表包含的模块如图 3-9 所示。

图 3-9　员工工资表

(2)输入和引用数据

其中,"员工编号""员工姓名""部门职务"几列的数据可以从"员工信息表"中复制得到。基本工资、奖金、出勤扣款几列的数据可以用 VLOOKUP 函数,引用任务 3-1 中的基础数据表得到。具体步骤如下:

①在单元格 D2 中输入公式:＝VLOOKUP(VLOOKUP(A2,员工信息表！A2:I32,5,FALSE),基本工资表！$A$2:$B$9,2,FALSE),按下回车键,向下复制公式,得到基本工资列的数据。

②在单元格 E2 中输入公式:＝VLOOKUP(奖金！A2,奖金！$A$2:$E$31,5,FALSE),按下回车键,向下复制公式,得到奖金列的数据。

③在单元格 F2 中输入公式:＝VLOOKUP(A2,本月考勤！$A$2:$F$31,6,FALSE),按下回车键,向下复制公式,得出勤扣款列的数据。

备注:VLOOKUP 函数的具体使用方法,可以参考任务 3-1。

(3)计算应发合计工资

在单元格 G2 中输入公式:＝D2＋E2－F2,按下回车键,向下复制公式,得出应发合计工资。

(4)计算代扣 4 金

在单元格 H2 中输入公式:＝D2＊18％,按下回车键,向下复制公式,得出应发合计工资。

(5)计算应税所得

根据前面相关知识,可知应税所得计算方法。在单元格 I2 中输入公式:＝IF(G2－H2－3500＞0,G2－H2－3500,0),按下回车键,向下复制公式,得出应税所得。

注意:

此处 IF 函数的使用,在应税所得计算时,应注意不够起征点时应赋予 0 值,否则会造成不够起征点时出现应税所得为负数。

（6）计算应扣所得税

根据表 3-3 相关税收标准，计算应扣所得税。在单元格 J2 中输入：＝IF(I2＞80000,I2＊0.45－13505,IF(I2＞55000,I2＊0.35－5505,IF(I2＞35000,I2＊0.3－2755,IF(I2＞9000,I2＊0.25－1005,IF(I2＞4500,I2＊0.2－555,IF(I2＞1500,I2＊0.1－105,IF(I2＞0,I2＊0.03,0)))))))

公式中的"＞"也可以设置为"＞＝"，这不会影响计算结果的正确性。

也可以按照下面的公式进行定义：

N2＝IF(I2＜＝0,0,IF(I2＜＝1500,I2＊0.03,IF(I2＜＝4500,I2＊0.1－105,IF(I2＜＝9000,I2＊0.20－555,IF(I2＜＝35000,I2＊0.25－1005,IF(I2＜＝55000,I2＊0.30－2755,IF(I2＜＝80000,I2＊0.35－5505,I2＊0.45－13505)))))))。按下回车键，向下复制公式，得出应扣所得税。

（7）计算实发工资

在单元格 K2 中输入公式：＝G2－H2－J2，按下回车键，向下复制公式，得出实发工资。

以上计算结果，如图 3-10 所示。

	员工编号	员工姓名	部门	基本工资	奖金	出勤扣款	应发合计	代扣4金	应税所得	应扣所得税	实发工资
	A	B	C	D	E	F	G	H	I	J	K
2	00101	杨光	办公室	3500	4000	0.00	7500.00	630.00	3370.00	232.00	6638.00
3	00102	刘晓	办公室	2000	3000	0.00	5000.00	360.00	1140.00	34.20	4605.80
4	00201	贺龙	办公室	2000	3000	10.00	4990.00	360.00	1130.00	33.90	4596.10
5	00202	冉然	办公室	2000	3000	66.67	4933.33	360.00	1073.33	32.20	4541.13
6	00203	刘娟	办公室	2000	3000	200.00	4800.00	360.00	940.00	28.20	4411.80
7	00301	金鑫	人事部	3500	4000	10.00	7490.00	630.00	3360.00	231.00	6629.00
8	00302	李娜	人事部	2500	1500	75.00	3925.00	450.00	0.00	0.00	3475.00
9	00303	李娜	人事部	2500	1500	20.00	3980.00	450.00	30.00	0.90	3529.10
10	00401	张冉	财务部	3500	4000	105.00	7395.00	630.00	3265.00	221.50	6543.50
11	00402	赵军	财务部	3000	3500	0.00	6500.00	540.00	2460.00	141.00	5819.00
12	00403	苏飞	财务部	2500	3000	0.00	5500.00	450.00	1550.00	50.00	5000.00
13	00501	黄亮	企划部	3500	4000	0.00	7500.00	630.00	3370.00	232.00	6638.00
14	00502	王雯	企划部	2500	3000	0.00	5500.00	450.00	1550.00	50.00	5000.00
15	00503	王宏	企划部	2500	3000	250.00	5250.00	450.00	1300.00	39.00	4761.00
16	00601	李红	销售部	3500	4000	10.00	7490.00	630.00	3360.00	231.00	6629.00
17	00602	张三民	销售部	2000	3000	0.00	5000.00	360.00	1140.00	34.20	4605.80
18	00603	刘毅	销售部	2000	3000	0.00	5000.00	360.00	1140.00	34.20	4605.80
19	00604	叶甜	销售部	2000	3000	0.00	5000.00	360.00	1140.00	34.20	4605.80
20	00605	李楠	销售部	2000	3000	153.33	4846.67	360.00	986.67	29.60	4457.07
21	00701	张杰	技术部	3500	4000	10.00	7490.00	630.00	3360.00	231.00	6629.00
22	00702	宋江	技术部	3000	3500	10.00	6490.00	540.00	2450.00	140.00	5810.00

图 3-10 实发工资计算结果

五、技能训练

根据所学知识，以任务 3-1 技能训练中建立的员工基本信息、基本工资、奖金和考勤表为基础，计算该企业的员工实发工资。

任务 3-3　制作和打印工资条

一、任务描述

为了方便每位员工能够清楚地了解自己的工资收入及扣除情况，每个企业都要给员工发一个自己本月的工资条，以便核对自己的工资数据正确与否。因此可制作"个人工资条"，将每位员工的具体工资模块打印出来，以方便员工查看。

二、任务分析

本任务主要根据员工工资表制作和打印工资条。（建议课时：2 课时）

三、相关知识

在制作工资条时，用到数据填充柄复制填充数据。Excel 自动填充柄可以根据相邻单元格的步长值差，实现快速填充序列数据。填充柄用法一般有两种，一个是手工定义步长值，另一种是软件定义步长值。

方法一：手工定义步长值

为了能参考对照数据，先以本次例子需要的数据 1～20 的奇数为例。

首先在某一列输入起始值 1，然后手工输入顺序数据 3 和 5。然后从 1 到 5 选中三个单元格，把鼠标停留右下角出现加号，然后点住右下角的那个点往下拉，系统根据前后三个数据的数值差异算出步长值为 2，然后就以 2 为步长值不断填充数据，直到填充结束位置。

方法二：系统定义步长

此方法第一步只需要输入一个起始数值 1，选择需要填充数据的单元格，点击【开始】一

【填充】—【序列】,出现图 3-11 所示对话框,选择步长值为 2,即可快速完成数据的输入。

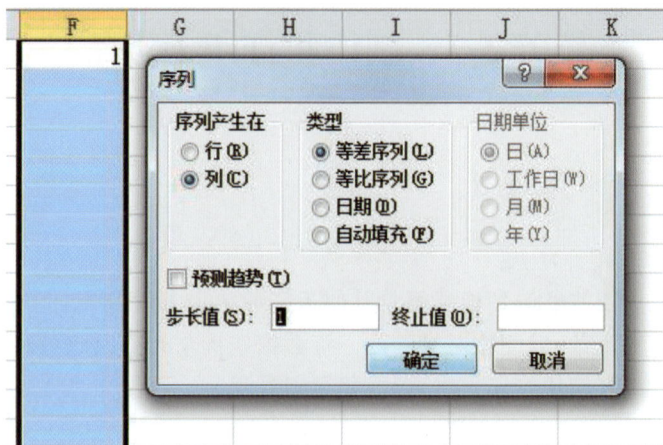

图 3-11　数据填充

四、实际操作

(一)制作工资条

(1)新建工作表并命名为"生成工资条",然后打开生成工资条数据的"员工工资表",选定员工工资表数据区域并复制该区域,然后选择"生成工资条"工作表,选择 A2 单元格,单击右键,选择粘贴菜单里第二个选项值粘贴,如图 3-12 所示。单击"确定",复制"员工工资表"所有的数据到"生成工资条"表格中。

图 3-12　数据粘贴

(2)在"生成工资条"表里 A 列前面插入两列,分别在表头输入序号、日期,然后将生成工资条的表头复制到数据后空白位置处,使用填充柄来进行复制填充若干份如图 3-13 所示。

	1月		00803	胡大志	生产部	2000	3000	0.00	5000.00	360.00	1140.00	34.20	4605.80
	1月		00804	钱有才	生产部	2000	3000	0.00	5000.00	360.00	1140.00	34.20	4605.80
	1月		00805	蒲彩蓉	生产部	2000	3000	10.00	4990.00	360.00	1130.00	33.90	4596.10
	1月		00806	齐云刚	生产部	2000	3000	143.33	4856.67	360.00	996.67	29.90	4466.77
	1月		00807	郑建	生产部	2000	3000	0.00	5000.00	360.00	1140.00	34.20	4605.80
1	日期	员工编号	员工姓名	部门		基本工资	奖金	出勤扣款	应发合计	代扣4金	应税所得	应扣所得税	实发工资
3	日期	员工编号	员工姓名	部门		基本工资	奖金	出勤扣款	应发合计	代扣4金	应税所得	应扣所得税	实发工资
5	日期	员工编号	员工姓名	部门		基本工资	奖金	出勤扣款	应发合计	代扣4金	应税所得	应扣所得税	实发工资
7	日期	员工编号	员工姓名	部门		基本工资	奖金	出勤扣款	应发合计	代扣4金	应税所得	应扣所得税	实发工资
9	日期	员工编号	员工姓名	部门		基本工资	奖金	出勤扣款	应发合计	代扣4金	应税所得	应扣所得税	实发工资

图 3-13　复制表头

（3）再输入数字，注意输入时，使用填充柄将表头每行输入奇数，例如"1,3,5,7,9……"，将具体工资数据每行输入偶数，例如"2,4,6,8,10……"再选择【数据】—【排序】—【升序】"，经升序排序后，生成工资条。如图 3-14 所示。

	日期	员工编号	员工姓名	部门	基本工资	奖金	出勤扣款	应发合计	代扣4金	应税所得	应扣所得税	实发工资
1	日期	员工编号	员工姓名	部门	基本工资	奖金	出勤扣款	应发合计	代扣4金	应税所得	应扣所得税	实发工资
2	1月	00101	杨光	办公室	3500	4000	0.00	7500.00	630.00	3370.00	232.00	6638.00
3	日期	员工编号	员工姓名	部门	基本工资	奖金	出勤扣款	应发合计	代扣4金	应税所得	应扣所得税	实发工资
4	1月	00102	刘晓	办公室	2000	3000	0.00	5000.00	360.00	1140.00	34.20	4605.80
5	日期	员工编号	员工姓名	部门	基本工资	奖金	出勤扣款	应发合计	代扣4金	应税所得	应扣所得税	实发工资
6	1月	00201	贺龙	办公室	2000	3000	10.00	4990.00	360.00	1130.00	33.90	4596.10
7	日期	员工编号	员工姓名	部门	基本工资	奖金	出勤扣款	应发合计	代扣4金	应税所得	应扣所得税	实发工资
8	1月	00202	冉然	办公室	2000	3000	66.67	4933.33	360.00	1073.33	32.20	4541.13
9	日期	员工编号	员工姓名	部门	基本工资	奖金	出勤扣款	应发合计	代扣4金	应税所得	应扣所得税	实发工资
10	1月	00203	刘娟	办公室	2000	3000	200.00	4800.00	360.00	940.00	28.20	4411.80
11	日期	员工编号	员工姓名	部门	基本工资	奖金	出勤扣款	应发合计	代扣4金	应税所得	应扣所得税	实发工资
12	1月	00301	金鑫	人事部	3500	4000	10.00	7490.00	630.00	3360.00	231.00	6629.00
13	日期	员工编号	员工姓名	部门	基本工资	奖金	出勤扣款	应发合计	代扣4金	应税所得	应扣所得税	实发工资
14	1月	00302	李娜	人事部	2500	1500	75.00	3925.00	450.00	0.00	0.00	3475.00
15	日期	员工编号	员工姓名	部门	基本工资	奖金	出勤扣款	应发合计	代扣4金	应税所得	应扣所得税	实发工资
16	1月	00303	李娜	人事部	2500	1500	20.00	3980.00	450.00	30.00	0.90	3529.10
17	日期	员工编号	员工姓名	部门	基本工资	奖金	出勤扣款	应发合计	代扣4金	应税所得	应扣所得税	实发工资
18	1月	00401	张冉	财务部	3500	4000	105.00	7395.00	630.00	3265.00	221.50	6543.50
19	日期	员工编号	员工姓名	部门	基本工资	奖金	出勤扣款	应发合计	代扣4金	应税所得	应扣所得税	实发工资
20	1月	00402	赵军	财务部	3000	4000	0.00	6500.00	540.00	2460.00	141.00	5819.00

图 3-14　生成工资条

（二）打印工资条

在工作表中可根据需要一次打印某个员工的工资条，也可以打印多个员工的工资条。其具体操作如下：

（1）要打印第一个员工的工资条，可选择 A1：M2 单元格区域，然后选择【文件】—【打印】—【打印选定区域】，在预览窗口中只显示被设置成打印区域的单元格，若对预览打印效果满意，可直接单击 🖨。

（2）若继续在一页打印纸中，打印多个员工的工资条，可选择需要打印的单元格区域，然后选择【文件】—【打印】—【打印选定区域】，若对预览打印效果满意，可直接单击"打印"，如图 3-15。

日期	员工编号	员工姓名	部门	基本工资	奖金	出勤扣款	应发合计	代扣4金	应税所得	应扣所得税	实发工资
1月	00101	杨光	办公室	3500	4000	0.00	7500.00	630.00	3370.00	232.00	6638.00

日期	员工编号	员工姓名	部门	基本工资	奖金	出勤扣款	应发合计	代扣4金	应税所得	应扣所得税	实发工资
1月	00102	刘晓	办公室	2000	3000	0.00	5000.00	360.00	1140.00	34.20	4605.80

日期	员工编号	员工姓名	部门	基本工资	奖金	出勤扣款	应发合计	代扣4金	应税所得	应扣所得税	实发工资
1月	00201	贺龙	办公室	2000	3000	10.00	4990.00	360.00	1130.00	33.90	4596.10

日期	员工编号	员工姓名	部门	基本工资	奖金	出勤扣款	应发合计	代扣4金	应税所得	应扣所得税	实发工资
1月	00202	冉然	办公室	2000	3000	66.67	4933.33	360.00	1073.33	32.20	4541.13

图 3-15　打印效果

五、技能训练

根据所学知识,以任务 3-2 技能训练中建立的员工工资表为例,制作和打印该企业的员工工资条。

任务 3-4　工资数据的查询

一、任务描述

由于"工资表"中庞大的数据信息，不便于用户逐一查找所需数据，本任务就是要在庞大的数据信息中，对员工工资的数据进行查询。

二、任务分析

数据的查询有多种方法，在 Excel 中最常用的方法有自动筛选和高级筛选法。（建议课时：2 课时）

三、相关知识

Excel 的数据筛选是指仅显示出那些满足指定条件的数据行，并隐藏那些不希望显示的行。Excel 中提供了两种数据的筛选操作，即"自动筛选"和"高级筛选"。

自动筛选：一般用于简单的条件筛选，筛选时将不满足条件的数据暂时隐藏起来，只显示符合条件的数据。另外，使用"自动筛选"还可同时对多个字段进行筛选操作，此时各字段间限制的条件只能是"与"的关系。

高级筛选：一般用于条件较复杂的筛选操作，其筛选的结果可显示在原数据表格中，不符合条件的记录被隐藏起来；也可以在新的位置显示筛选结果，不符合条件的记录同时保留在数据表中而不会被隐藏起来，这样就更加便于进行数据的比对了。

在数据高级筛选功能下，进行条件区域设置时，字段名在上一行，条件在下一行，同时平行的条件为并且的意思，一个字段名下所列的多个条件为"或"的意思。

四、实际操作

新建工作表并命名为"查询工资表"，将"员工工资表"中的数据复制到该表中。

（一）利用自动筛选功能进行工资数据的查询

（1）打开"查询工资表"工作表，如果要利用筛选功能进行工资数据查询，首先要进入筛选状态。选择【数据】—【筛选】，进入自动筛选状态。如图 3-16 所示。

图 3-16　自动筛选

（2）以"职工姓名"为依据进行查询。例如：查询姓名为"贺龙"的员工的工资情况。

步骤：单击"员工姓名"列按钮，选择【文本筛选】—【等于】命令，出现【自定义自动筛选方式】对话框，显示行中设置员工姓名等于贺龙，如图 3-17 所示。

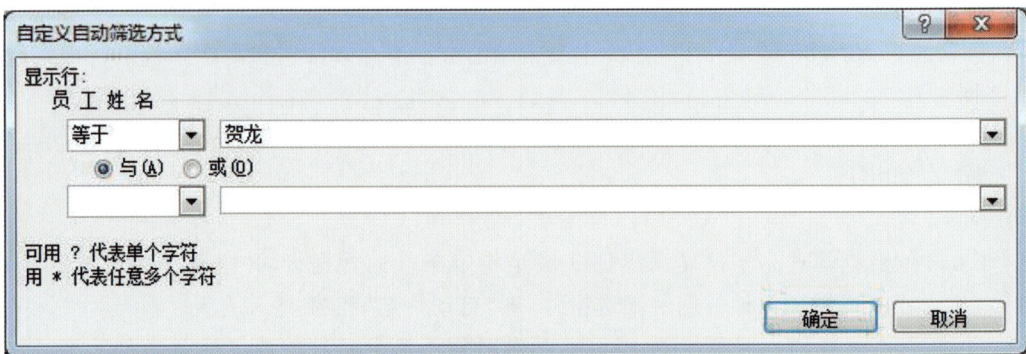

图 3-17　自定义自动筛选方式

单击【确定】，结果如图 3-18。

	A	B	C	D	E	F	G	H	I	J	K
1						工资表					
2	员工编	员工姓	部门	基本工	奖金	出勤扣	应发合	代扣4金	应税所	应扣所	实发工
5	201	贺龙	办公室	2000	3000	10	4990	360	1130	33.9	4596.1

图 3-18　显示查询结果

（3）以"部门"和"基本工资"为依据进行查询。例如，查询销售部中基本工资小于3 000的职工的工资情况。

步骤：单击"部门"列按钮，并选择【文本筛选】项中的【等于】命令，出现【自定义自动筛选方式】对话框，显示行中设置"部门等于销售部"，方法同上。然后单击"基本工资"列按钮，并选择【文本筛选】项中的小于命令，出现【自定义自动筛选方式】对话框，显示行中设置"基本工资小于3000"。单击【确定】按钮，查询结果如图 3-19 所示。

	A	B	C	D	E	F	G	H	I	J	K
1						工资表					
2	员工编	员工姓	部门	基本工	奖金	出勤扣	应发合	代扣4金	应税所	应扣所	实发工
18	602	张三民	销售部	2000	3000	0	5000	360	1140	34.2	4605.8
19	603	刘毅	销售部	2000	3000	0	5000	360	1140	34.2	4605.8
20	604	叶甜	销售部	2000	3000	0	5000	360	1140	34.2	4605.8
21	605	李楠	销售部	2000	3000	153.3333	4846.667	360	986.6667	29.6	4457.067

图 3-19　筛选部门和基本工资显示结果

备注：点击【数据】—【筛选】按钮，即可退出筛选。

（二）利用高级筛选功能进行工资数据的查询

以"部门"和"基本工资"为依据进行查询。例如，查询销售部中基本工资小于3 000的职工的工资情况。

利用高级筛选功能的基本步骤如下：

（1）设置筛选条件区域

根据本例，筛选条件为部门＝销售部并且基本工资＜3 000，在查询工资表的适当区域设置该筛选条件。如图3-20所示。

部门	基本工资
销售部	＜3000

图 3-20　条件区域设置

（2）选择【数据】—【排序和筛选】—【高级筛选】命令，设置条件区域。

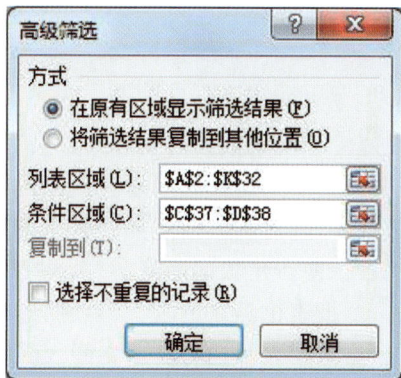

图 3-21　设置条件区域

（3）单击【确定】按钮，结果如图3-22所示。

工资表

A	B	C	D	E	F	G	H	I	J	K
员工编号	员工姓名	部门	基本工资	奖金	出勤扣款	应发合计	代扣4金	应税所得	应扣所得税	实发工资
00602	张三民	销售部	2000.00	3000.00	0.00	5000.00	360.00	1140.00	34.20	4605.80
00603	刘毅	销售部	2000.00	3000.00	0.00	5000.00	360.00	1140.00	34.20	4605.80
00604	叶甜	销售部	2000.00	3000.00	0.00	5000.00	360.00	1140.00	34.20	4605.80
00605	李楠	销售部	2000.00	3000.00	153.33	4846.67	360.00	986.67	29.60	4457.07

图 3-22　高级筛选结果

五、技能训练

根据所学知识，以任务 3-2 技能训练中建立的员工工资表为例，设置不同条件，进行员工工资的数据查询。

任务 3-5　工资数据的汇总分析

一、任务描述

运用 Excel 对员工工资的基本数据进行分析,给管理者提供帮助。

二、任务分析

对员工工资的基本数据进行分析,可以有多种方法,在 Excel 中最常用的方法是运用【数据透视图】和【数据透视表】进行数据处理和分析。(建议课时:2 课时)

三、相关知识

数据透视表是一种可以快速汇总大量数据的交互式方法。使用数据透视表可以深入分析数值数据,并且可以回答一些预料不到的数据问题。

数据透视图来源于数据透视表,这时的数据透视表称为相关联的数据透视表,即为数据透视图提供源数据的数据透视表。在新建数据透视图时,将自动创建数据透视表。如果更改其中一个报表的布局,另外一个报表也随之更改。与数据透视表一样,数据透视图也是交互式的。创建数据透视图时,数据透视表筛选将显示在图表区中,以便您排序和筛选数据透视表的基本数据。相关联的数据透视表中的任何字段布局更改和数据更改将立即在数据透视图中反映出来。

四、实际操作

(一)计算每一部门"实发合计"的汇总数

按以下步骤进行:

(1)为了方便使用者对职工工资数据管理和分析,现新建一张工作表,并将其命名为"工资汇总表",复制"员工工资表"的数据到新表。

(2)选中要进行数据分析的区域 A1:L31,选择【插入】—【表】功能组—【数据透视表】命令,弹出【创建数据透视表】对话框,在【选择放置数据透视表的位置】选项组中选择【新工作表】选项,如图 3-23 所示。

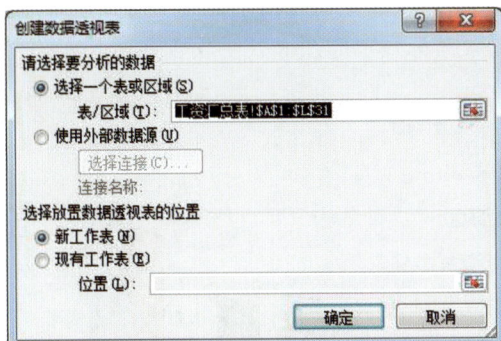

图 3-23　数据透视表对话框

　　（3）单击【确定】按钮，进入数据透视表界面，将"实发合计"模块拖到图表数据区域；将"部门"模块拖到"在此处放置系列字段"处，将"月份"模块拖到"在此处放置页字段"处。透视表生成结果如图 3-24 所示。

图 3-24　数据透视表设置结果

　　（4）在【数据透视表工具】中选择【选项】菜单【工具】功能组中的【数据透视图】命令，出现【插入】对话框，选择柱形图中的三维簇状柱形图，单击【确定】，结果如图 3-25 所示。

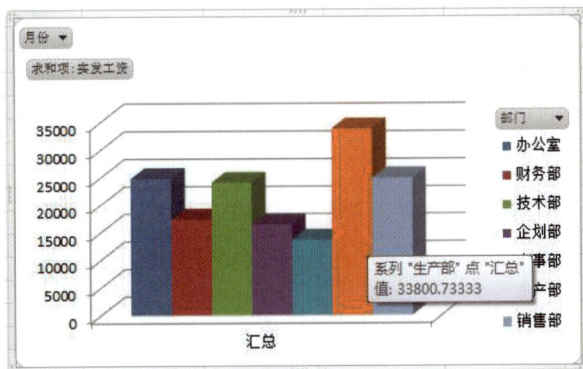

图 3-25　数据透视图的生成

（5）美化数据透视图。要想在数据透视图上显示数字，首先选定数据透视图上的图条，然后单击右键，选择"添加数据标签"，如图 3-26 所示。

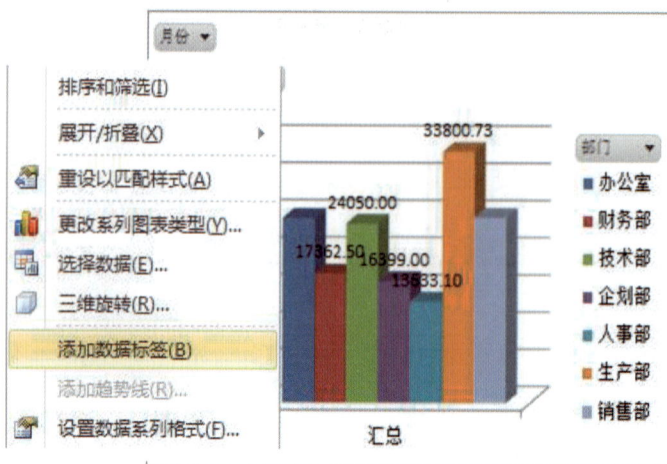

图 3-26　选择添加数据标签

备注：

读者也可以通过【数据透视表工具】中的【设计】、【布局】、【格式】和【分析】菜单中的各功能组进行图表标题、格式等相关设置。

（二）计算各部门"实发合计"所占的百分比

按以下步骤进行：

（1）在图 3-24 的【数据透视表字段列表】的【数据】区域单击倒三角的按钮，选择【值字段设置】，出现【值字段设置】对话框，并选择"值显示方式"选项卡，在"值显示方式"下拉框中选择"行汇总的百分比"，如图 3-27 所示。

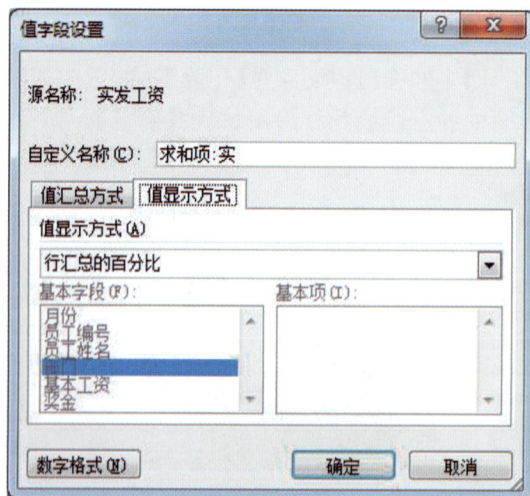

图 3-27　行汇总百分比方式

（2）单击【确定】按钮，产生的数据透视表结果如图 3-28 所示。

	A	B	C	D	E	F	G	H	I
	月份	(全部) ▼							
	求和项:实	部门 ▼							
		办公室	财务部	技术部	企划部	人事部	生产部	销售部	总计
	汇总	16.00%	11.21%	15.52%	10.58%	8.80%	21.82%	16.07%	100.00%

图 3-28　各部门实发合计所占比例

五、技能训练

根据所学知识，以任务 3-2 技能训练中建立的员工工资表为例，进行员工工资分析。

综合实训三

【资料1】

天天好运来公司在 2010 年 1 月员工构成情况如下所示：

(1)一车间技工王明,性别为男,级别为 3 级,入职时间是 2003 年 2 月,账号 Zh-2581。

(2)一车间销售芳芳,性别为女,级别为 2 级,入职时间是 2005 年 7 月,账号 Zh-2592。

(3)一车间技工王小,性别为男,级别为 3 级,入职时间是 2002 年 1 月,账号 Zh-2603。

(4)二车间销售李明,性别为女,级别为 3 级,入职时间是 2002 年 8 月,账号 Zh-2614。

(5)二车间技工刘运,性别为女,级别为 1 级,入职时间是 2001 年 10 月,账号 Zh-2625。

(6)三车间销售王芳,性别为女,级别为 2 级,入职时间是 2003 年 11 月,账号 Zh-2636。

(7)经理室管理张晓,性别为女,级别为 1 级,入职时间是 2003 年 5 月,账号为 Zh-2647。

员工的基本工资和职级相挂钩,基本工资的规则如下所示：

(1)销售 1 级基本工资为1 900元。

(2)销售 2 级基本工资为2 700元。

(3)销售 3 级基本工资为3 900元。

(4)专业 1 级基本工资为2 000元。

(5)专业 2 级基本工资为3 200元。

(6)专业 3 级基本工资为4 600元。

(7)管理 1 级基本工资为4 000元。

(8)管理 2 级基本工资为6 000元。

(9)管理 3 级基本工资为9 000元。

员工的工龄按照入职当月的 1 号开始计算,分成三个级别,其中：

(1)销售级 5 年以下(含 5 年)每年 400 元,5 到 10 年(含 10 年)每年 500 元,10 年以上600 元。

(2)专业级 5 年以下(含 5 年)每年 600 元,5 到 10 年(含 10 年)每年 700 元,10 年以上800 元。

(3)管理级 5 年以下(含 5 年)每年 900 元,5 到 10 年(含 10 年)每年1 000元,10 年以上1 100元。

【资料2】

天利公司 2010 年 1 月的考勤情况如下所示：

(1)王明迟到早退 1 次,请假 1 次,旷工 0 次,加班 4 次。

(2)芳芳迟到早退 0 次,请假 1 次,旷工 0 次,加班 4 次。

(3)王小迟到早退 2 次,请假 0 次,旷工 0 次,加班 4 次。

(4)李明迟到早退 0 次,请假 2 次,旷工 0 次,加班 2 次。

(5)赵谷运迟到早退 0 次,请假 0 次,旷工 0 次,加班 4 次。

(6)王芳迟到早退 0 次,请假 0 次,旷工 0 次,加班 5 次。

(7)张晓迟到早退 0 次,请假 1 次,旷工 0 次,加班 0 次。

2010 年 2 月的考勤情况如下所示:

(1)王明迟到早退 0 次,请假 1 次,旷工 0 次,加班 5 次。

(2)芳芳迟到早退 0 次,请假 0 次,旷工 0 次,加班 5 次。

(3)王小迟到早退 0 次,请假 0 次,旷工 0 次,加班 3 次。

(4)李明迟到早退 0 次,请假 2 次,旷工 0 次,加班 4 次。

(5)赵谷运迟到早退 0 次,请假 0 次,旷工 0 次,加班 4 次。

(6)王芳迟到早退 0 次,请假 0 次,旷工 0 次,加班 5 次。

(7)张晓迟到早退 0 次,请假 1 次,旷工 0 次,加班 3 次。

公司 2010 年业绩方面的政策是:

(1)销售量超量在 0～100 件之间的,每件按照 8 元计算。

(2)销售量超量在 100～200 件之间的,每件按照 10 元计算。

(3)销售量超量在 200 件以上的,每件按照 12 元计算。

管理人员的业绩标准折算成超量标准进行。1 月份各员工的超量生产情况如下所示:

(1)王明超量 205 件。

(2)芳芳超量 190 件。

(3)王小超量 209 件。

(4)李明超量 150 件。

(5)赵谷运超量 170 件。

(6)王芳超量 210 件。

(7)张晓超量 206 件。

2 月份各员工的超量生产情况如下所示:

(1)王明超量 215 件。

(2)芳芳超量 200 件。

(3)王小超量 215 件。

(4)李明超量 185 件。

(5)赵谷运超量 192 件。

(6)王芳超量 200 件。

(7)张晓超量 205 件。

实训要求:

1.公司的员工 2 月份没有发生变动。根据【资料 1】的数据建立天利公司的员工信息表。

2.结合【资料 1】和【资料 2】的数据,计算考勤和业绩的相关信息。

3.制作天天好运来公司员工 1 月份与 2 月份的工资条。

4.汇总并分析天利公司员工 1 月份与 2 月份工资情况。

模块四：Excel 在销售会计岗位中的应用

学习目标

通过本章学习，掌握销售业务会计管理工作中应具备的基本知识和操作技能，主要包括以下几点：

1. 商品销售明细表的设置、录入
2. 按商品统计分析销售收入
3. 销售收入变动趋势分析
4. 月销售收入综合分析
5. 销售利润变动趋势分析
6. 销售利润相关性分析
7. 销售预测

本模块建议课时：10 课时

任务 4-1   商品销售记录单的设置、录入

一、任务描述

本任务以天真电器公司为例，建立商品销售记录单的设置、录入。

二、任务分析

本任务主要根据商品基础数据建立销售记录单所需的基本信息表格。（建议课时：1 课时）

三、相关知识

（一）数据输入

具体数据输入及表格设置等相关知识可以参阅模块一。在信息表输入时，可以利用"数

据有效性"这一功能,提高数据输入的效率和准确性。具体使用方法参见下例实际操作部分。

（二）函数使用

本任务需要使用的主要函数为 IF 函数,该函数的功能与语法见表 3-4。

表 3-4　IF 函数的功能与语法

IF 函数的功能	判断是否满足某个条件,如果满足,返回一个值,如果不满足,返回另一个值。
IF 函数的语法	IF(logical_test,[value_if_true],[value_if_false])
	logical_test 表示计算结果可能为 TRUE 或 FALSE 的任意值或表达式; value_if_true 表示当 logical_test 为 TRUE 时,返回的值; value_if_false 表示当 logical_test 为 FALSE 时,返回的值。

四、实际操作

（1）建立"商品销售明细表"工作簿,将工作表 Sheet1 命名为"1月销售明细",并保存。（以后月份 Sheet2 命名为"2月销售明细"等,以此类推至"12月销售明细"）

（2）选择 A1:I1 单元格区域,合并单元格。在此区域输入文字,并将单元格填充颜色。

（3）并在单元格 A2:I14 输入文字及数字。见图 4-1。

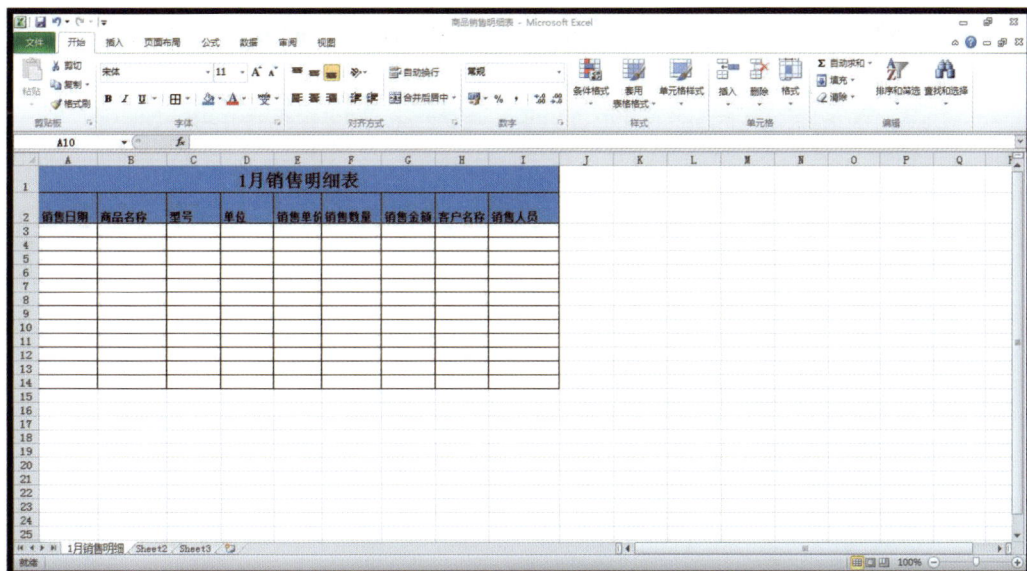

图 4-1　销售明细表主要内容

（4）弹出【设置单元格格式】对话框,在【分类】选项中选择【数值】,小数位数设为 2,并钩上"千分位分隔符"。见图 4-2。

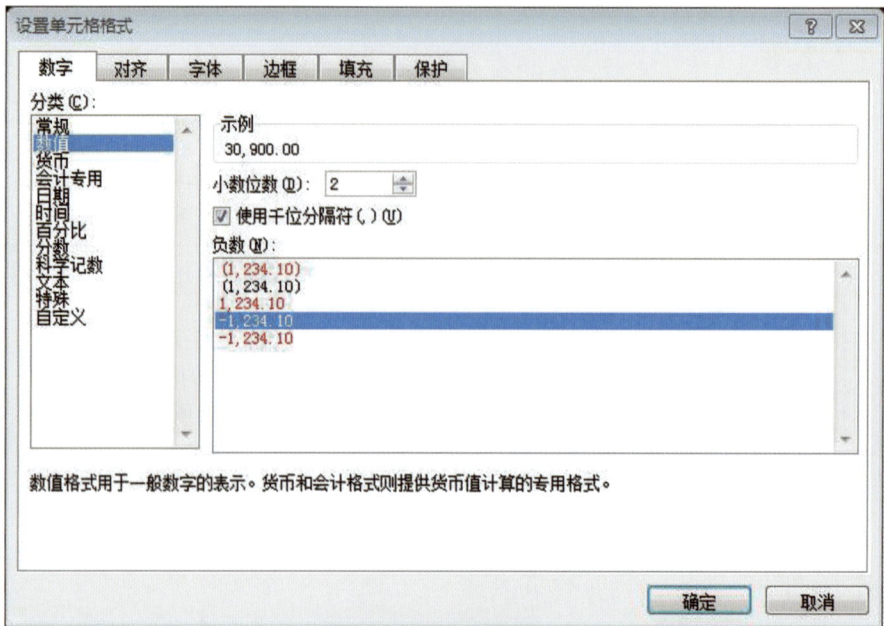

图 4-2　设置数字要求

（5）录入数据，结果如图 4-3。

图 4-3　完成后效果

五、技能训练

根据所学知识，以任意公司为例建立"商品销售明细表"。

任务 4-2　按商品统计分析销售收入

一、任务描述

本任务以天真电器公司为例,按商品统计分析销售收入。

二、任务分析

本任务主要根据商品销售明细数据建立销售收入分析所需的基本信息表格及图表。(建议课时:1 课时)

三、相关知识

在实际工作中,核算商品销售收入,通常应根据商品类别设置明细科目,如果未设置明细科目,也应该分别按商品统计分析销售收入。如果企业按销售记录统一输入在一个数据库中,则在 Excel 中通过设置按条件求和公式可以分类别统计出来各类商品的销售收入,同时使用饼图可直观表明收入的结构。

四、实际操作

(1)打开任务 4-1 中建立的“商品销售明细表”,插入一个工作表,将工作表标签更改为“按商品统计销售收入”。在工作表中创建如图 4-4 所示表格。

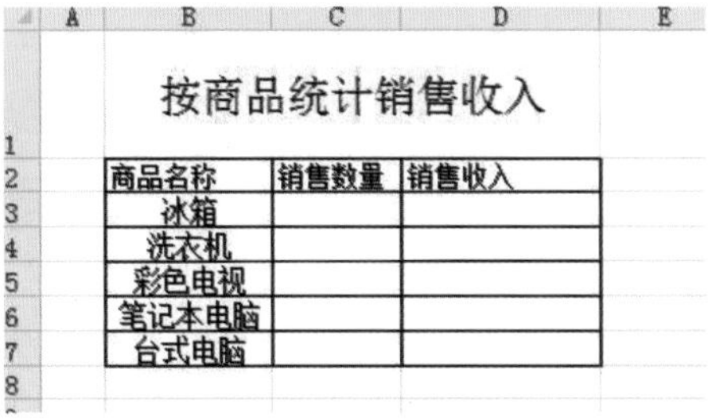

按商品统计销售收入

商品名称	销售数量	销售收入
冰箱		
洗衣机		
彩色电视		
笔记本电脑		
台式电脑		

图 4-4　创建表格

(2)在单元格 C3 中输入公式“='1 月销售明细'! E3”,按下【Enter】键后,向下复制公式至单元格 C7,按商品名称分类统计出当月的销售数量。

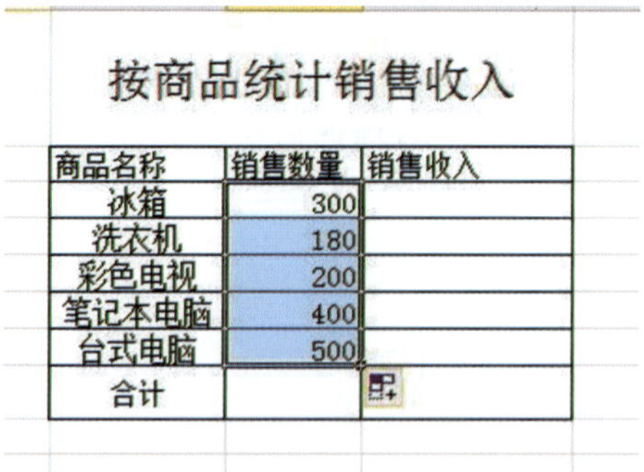

按商品统计销售收入

商品名称	销售数量	销售收入
冰箱	300	
洗衣机	180	
彩色电视	200	
笔记本电脑	400	
台式电脑	500	
合计		

图 4-5　设置公式按条件统计销售数量

（3）在单元格 D3 中输入公式“='1 月销售明细'! F3”，按下【Enter】键后，向下复制公式至单元格 D7，按商品名称分类统计出当月的销售收入。

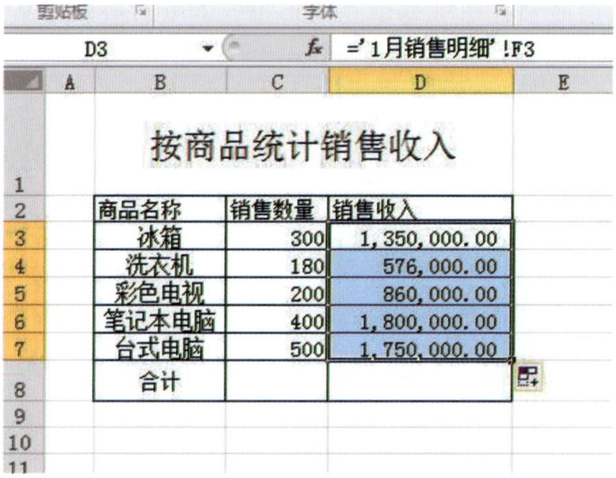

按商品统计销售收入

商品名称	销售数量	销售收入
冰箱	300	1,350,000.00
洗衣机	180	576,000.00
彩色电视	200	860,000.00
笔记本电脑	400	1,800,000.00
台式电脑	500	1,750,000.00
合计		

图 4-6　设置公式按条件统计销售收入

（4）在单元格 C8 中输入公式=SUM(C3:C7)。按【Enter】键后，向右复制公式至单元格 D8，计算合计数。

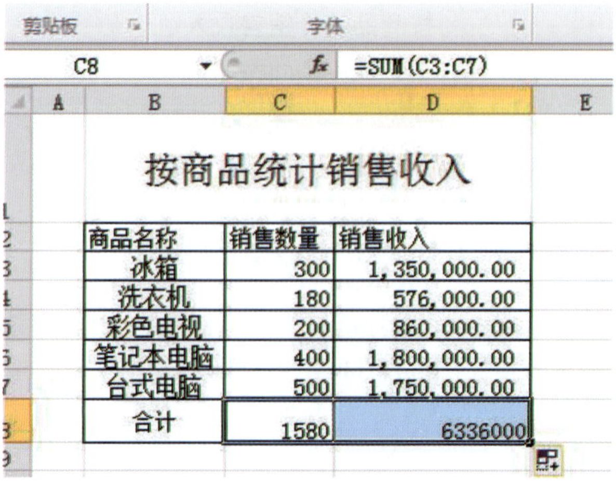

按商品统计销售收入

商品名称	销售数量	销售收入
冰箱	300	1,350,000.00
洗衣机	180	576,000.00
彩色电视	200	860,000.00
笔记本电脑	400	1,800,000.00
台式电脑	500	1,750,000.00
合计	1580	6336000

图 4-7　设置公式计算合计

（5）在"图表"组中单击"饼图"下三角钮；单击选择"二维饼图"子图表类型；在"图表工具—设计"设计选项卡中的"数据"组单击"选择数据"按钮，打开"选择数据源"对话框，选择图表数据区域为单元格 B3：B7，D3：D7。见图 4-8。

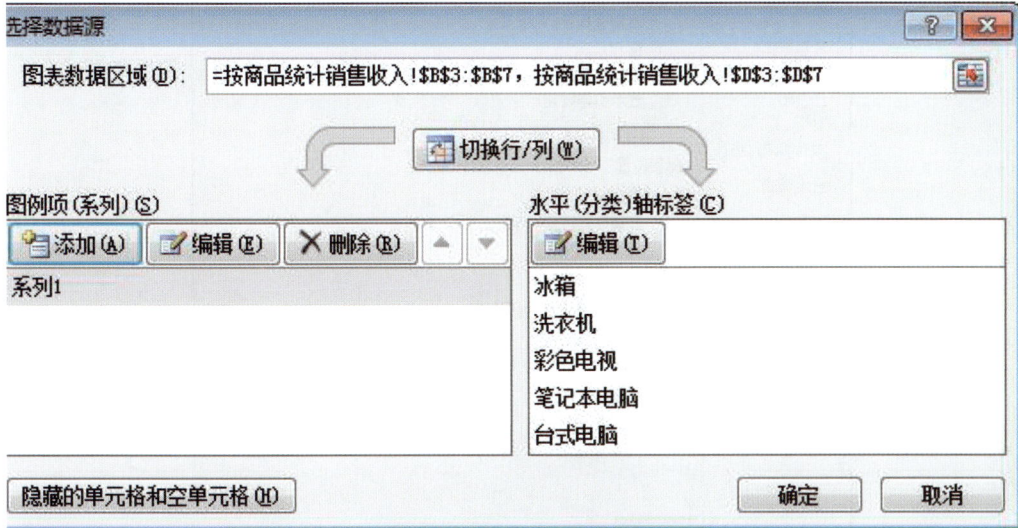

图 4-8　选择图表数据区域

（6）单击"确定"按钮，创建默认饼图效果。见图 4-9。

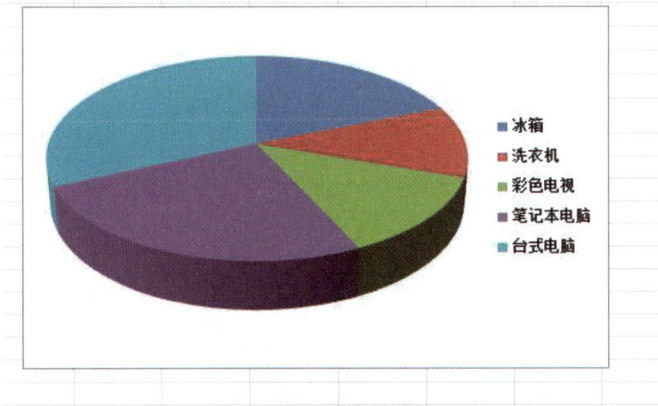

图 4-9　图表默认效果

（7）在"图表工具—布局"选项卡中的"标签"组单击"数据标签"下三角按钮；从下拉列表中单击"其他数据标签格式"选项；在"设置数据标签格式"对话框中的"标签包括"区域勾选"百分比"复选框。见图 4-10。

图 4-10　设置数据标签格式

（8）最后，为图表添加标题"商品销售收入结构图表"。

图 4-11　添加图表标题

五、技能训练

根据所学知识，结合任务 4-1 训练结果，创建"商品销售收入结构图表"。

任务 4-3　销售收入变动趋势分析

一、任务描述

本任务以天真电器公司为例,分析销售收入变动趋势,即通过分别统计出一个月内每天的销售额,然后对这些数据进行分析。

二、任务分析

本任务主要根据商品销售明细数据建立销售收入变动趋势分析所需的基本信息表格及图表。(建议课时:1 课时)

三、相关知识

在 Excel 中,常用来进行趋势分析的图表类型有折线图、散点图等,通过图表数据系列的变化可以更直观地反映销售收入的变化。

四、实际操作

(1)打开"商品销售明细表"在工作簿中插入一个工作表"销售收入变动趋势分析";在工作表中输入标题、日期、销售额以及起始日期值。见图 4-12。

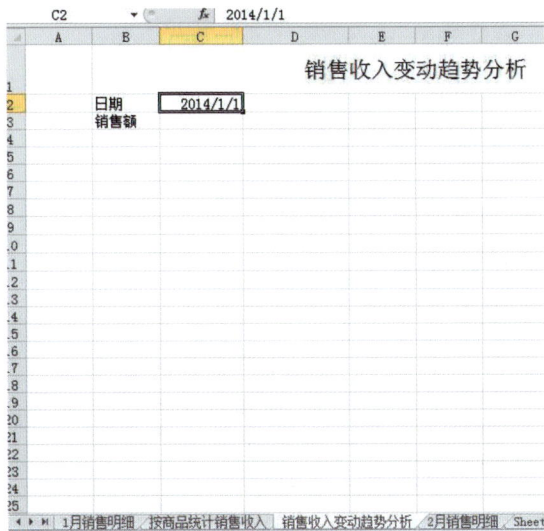

图 4-12　插入工作表

（2）在单元格 C3 中输入公式"＝SUMIF('1 月销售明细'！＄A：＄A,销售收入变动趋势分析！C2,'1 月销售明细'！＄F：＄F)",按下【Enter】键后,复制公式至单元格 G3,分别统计出对应日期的销售额。见图 4-13。

图 4-13　设置公式计算规定日期的销售额

（3）在"插入"选项卡的"图表"组中单击"散点图"下三角按钮；在"散点图"子类型中单击选择"带平滑线的散点图"。见图 4-14。

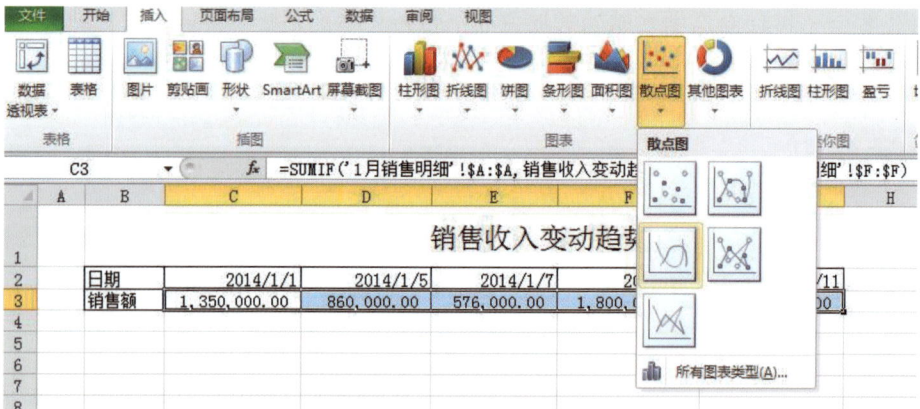

图 4-14　选择散点图类型

（4）系统会根据当前选择的数据区域创建带平滑线的散点图。在"图表工具—设计"选项卡的"数据"组中单击"选择数据"按钮,编辑图表数据区域。见图 4-15。

图 4-15　更改图表数据源区域

（5）更改图表数据区域后的图表默认效果如图 4-16 所示。此时图表中的分类坐标轴并没有按表格中的日期显示，请双击分类坐标轴稍后进行设置。

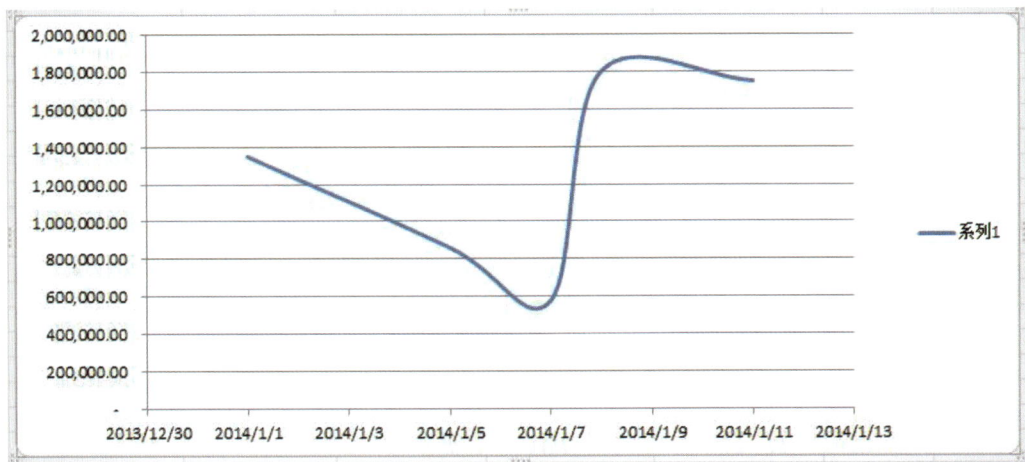

图 4-16　图表默认效果

（6）①在"设置坐标轴格式"对话框中设置"最小值"为"固定"，值为"41640"，该值为日期"2014-1-1"在电脑中存的值。②设置"最大值"为"41650"。③设置"主要刻度单位"值为"1"。见图 4-17。

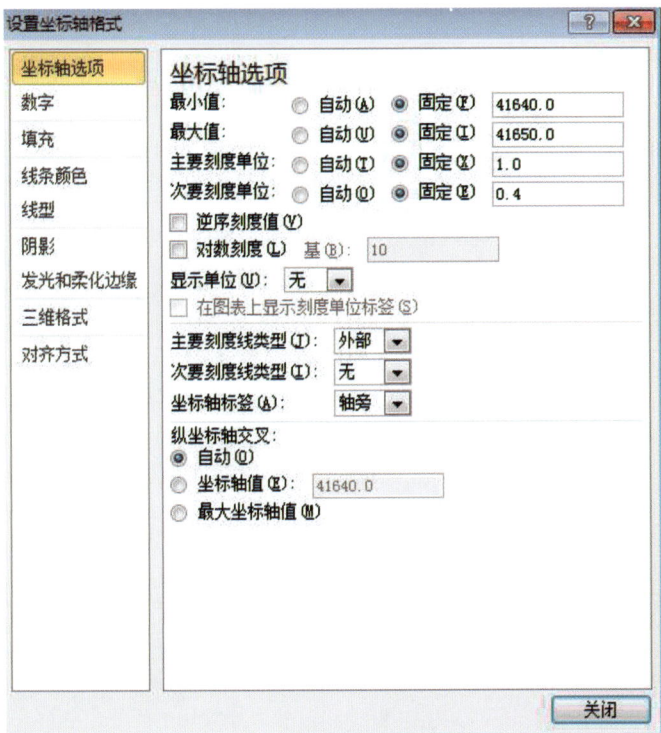

图 4-17　设置坐标轴格式

（7）设置坐标轴格式后，得到的图表最终效果图。见图 4-18。

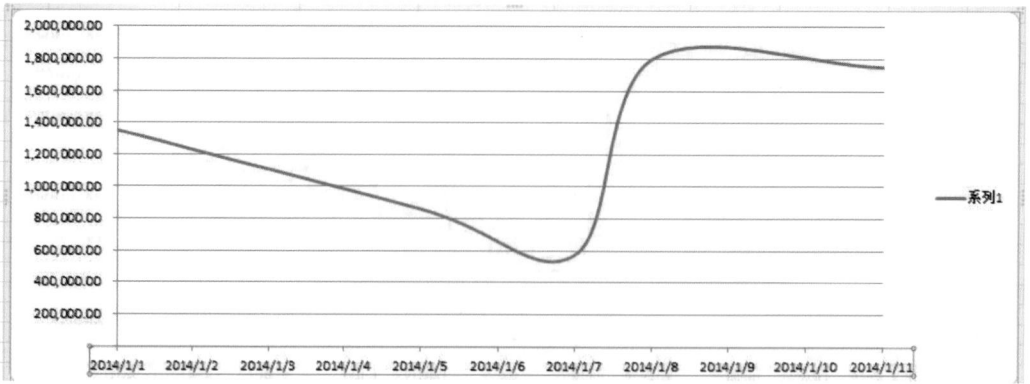

图 4-18　图表最终效果

五、技能训练

根据所学知识以任务 4-1 训练结果表,创建销售收入变动趋势分析图。

任务 4-4　月销售收入综合分析

一、任务描述

本任务以天真电器公司为例，综合分析月销售收入，要分别统计不同名称的商品、不同型号的销售量和销售额、不同客户的数量和销售额。

二、任务分析

本任务主要根据商品销售明细数据，建立月销售收入综合分析所需的基本信息表格及图表。当需要从多个角度来分析销售收入数据时，最简单的方法之一就是在工作表中创建多个数据透视表。（建议课时：2 课时）

三、相关知识

在切片器中应用筛选后，如果想要移除筛选，显示所有数据，只需单击切片器右上角的"清除筛选器"按钮即可，也可以直接按下键盘上【Alt＋C】组合键。

四、实际操作

（1）打开"商品销售明细表"插入工作表"月销售收入综合分析"。①在"插入"选项卡的"表格"组中单击"数据透视表"下三角按钮。②单击"数据透视表"选项。③将"商品型号"字段添加到"行标签"区域。拖动"数量"和"销售额"字段到"数值"区域，生成按商品型号统计数量和销售额的数据透视表。见图 4-19。

（2）再次单击"插入"选项卡"表格"组中的"数据透视表"选项，在工作表中创建一个"数据透视表 2"模板。

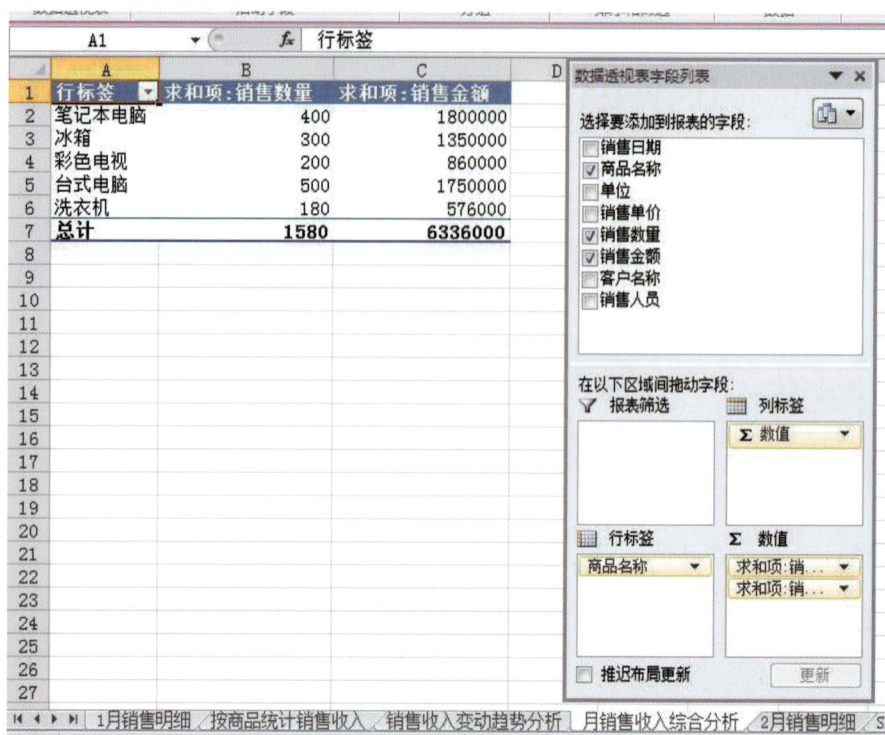

图 4-19　创建数据透视表 1

将"客户名称"字段添加到"行标签"区域，将"数量"和"销售额"字段添加到"数值"区域。见图 4-20。

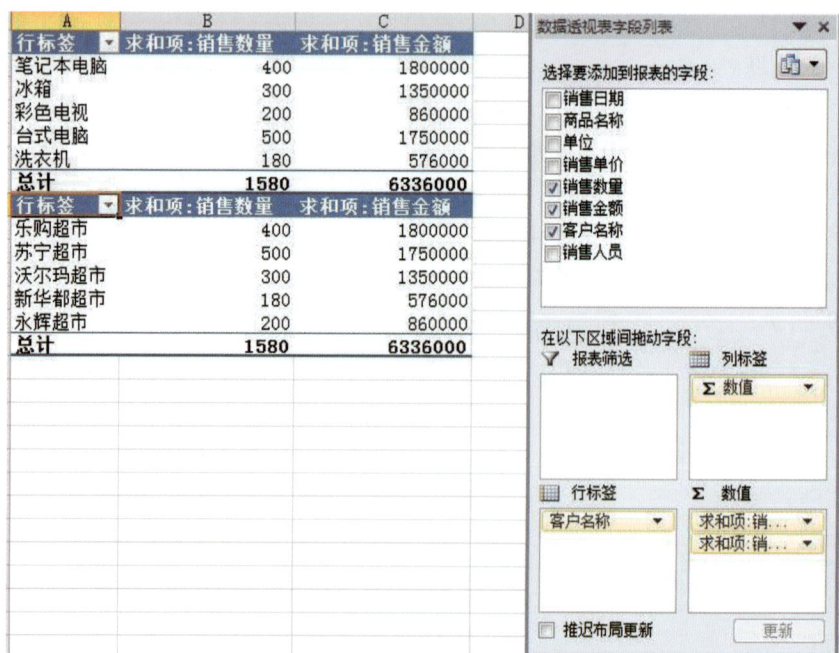

图 4-20　插入数据透视表 2

(3)用同样的方法再次创建一个数据透视表,将"销售人员"添加到"行标签"区域,将"数量"和"销售额"字段添加到"数值"区域。见图 4-21。

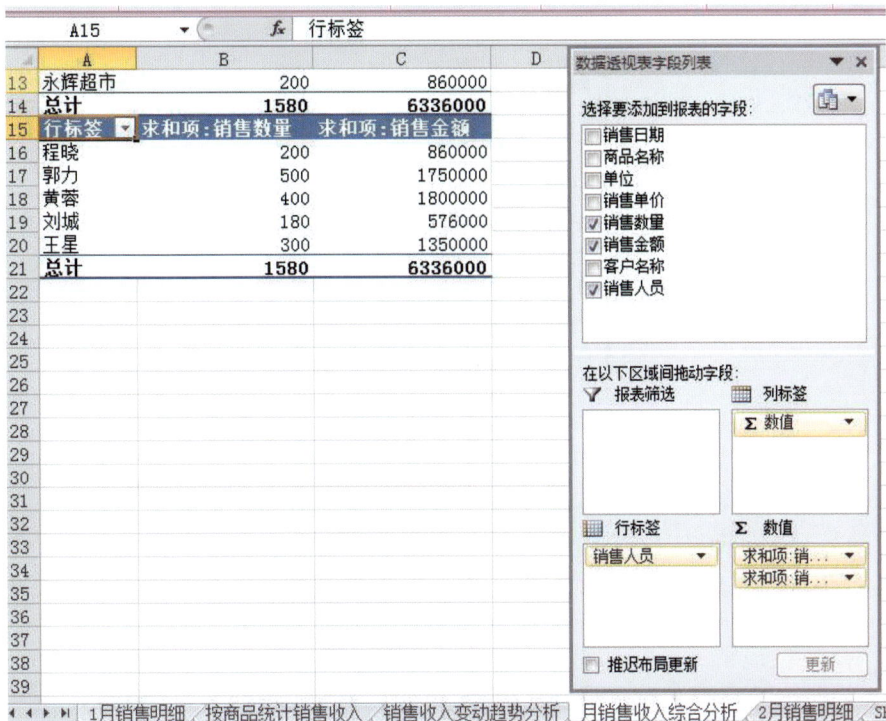

图 4-21 创建数据透视表 3

(4)单击数据透视表中的"行标签"单元格,分别将 3 个数据透视表的行标签标题更改为"按商品名称分析"、"按客户分析"和"按销售人员分析"。见图 4-22。

图 4-22 更改行标签标题

（5）单击选中数据透视表 1 中的任意单元格。在"插入"选项卡中的"筛选器"组中单击"切片器"按钮。在"插入切片器"对话框中勾选"商品名称"字段。单击"确定"按钮。随后，"商品名称"字段作为切片器插入到工作表中。见图 4-23。

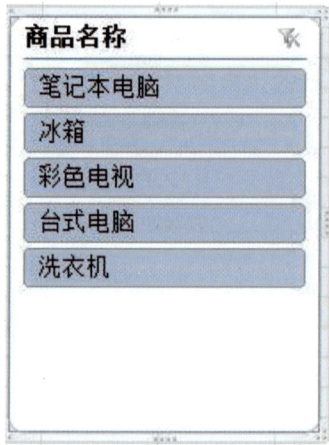

图 4-23　插入的切片器

（6）在"切片器工具—选项"选项卡中的"大小"组中的"列"框中输入"5"。拖动切片器边框，调整长宽比例。见图 4-24。

图 4-24　设置切片器列数及长宽

（7）单击"数据透视表连接"按钮。在"数据透视表连接（商品名称）"对话框中勾选要建立连接的数据透视表。单击"确定"按钮。

在切片器中单击"冰箱"按钮，此时所有的数据透视表中将只显示商品名称为"冰箱"的数据统计结果。

"按商品名称分析"数据透视表中显示"冰箱"的分析结果，"按客户分析"数据透视表中显示"冰箱"的分析结果，同样地，"按销售人员分析"数据透视表中也显示"冰箱"的统计结果。此时，它们的总计值都相同。见图 4-25。

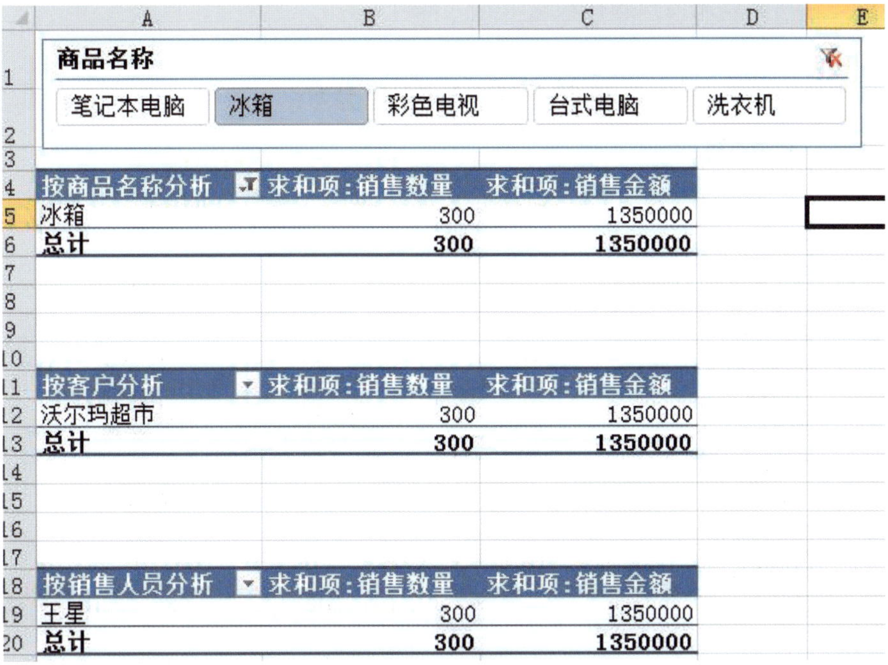

图 4-25　使用切片器控制数据透视表

（8）单击选中切片器。在"切片器样式"组中单击选择一种切片器样式。应用样式后的切片器效果如图 4-26。当前选中的按钮显示为蓝色，当前未选中的按钮显示为灰色。

图 4-26　应用样式后的切片器效果

(9)最后得到的数据透视表样式效果表。见图 4-27。

	A	B	C

月销售收入综合分析

商品名称

笔记本...	冰箱	彩色电视	台式电脑	洗衣机

按商品名称分析	求和项:销售数量	求和项:销售金额
笔记本电脑	400	1800000
冰箱	300	1350000
彩色电视	200	860000
台式电脑	500	1750000
洗衣机	180	576000
总计	**1580**	**6336000**

按客户分析	求和项:销售数量	求和项:销售金额
乐购超市	400	1800000
苏宁超市	500	1750000
沃尔玛超市	300	1350000
新华都超市	180	576000
永辉超市	200	860000
总计	**1580**	**6336000**

按销售人员分析	求和项:销售数量	求和项:销售金额
程晓	200	860000
郭力	500	1750000
黄蓉	400	1800000
刘城	180	576000
王星	300	1350000
总计	**1580**	**6336000**

图 4-27　数据透视表样式效果

五、技能训练

以所学知识运用任务 4-1 训练结果表,创建月销售收入综合分析透视表。

任务 4-5　销售利润变动趋势分析

一、任务描述

　　本任务以天真电器公司为例,分析销售利润变动趋势。通过创建数据点折线图可以反映该年中销售利润的变动趋势。

二、任务分析

　　本任务主要根据全年销售收入与销售成本、销售费用数据,建立销售收入与成本、销售费用和销售税金所需的基本信息表格及图表。通过分析企业的销售收入与销售成本、销售费用和销售税金,可以探寻销售收入与销售成本之间是否存在一定程度的相关性。通过图表比较销售收入与销售成本、销售费用和销售税金可以初步掌握企业的毛利润。(建议课时:2课时)

三、相关知识

　　企业的销售费用是指企业在销售商品过程中发生的各项费用以及为销售本企业商品而专设的销售机构的经营费用。商品流通企业在购买商品过程中发生的进货费用也包括在销售费用之中。

　　销售税金是指由销售商品、提供劳务等负担的销售税金和教育附加费,包括营业税、消费税、城市维护建设税等。

四、实际操作

　　(1)打开"销售收入与成本、费用的分析"表。①选择单元格区域 F2:F14。②在"插入"选项卡中单击"折线图"下三角按钮。③从子图表类型中单击"数据点折线图",见图 4-28。

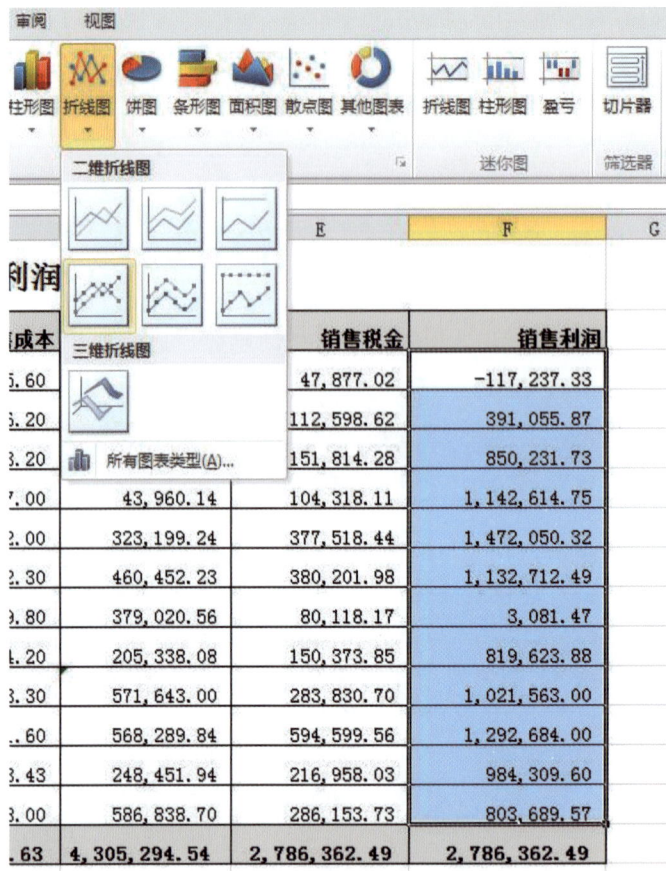

图 4-28　选择图表类型

（2）创建的默认的销售利润折线效果图如图 4-29。

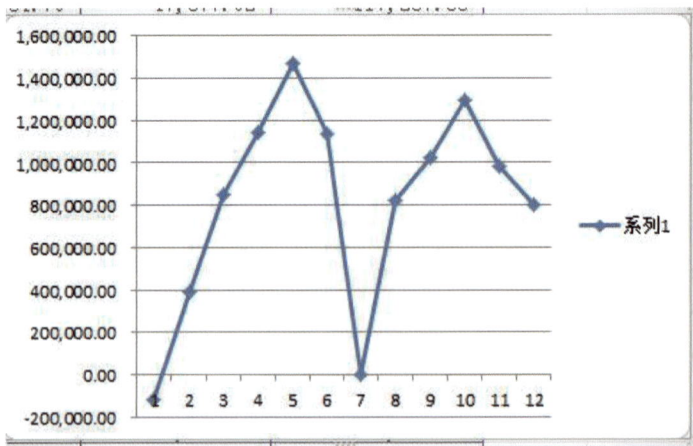

图 4-29　创建默认效果折线图

（3）①打开"选择数据源"对话框，单击"添加"按钮。②设置"系列名称"为单元格 B2，设置"系列值"为单元格 B2：B14。单击"确定"按钮。见图 4-30。

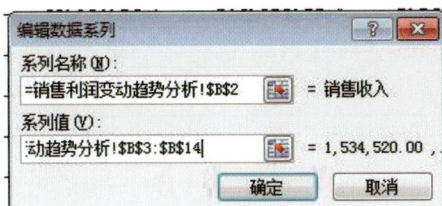

图 4-30   添加"销售收入"数据系列

（4）再次打开"选择数据源"对话框，单击"添加"按钮。设置"系列名称"为单元格 C2，设置"系列值"为单元格 C3：C14。单击"确定"按钮。见图 4-31。

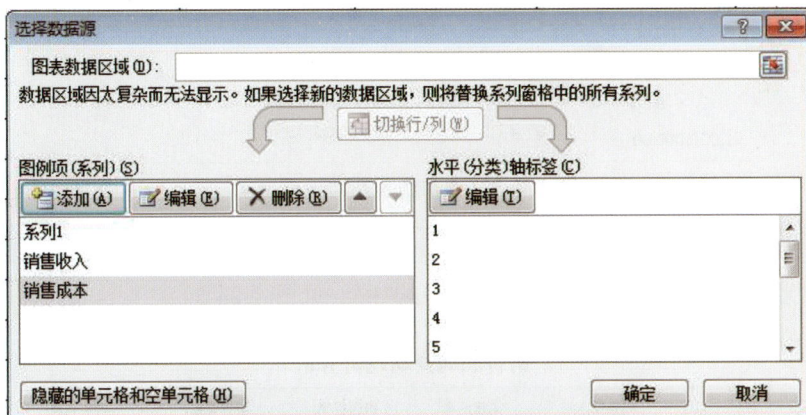

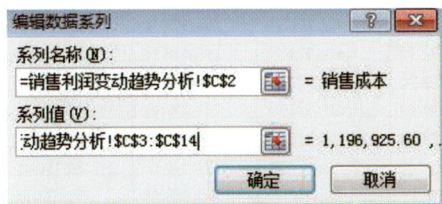

图 4-31   添加"销售成本"数据系列

（5）添加"销售收入"和"销售成本"两个数据系列后的图表效果见图 4-32。

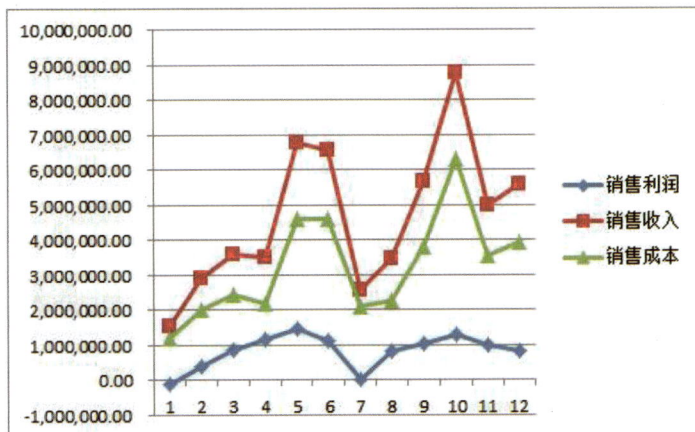

图 4-32   添加系列后的图表效果

（6）单击选择"销售利润"系列。在"图标工具—布局"选项卡的"分析"组单击"趋势线"下三角按钮。在下拉列表中单击"线性趋势线"选项。见图 4-33。

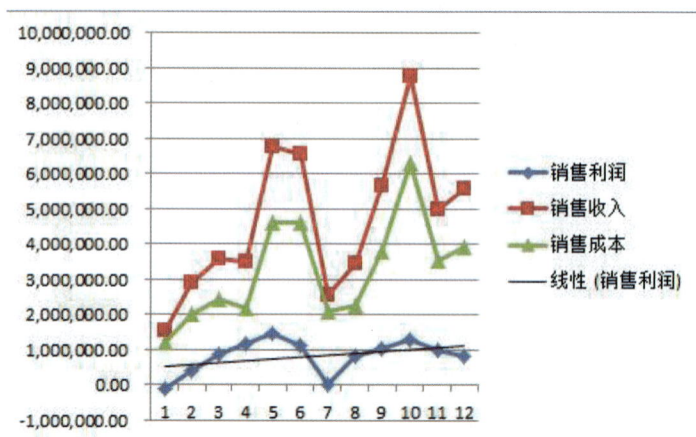

图 4-33　添加线性趋势线效果

（7）右击图表中的趋势线。从快捷菜单中单击"设置趋势线格式"命令。在"趋势预测"框中设置前推"2"个周期。勾选"显示公式"复选框。见图 4-34。

销售利润变动趋势分析

月份	销售收入	销售成本	销售费用	销售税金	销售利润
1	1,534,520.00	1,196,925.60	406,954.70	47,877.02	-117,237.33
2	2,894,566.00	2,026,196.20	364,715.32	112,598.62	391,055.87
3	3,588,990.00	2,440,513.20	146,430.79	151,814.28	850,231.73
4	3,488,900.00	2,198,007.00	43,960.14	104,318.11	1,142,614.75
5	6,789,900.00	4,617,132.00	323,199.24	377,518.44	1,472,050.32
6	6,577,889.00	4,604,522.30	460,452.23	380,201.98	1,132,712.49
7	2,567,890.00	2,105,669.80	379,020.56	80,118.17	3,081.47
8	3,456,870.00	2,281,534.20	205,338.08	150,373.85	819,623.88
9	5,687,990.00	3,810,953.30	571,643.00	283,830.70	1,021,563.00
10	8,769,905.00	6,314,331.60	568,289.84	594,599.56	1,292,684.00
11	4,999,033.00	3,549,313.43	248,451.94	216,958.03	984,309.60
12	5,588,940.00	3,912,258.00	586,838.70	286,153.73	803,689.57
合计	55,945,393.00	39,057,356.63	4,305,294.54	2,786,362.49	2,786,362.49

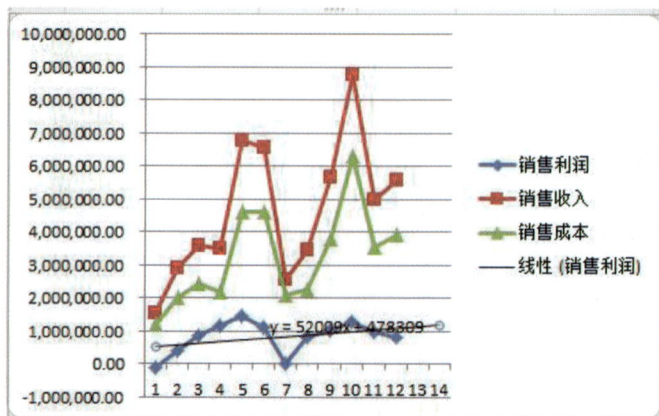

图 4-34　最终图表效果

五、技能训练

结合所学知识，以任意公司为例录入销售收入与销售成本、销售费用数据，建立销售收入与成本、销售费用和销售税金所需的基本信息表格及图表。

任务 4-6 销售利润相关性分析表

一、任务描述

本任务以天真电器公司为例，分析销售利润相关性。需要创建一个销售利润因素分析表。

二、任务分析

本任务主要根据全年销售收入与销售成本、销售费用数据，建立销售收入与成本、销售费用和销售税金所需的基本信息表格及图表。使用 Excel 中的回归函数以及相关系数计算函数，计算出利润与各个因素之间的回归方程，使用公式和数据来说话。（建议课时：1 课时）

三、相关知识

通过销售毛利润等于销售收入减去销售成本，再减去销售费用和销售税金后的余额。

四、实际操作

（1）打开“销售收入与成本、费用分析表”，插入工作簿，命名为“销售利润相关性分析表”，并在该表下方创建销售利润因素分析表格。见图 4-35。

B26

	A	B	C	D	E
16					
17	销售利润相关性分析				
18	项目	a	b	回归方程	相关系数
19	利润与收入相关性分析				
20	利润与成本相关性分析				
21	利润与费用相关性分析				
22	利润与税金相关性分析				

图 4-35 创建表格

（2）选中单元格区域 B19:C19，输入公式“=LINEST(F3:F14,B3:B14)”，按下【Ctrl+Shift+Enter】组合键，返回利润和收入的线性回归方程参数 a 和 b。见图 4-36。

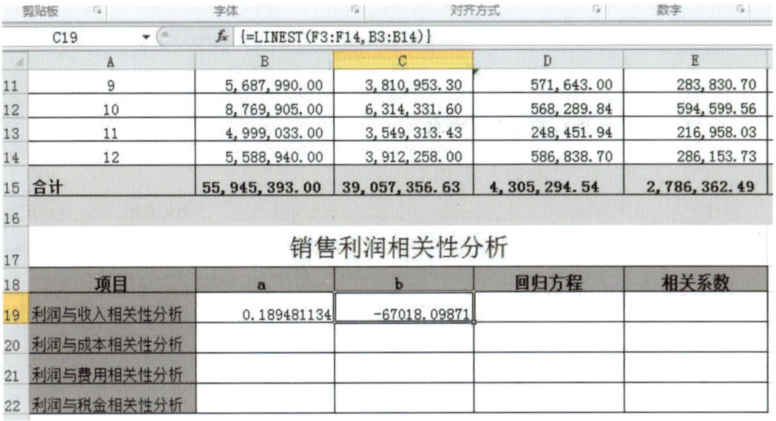

剪贴板 字体 对齐方式 数字

C19 {=LINEST(F3:F14,B3:B14)}

	A	B	C	D	E
11	9	5,687,990.00	3,810,953.30	571,643.00	283,830.70
12	10	8,769,905.00	6,314,331.60	568,289.84	594,599.56
13	11	4,999,033.00	3,549,313.43	248,451.94	216,958.03
14	12	5,588,940.00	3,912,258.00	586,838.70	286,153.73
15	合计	55,945,393.00	39,057,356.63	4,305,294.54	2,786,362.49
16					
17	销售利润相关性分析				
18	项目	a	b	回归方程	相关系数
19	利润与收入相关性分析	0.189481134	-67018.09871		
20	利润与成本相关性分析				
21	利润与费用相关性分析				
22	利润与税金相关性分析				

图 4-36　设置公式计算回归系数 *a* 和 *b*

(3)选中单元格区域 B20:C20,输入公式"=LINEST(F3:F14,C3:C14)",按下【Ctrl+Shift+Enter】组合键,返回利润和成本的线性回归方程参数 *a* 和 *b*。用同样的方法操作"利润与费用相关性分析"和"利润与税金相关性分析"。见图 4-37。

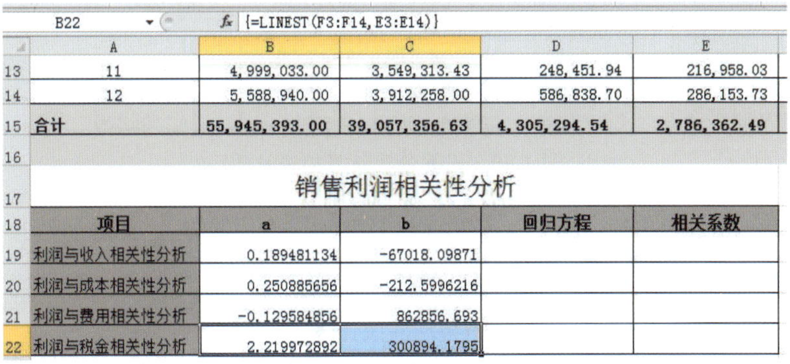

B22 {=LINEST(F3:F14,E3:E14)}

	A	B	C	D	E
13	11	4,999,033.00	3,549,313.43	248,451.94	216,958.03
14	12	5,588,940.00	3,912,258.00	586,838.70	286,153.73
15	合计	55,945,393.00	39,057,356.63	4,305,294.54	2,786,362.49
16					
17	销售利润相关性分析				
18	项目	a	b	回归方程	相关系数
19	利润与收入相关性分析	0.189481134	-67018.09871		
20	利润与成本相关性分析	0.250885656	-212.5996216		
21	利润与费用相关性分析	-0.129584856	862856.693		
22	利润与税金相关性分析	2.219972892	300894.1795		

图 4-37　设置公式计算回归系数 *a* 和 *b*

(4)在单元格 D19 中输入公式"=CONCATENATE("Y=",TEXT(B19,"0.00"),"X+",TEXT(C19,"0.00"))",按下【Enter】键后,向下复制公式至单元格 D22,生成各个不同组合模块的线性回归方程。见图 4-38。

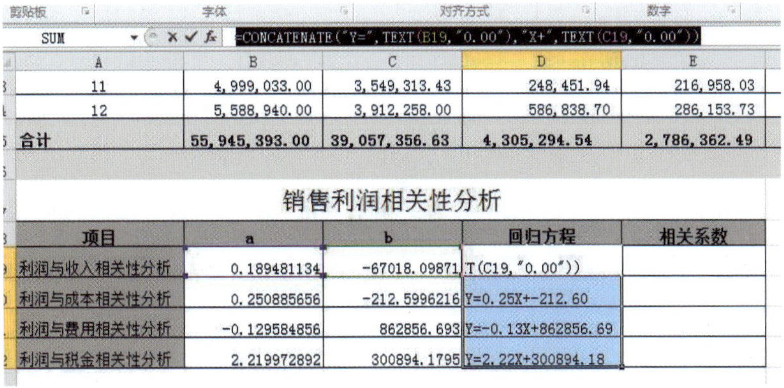

剪贴板 字体 对齐方式 数字

SUM =CONCATENATE("Y=",TEXT(B19,"0.00"),"X+",TEXT(C19,"0.00"))

A	B	C	D	E
11	4,999,033.00	3,549,313.43	248,451.94	216,958.03
12	5,588,940.00	3,912,258.00	586,838.70	286,153.73
合计	55,945,393.00	39,057,356.63	4,305,294.54	2,786,362.49
销售利润相关性分析				
项目	a	b	回归方程	相关系数
利润与收入相关性分析	0.189481134	-67018.09871	T(C19,"0.00"))	
利润与成本相关性分析	0.250885656	-212.5996216	Y=0.25X+-212.60	
利润与费用相关性分析	-0.129584856	862856.693	Y=-0.13X+862856.69	
利润与税金相关性分析	2.219972892	300894.1795	Y=2.22X+300894.18	

图 4-38　设置公式生成回归方程

(5)在单元格 E19 中输入公式"=CORREL(F3:F14,B3:B14)",按下【Enter】键后,从结果可以得出当前数据所显示的销售利润与销售收入具有显著相关性。见图 4-39。

SUM =CORREL(F3:F14,B3:B14)

销售利润相关性分析					
项目	a	b	回归方程	相关系数	状态
利润与收入相关性分析	0.189481134	-67018.09871	Y=0.19X+-67018.10	3:F14,B3:B14)	
利润与成本相关性分析	0.250885656	-212.5996216	Y=0.25X+-212.60		
利润与费用相关性分析	-0.129584856	862856.693	Y=-0.13X+862856.69		
利润与税金相关性分析	2.219972892	300894.1795	Y=2.22X+300894.18		

图 4-39 设置公式计算相关系数

(6)在单元格 E20、E21、E22 中分别输入公式"=CORREL(F3:F14,C3:C14)"、"=CORREL(F3:F14,D3:D14)"、"=CORREL(F3:F14,E3:E14)",计算各自的相关系数。见图 4-40。

E22 =CORREL(F3:F14,E3:E14)

销售利润相关性分析					
项目	a	b	回归方程	相关系数	状态
利润与收入相关性分析	0.189481134	-67018.09871	Y=0.19X+-67018.10	0.8096898	
利润与成本相关性分析	0.250885656	-212.5996216	Y=0.25X+-212.60	0.749790429	
利润与费用相关性分析	-0.129584856	862856.693	Y=-0.13X+862856.69	-0.04611825	
利润与税金相关性分析	2.219972892	300894.1795	Y=2.22X+300894.18	0.723160524	

图 4-40 设置公式计算相关系数

(7)在单元格 F19 中输入公式"=IF(ABS(E19)<0.5,"异常","正常")",按下【Enter】键后,向下复制公式至单元格 F22,根据相关系数值判断当前数据表现是否正常。见图 4-41。

销售利润统计表					
月份	销售收入	销售成本	销售费用	销售税金	销售利润
1	1,534,520.00	1,196,925.60	406,954.70	47,877.02	-117,237.33
2	2,894,566.00	2,026,196.20	364,715.32	112,598.62	391,055.87
3	3,588,990.00	2,440,513.20	146,430.79	151,814.28	850,231.73
4	3,488,900.00	2,198,007.00	43,960.14	104,318.11	1,142,614.75
5	6,789,900.00	4,617,132.00	323,199.24	377,518.44	1,472,050.32
6	6,577,889.00	4,604,522.30	460,452.23	380,201.98	1,132,712.49
7	2,567,890.00	2,105,669.80	379,020.56	80,118.17	3,081.47
8	3,456,870.00	2,281,534.20	205,338.08	150,373.85	819,623.88
9	5,687,990.00	3,810,953.30	571,643.00	283,830.70	1,021,563.00
10	8,769,905.00	6,314,331.60	568,289.84	594,599.56	1,292,684.00
11	4,999,033.00	3,549,313.43	248,451.94	216,958.03	984,309.60
12	5,588,940.00	3,912,258.00	586,838.70	286,153.73	803,689.57
合计	55,945,393.00	39,057,356.63	4,305,294.54	2,786,362.49	2,786,362.49

F19 =IF(ABS(E19)<0.5,"异常","正常")

销售利润相关性分析					
项目	a	b	回归方程	相关系数	状态
利润与收入相关性分析	0.189481134	-67018.09871	Y=0.19X+-67018.10	0.8096898	正常
利润与成本相关性分析	0.250885656	-212.5996216	Y=0.25X+-212.60	0.749790429	正常
利润与费用相关性分析	-0.129584856	862856.693	Y=-0.13X+862856.69	-0.04611825	异常
利润与税金相关性分析	2.219972892	300894.1795	Y=2.22X+300894.18	0.723160524	正常

图 4-41 销售利润变动趋势分析表

五、技能训练

　　结合所学知识，以任务 4-4 训练原始数据为依据，建立销售收入与成本、销售费用和销售税金所需的基本信息表格及图表。使用 Excel 中的回归函数以及相关系数计算函数，计算出利润与各个因素之间的回归方程，绘制销售利润变动趋势分析表。

任务 4-7　销售预测

一、任务描述

本任务以天真电器公司为例，采用周期性的预测模型比较方法，对下年销售预测。

二、任务分析

本任务主要根据 2014 年全年销售额的序列数据预测 2015 年上半年各月的销售额。销售预测是指借助于历史销售资料及其他相关信息，采用适当的方法，对未来一定时期产品的销售数量和销售状态的变化趋势做出预计。做好销售预测对于改善企业的生产经营、提高经济效益具有十分重要的意义。（建议课时：2 课时）

三、相关知识

首先绘制所有商品销售额的时间变化曲线（绘制 XY 散点图）以便观察销售额的变化趋势，确定采用哪种预测模型。采用周期性的预测模型，利用函数进行预测、利用图表进行预测。

四、实际操作

（1）打开"销售预测"插入工作簿，命名为"利用函数进行预测"，并在该表下方创建销售预测分析表格。见图 4-42。

图表 1

月份	冰箱	彩色电视	洗衣机	笔记本电脑	台式电脑	全部商品
			2014年销售额月报表			
1	520436	944980	195788	1065676	1428009	4154889
2	798424	2134576	671234	701238	1567321	5872793
3	636125	1453672	490876	1567830	1443202	5591705
4	707925	823415	533462	1148762	1023451	4237015
5	998654	1908765	867453	1809673	2037432	7621977
6	912345	2376578	612345	2134076	2290674	8326018
7	612354	2004563	1409812	1365402	1967708	7359839
8	427653	1864572	450987	1156732	1567080	5467024
9	1534678	1678453	1298765	1249823	2778932	8540651
10	885674	3654381	1229876	1200564	3412675	10383170
11	687543	3124567	675430	1876531	3054309	9418380
12	446578	2876549	309432	1864532	2578520	8075611

图 4-42 2014 年全年销售汇总表

根据任务 4-5 知识点制作 XY 散点图，如图 4-43。

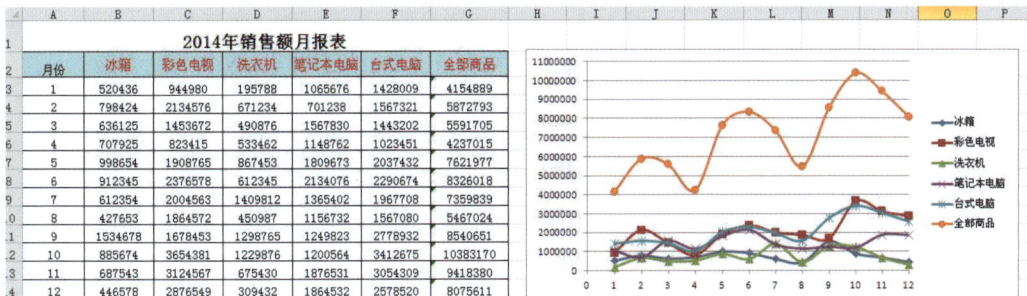

图 4-43 2014 年月销售散点图

根据 2014 年月销售额预测 2015 年上半年月销售额。在单元格 B17 输入公式"＝FORECAST(12＋＄A17,B＄3:B＄14,＄A＄3:＄A＄14)"，然后向右向下复制，就得到各个商品以及全部商品在 2015 年上半年的销售额预测值。见图 4-44。

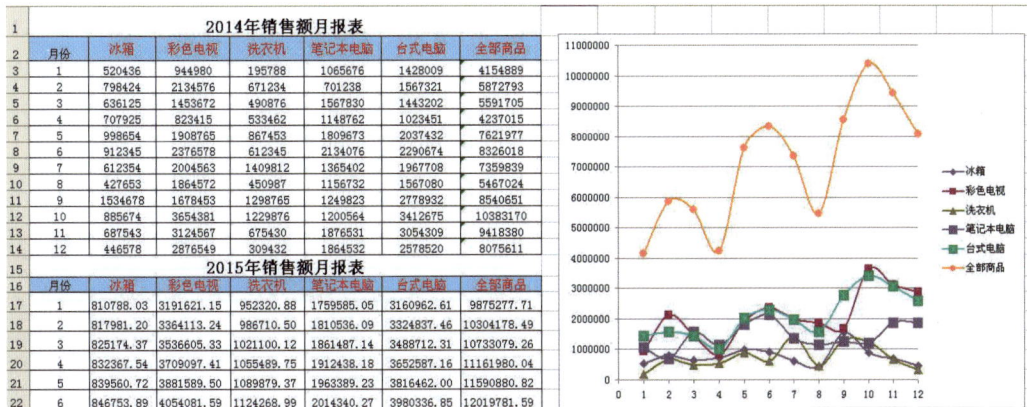

图 4-44 利用函数预测销售额效果图

（2）打开"销售预测"插入工作簿，命名为"利用图表进行预测"，并在该表下方创建销售预测分析表格。

利用图表预测就是先绘制 XY 散点图，然后为数据系列添加趋势线，并显示趋势线方程和 R 平方值，根据 R 平方值判断预测方程的准确度，通过趋势线的变化趋势来判断未来的销售变化情况。

根据任务 4-5 知识点制作 XY 散点图，如图 4-45。

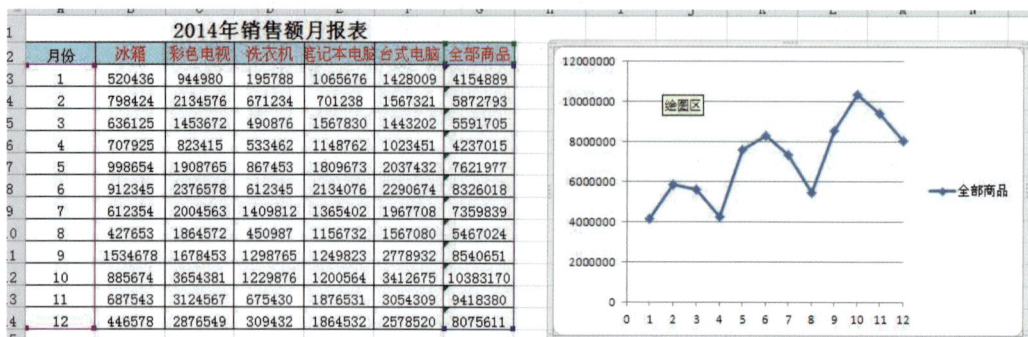

图 4-45 制作 XY 散点图

根据 2014 年销售数据变化曲线，然后为该数据系列添加趋势线如图 4-46。

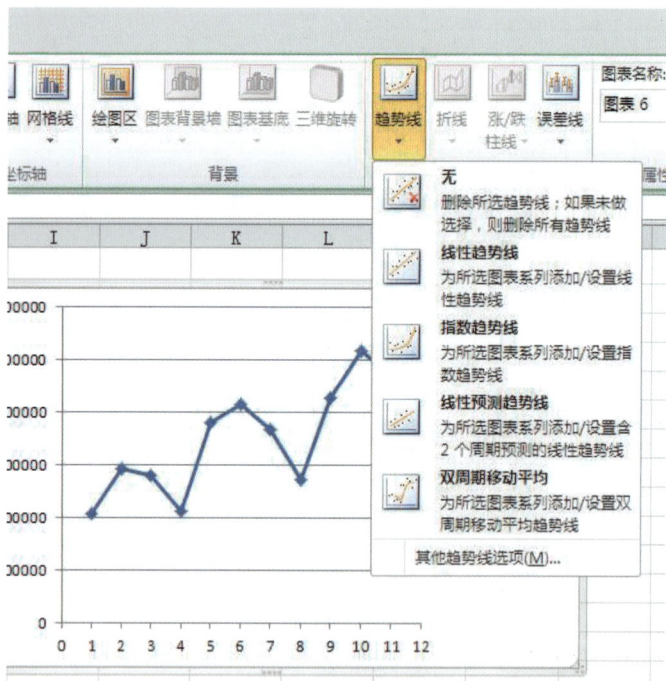

图 4-46 添加趋势线

添加趋势线相关设置如图 4-47。

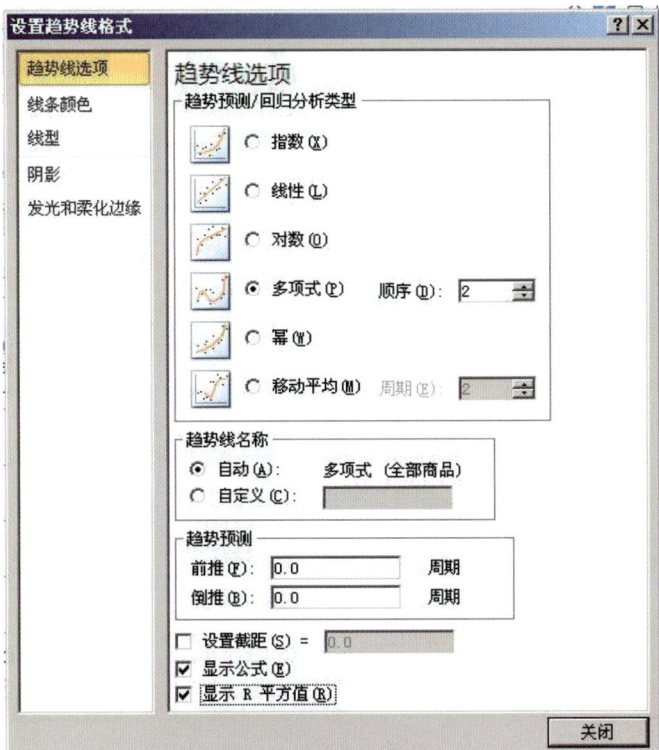

图 4-47　设备趋势线图

结果如图 4-48。

	A	B	C	D	E	F	G
1			**2014年销售额月报表**				
2	月份	冰箱	彩色电视	洗衣机	笔记本电脑	台式电脑	全部商品
3	1	520436	944980	195788	1065676	1428009	4154889
4	2	798424	2134576	671234	701238	1567321	5872793
5	3	636125	1453672	490876	1567830	1443202	5591705
6	4	707925	823415	533462	1148762	1023451	4237015
7	5	998654	1908765	867453	1809673	2037432	7621977
8	6	912345	2376578	612345	2134076	2290674	8326018
9	7	612354	2004563	1409812	1365402	1967708	7359839
10	8	427653	1864572	450987	1156732	1567080	5467024
11	9	1534678	1678453	1298765	1249823	2778932	8540651
12	10	885674	3654381	1229876	1200564	3412675	10383170
13	11	687543	3124567	675430	1876531	3054309	9418380
14	12	446578	2876549	309432	1864532	2578520	8075611

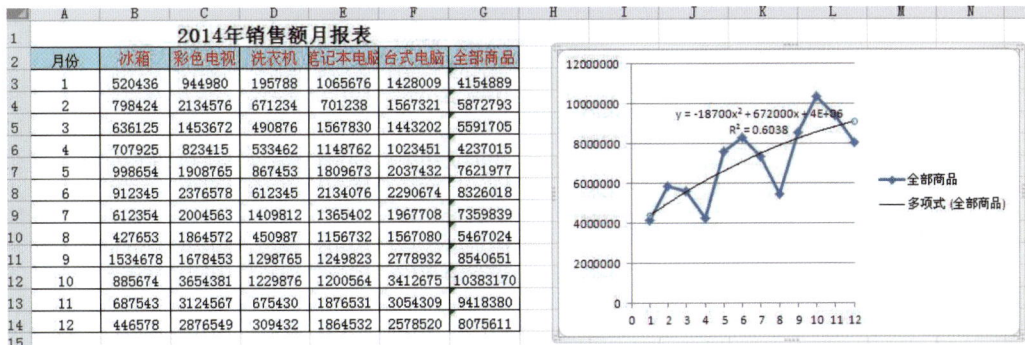

图 4-48　图表法预测销售额

如果一种预测模型误差很大，不能满足要求，可以重新设置趋势线的类型，方法是：单击趋势线，再单击右键快捷菜单中的"趋势格式"命令，打开"趋势格式"对话框，在"类型"选项卡中重新选择预测模型。见图 4-49。

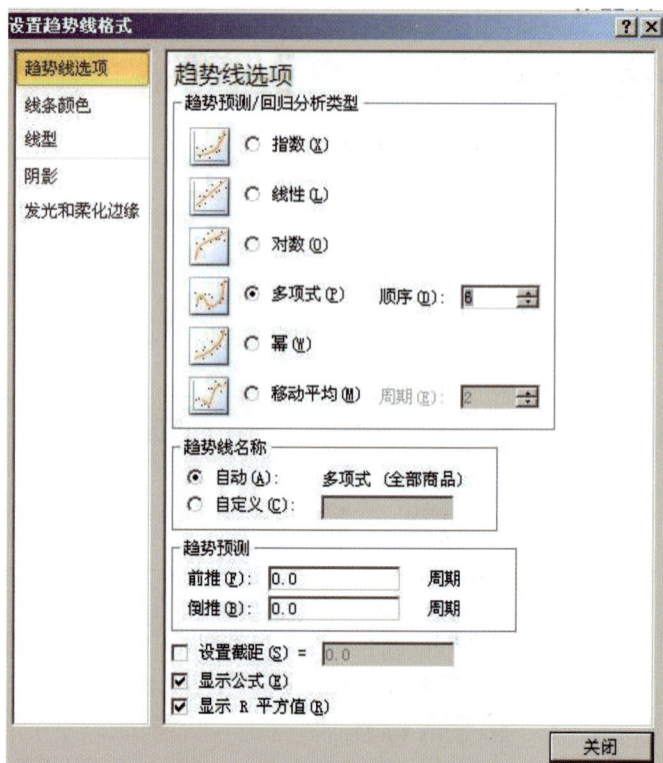

图 4-49　重新选择趋势线的预测模型

图 4-50 是把趋势线的多项式模型的顺序设置为 6 的情况,此时的 R 平方值为 0.7369,要比 2 阶多项式的 R 平方值大,因此预测精度也更高一些。

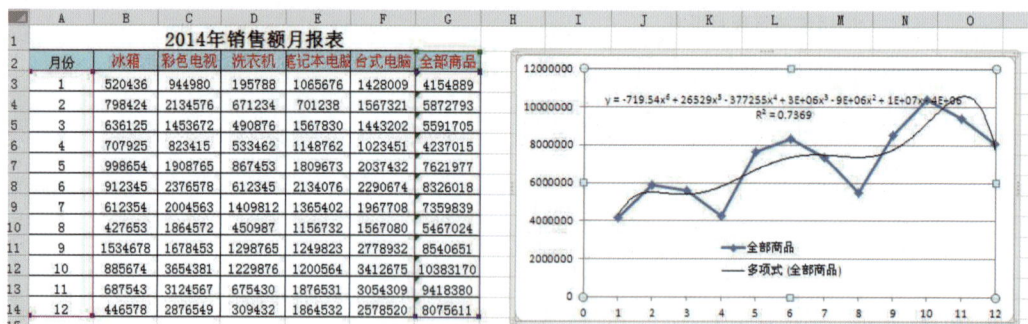

图 4-50　改变趋势线类型后的预测模型及其 R 平方值

注意:

特别注意的是:利用图表进行预测是非常直观的,但在有些情况下我们不能使用趋势线的预测方程来计算预测值,趋势线只是给出一个销售额的变化趋势,通过这个趋势我们可以了解未来的销售变化情况,从而提前做准备。

综合实训四

1月销售明细表							
销售日期	商品名称	单位	销售单价	销售数量	销售金额	客户名称	销售人员
2014年1月1日	五粮液酒	瓶	800	3000	2,400,000.00	沃尔玛超市	王星
2014年1月5日	茅台酒	瓶	1200	2700	3,240,000.00	永辉超市	程晓
2014年1月7日	二锅头酒	瓶	320	3800	1,216,000.00	新华都超市	刘城
2014年1月8日	洋河大曲	瓶	670	3000	2,010,000.00	乐购超市	黄蓉
2014年1月11日	金门高粱酒	瓶	666	1800	1,198,800.00	苏宁超市	郭力

根据上表资料做如下要求：按商品统计分析销售收入、分析销售收入变动趋势、分析月销售收入综合、分析销售利润变动趋势、分析销售利润相关性，并将各结果分别保存。

模块五：Excel 在成本管理岗位中的应用

学习目标

通过本章学习,掌握财务人员在成本管理工作中应具备的基本知识和操作技能,主要包括以下几点:

1.建立成本分析基础信息表;

2.建立甲产品成本分析图表;

3.根据销售预算建立生产预算表;

4.完成直接材料、直接人工预算;

5.完成成本核算;

6.掌握折线图、柱形图及饼图等图表的用法;

7.综合技能:依据销售、生产、直接材料、直接人工预算,进行现金预算。

本模块建议课时:8 课时

任务 5-1　建立成本分析基础信息表

一、任务描述

本任务以××公司为例,建立成本管理所需的成本分析表格和公式。

二、任务分析

本任务主要以××公司生产的甲产品为例,建立成本管理所需的分析表格和公式(建议课时:2 课时)

三、相关知识

具体数据输入及表格设置等相关知识可以参阅模块一。具体使用方法参见下例实际操作部分。

四、实际操作

(1)建立"成本分析"工作簿，将工作表 Sheet1 命名为"甲产品成本分析表"，并保存，如图 5-1 所示。

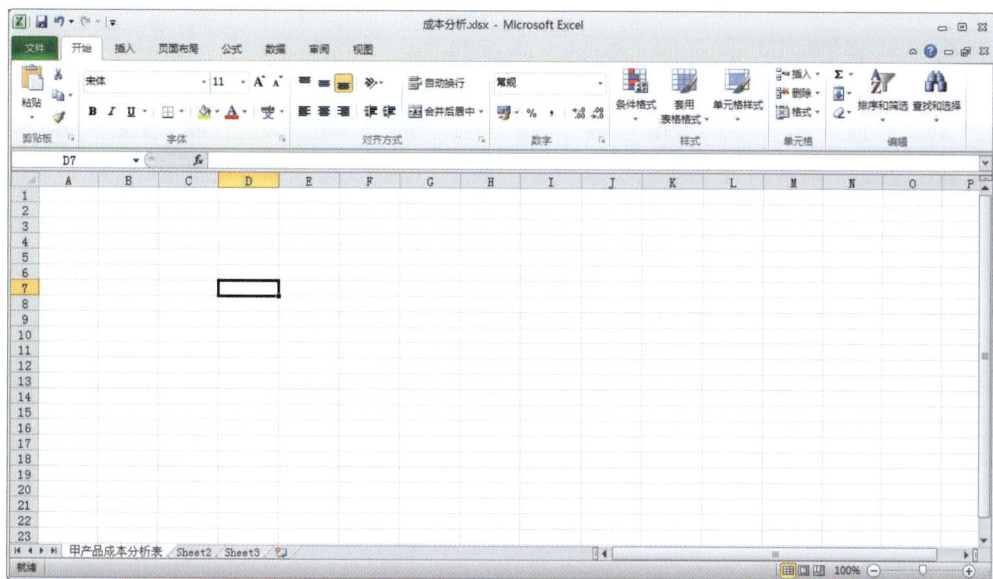

图 5-1　甲产品成本分析表

(2)设计并输入"××公司产品成本分析表"，并根据单位实际情况直接输入直接材料、直接人工等信息，如图 5-2 所示。

图 5-2　××公司产品成本分析表

（3）选中 B8 单元格，输入公式"＝SUM（B4：B7）"，将其填充复制到 M8 单元格，如图 5-3 所示。

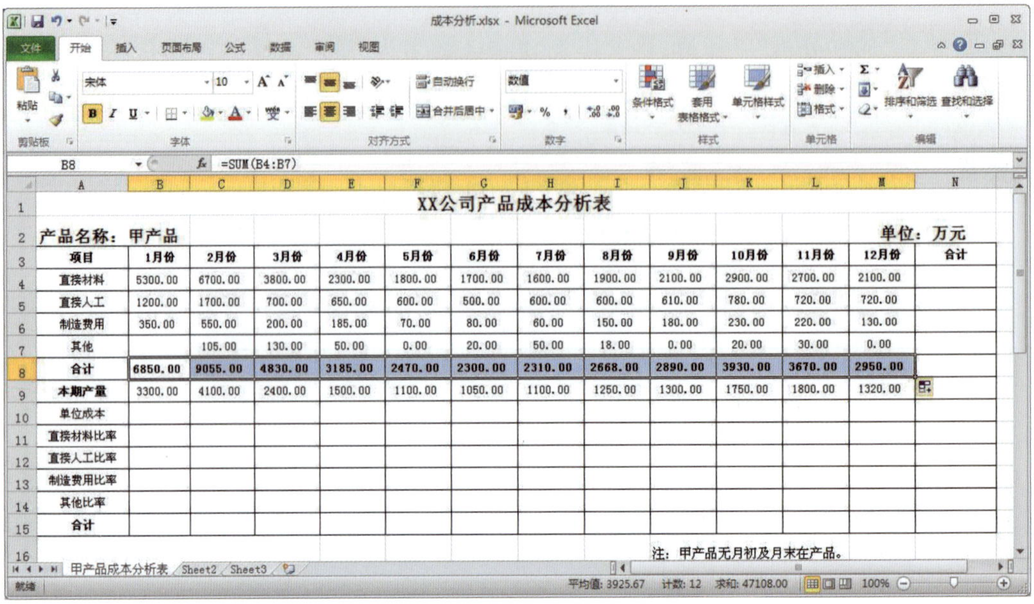

图 5-3　××公司产品成本分析表

（4）选中 N4 单元格，输入公式"＝SUM（B4：M4）"，将其填充复制到 N9 单元格，如图 5-4 所示。

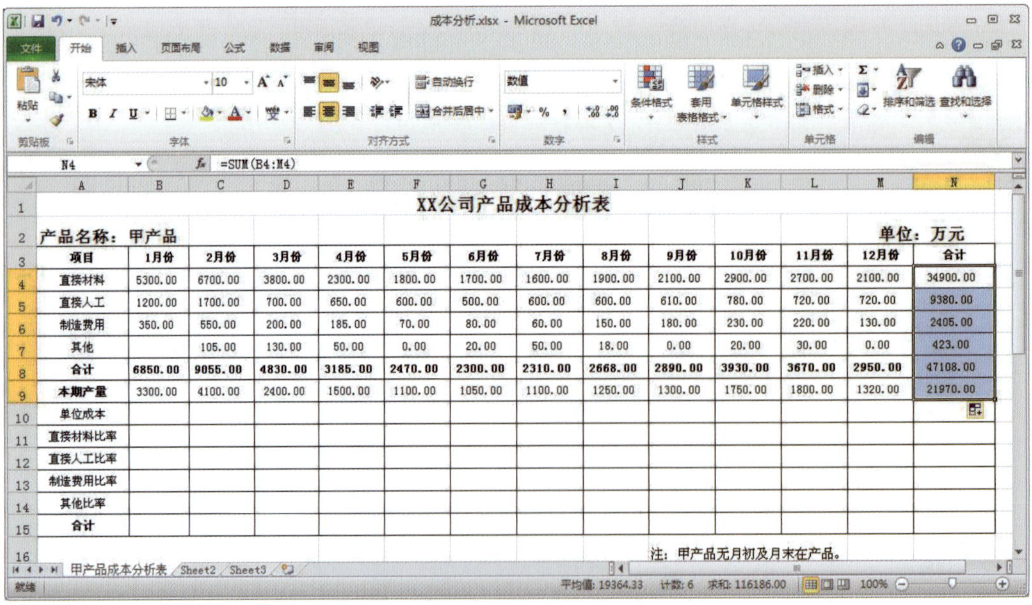

图 5-4　××公司产品成本分析表

（5）选中 B10 单元格，输入公式"＝IF（B9＝0，""，B8/B9）"，将其填充复制到 N10 单元格，如图 5-5 所示。

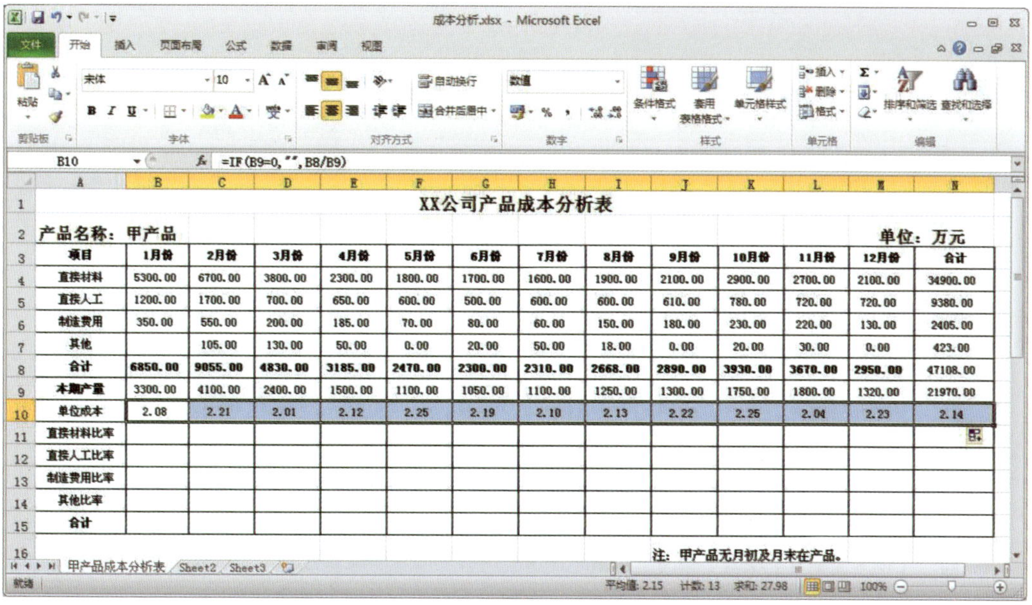

图 5-5　××公司产品成本分析表

（6）选中 B11 单元格，输入公式"＝IF（＄B＄9＝0,0,B4/＄B＄8）"，并设置单元格格式为百分比，小数位数为 2 位。将其填充复制到 N14 单元格，如图 5-6 所示。

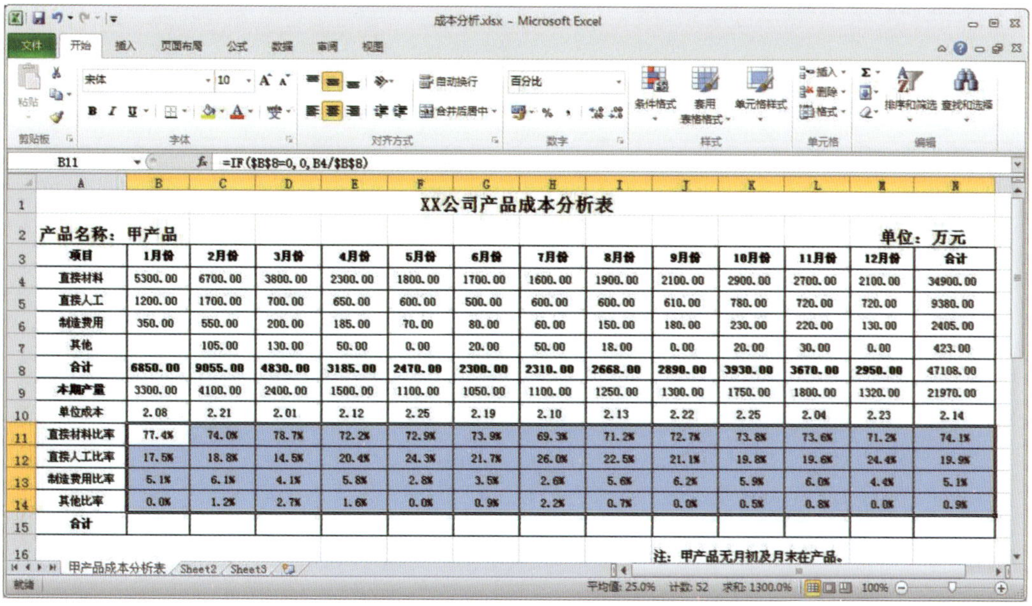

图 5-6　××公司产品成本分析表

注意：

由于对单元格 B8 的引用为绝对引用，复制公式后，需将 B8 改为对应列的单元格（如 C8、D8 等），才可得出正确的计算结果。

（7）选中 B15 单元格，输入公式"＝SUM（B11：B14）"，将其填充复制到 N9 单元格，如图

5-7 所示。

XX公司产品成本分析表

产品名称：甲产品　　　　单位：万元

项目	1月份	2月份	3月份	4月份	5月份	6月份	7月份	8月份	9月份	10月份	11月份	12月份	合计
直接材料	5300.00	6700.00	3800.00	2300.00	1800.00	1700.00	1600.00	1900.00	2100.00	2900.00	2700.00	2100.00	34900.00
直接人工	1200.00	1700.00	700.00	650.00	600.00	500.00	600.00	600.00	610.00	780.00	720.00	720.00	9380.00
制造费用	350.00	550.00	200.00	185.00	70.00	80.00	60.00	150.00	180.00	230.00	220.00	130.00	2405.00
其他		105.00	130.00	50.00	0.00	20.00	50.00	18.00	0.00	20.00	30.00	0.00	423.00
合计	6850.00	9055.00	4830.00	3185.00	2470.00	2300.00	2310.00	2668.00	2890.00	3930.00	3670.00	2950.00	47108.00
本期产量	3300.00	4100.00	2400.00	1500.00	1100.00	1050.00	1100.00	1250.00	1300.00	1750.00	1800.00	1320.00	21970.00
单位成本	2.08	2.21	2.01	2.12	2.25	2.19	2.10	2.13	2.22	2.25	2.04	2.23	2.14
直接材料比率	77.4%	74.0%	78.7%	72.2%	72.9%	73.9%	69.3%	71.2%	72.7%	73.8%	73.6%	71.2%	74.1%
直接人工比率	17.5%	18.8%	14.5%	20.4%	24.3%	21.7%	26.0%	22.5%	21.1%	19.8%	19.6%	24.4%	19.9%
制造费用比率	5.1%	6.1%	4.1%	5.8%	2.8%	3.5%	2.6%	5.6%	6.2%	5.9%	6.0%	4.4%	5.1%
其他比率	0.0%	1.2%	2.7%	1.6%	0.0%	0.9%	2.2%	0.7%	0.0%	0.5%	0.8%	0.0%	0.9%
合计	100.0%	100.0%	100.0%	100.0%	100.0%	100.0%	100.0%	100.0%	100.0%	100.0%	100.0%	100.0%	100.0%

注：甲产品无月初及月末在产品。

图 5-7　××公司产品成本分析表

五、技能训练

根据所学知识，以任意产品为例，建立产品成本分析表。

任务 5-2　建立产品成本分析图表

一、任务描述

本任务以××公司甲产品为例,建立成本管理所需的成本分析图表。

二、任务分析

本任务主要以××公司生产的甲产品为例,建立成本管理所需的分析图表(建议课时:2课时)

三、相关知识

建立分析图表,具体使用方法参见下例实际操作部分。

四、实际操作

(一)完成成本结构比率对比分析

(1)选中 A17 单元格,输入标题"成本结构比率图"。

(2)选中 B11:M14 单元格区域,选择【插入】→【折线图】→【带数据标记的折线图】命令,创建如图 5-8 所示的折线图,并移动至合适的位置。

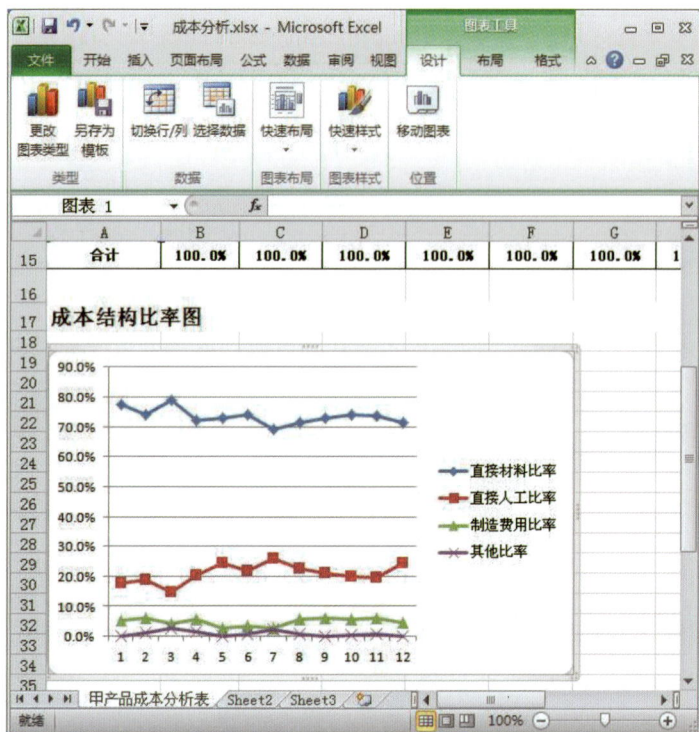

图 5-8　成本结构比率图

（3）选择【图表工具】→【设计】命令，在"图表布局"选项中选择"布局 12"，如图 5-9 所示。

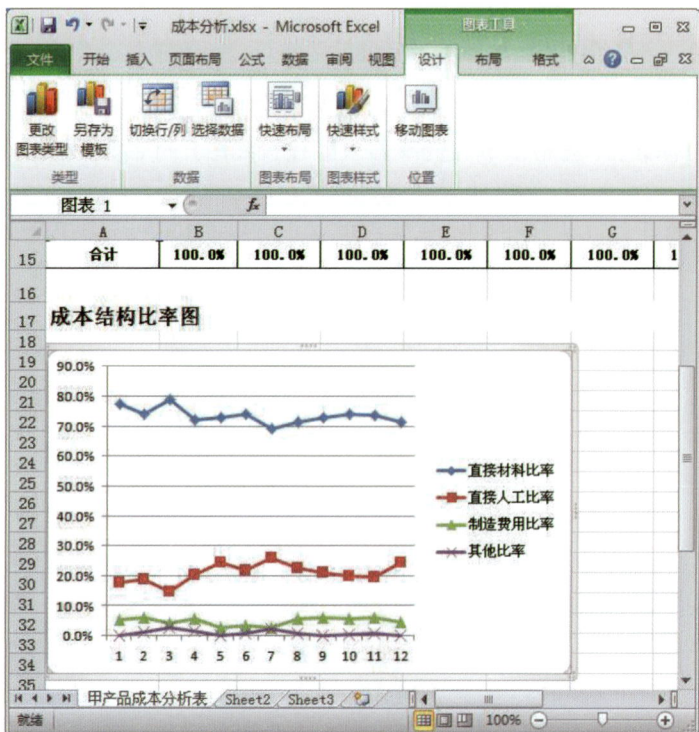

图 5-9　成本结构比率图

（4）右击图表区内蓝色线条，弹出菜单选择→【设置数据系列格式】命令，打开对话框，切换到"线条"选项卡中，修改宽度"1 磅"，如图 5-10 所示。同样修改余下的数据线条，如图 5-11 所示。

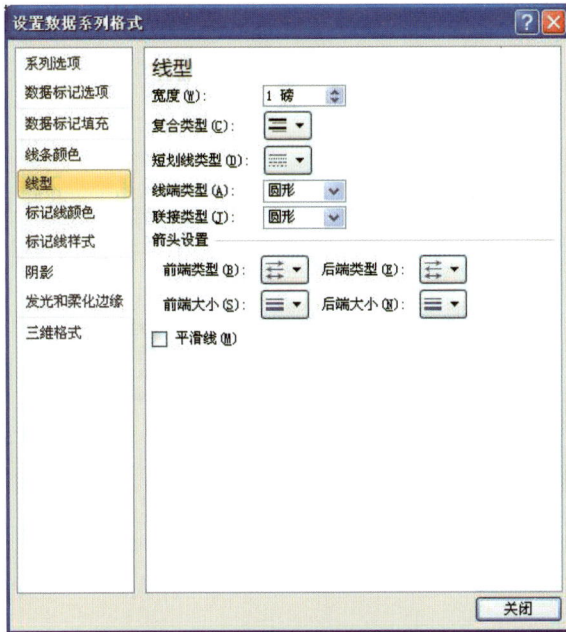

图 5-10　设置数据系列格式

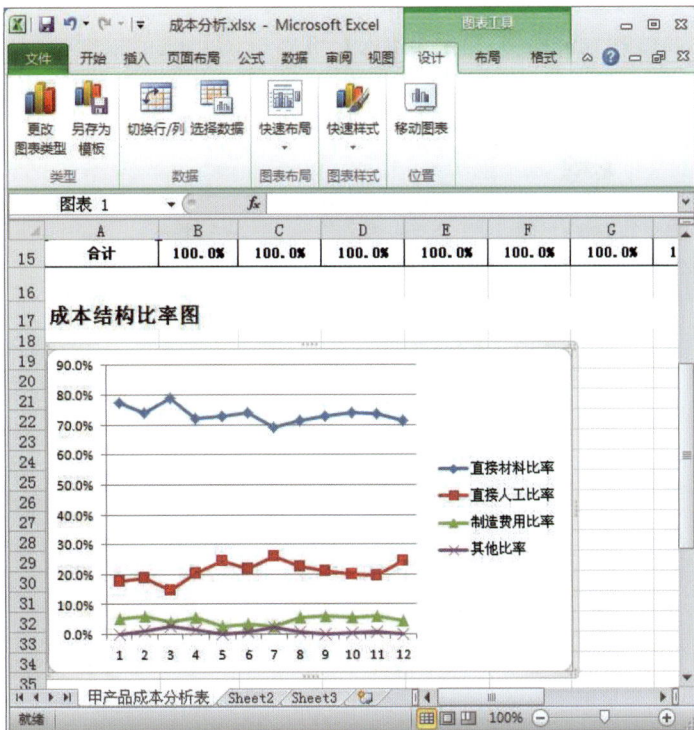

图 5-11　成本结构比率图

（5）右击选择图表区，弹出菜单选择【设置图表区域格式】→【发光和弱化边缘】，选择颜色为第 5 列第 3 行之后，单击【关闭】按钮，得到如图 5-12 所示效果。

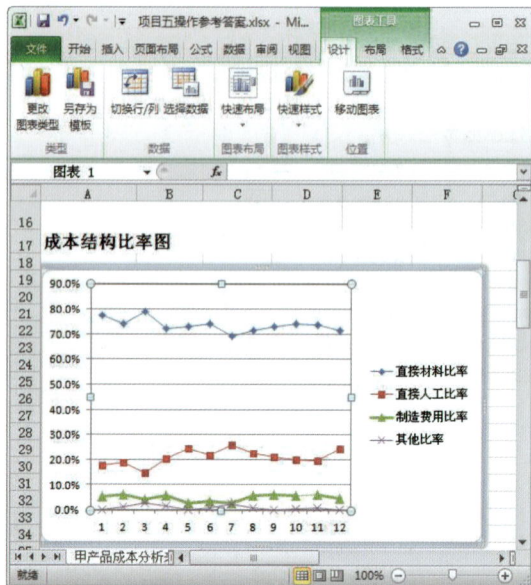

图 5-12　成本结构比率图

（二）进行总成本与产量变动分析

（1）选中 A36 单元格，输入标题"总成本与产量变动图"。

（2）选中 A8：M9 单元格区域，选择【插入】→【折线图】→【带数据标记的折线图】命令，创建如图 5-13 所示折线图，并移动至合适的位置。

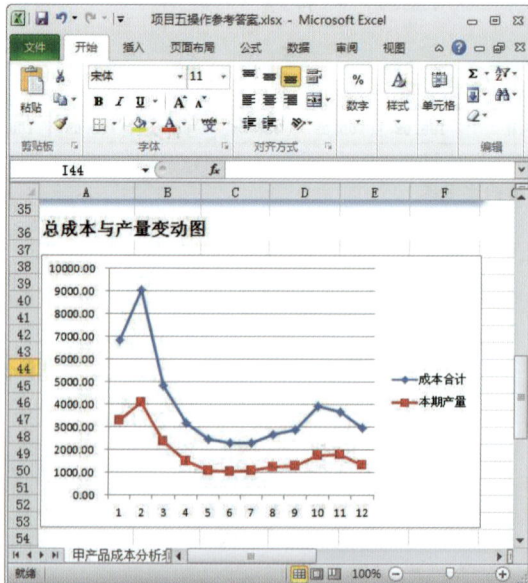

图 5-13　总成本与产量变动图

（3）选择【图表工具】→【设计】命令，在"图表布局"选项中选择"布局 12"，如图 5-14 所示。

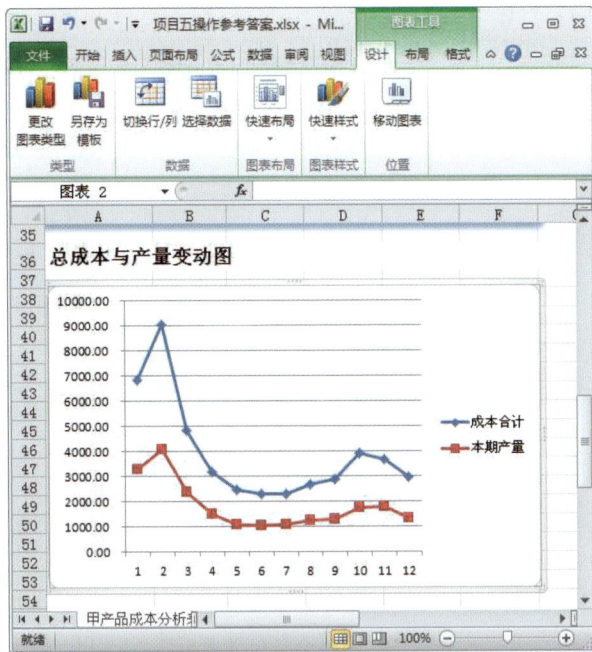

图 5-14　总成本与产量变动图

（4）右击图表区内蓝色线条，弹出菜单选择【设置数据系列格式】命令，打开对话框，切换到"线条"选项卡中，修改宽度"1 磅"，如图 5-15 所示。同样修改余下的数据线条，如图 5-16 所示。

图 5-15　设置数据系列格式

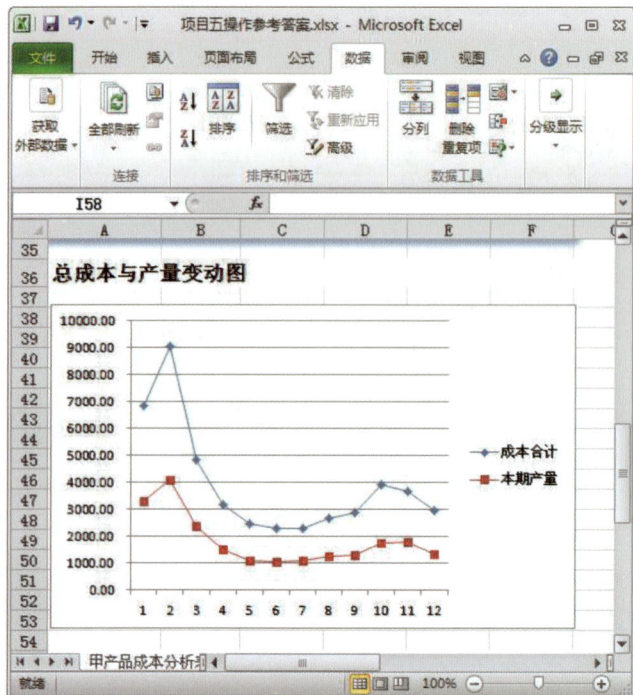

图 5-16　总成本与产量变动图

　　(5)右击选择图表区,弹出菜单选择【设置图表区域格式】→【发光和弱化边缘】,选择颜色为第 5 列第 3 行之后,单击【关闭】按钮,得到如图 5-17 所示效果。

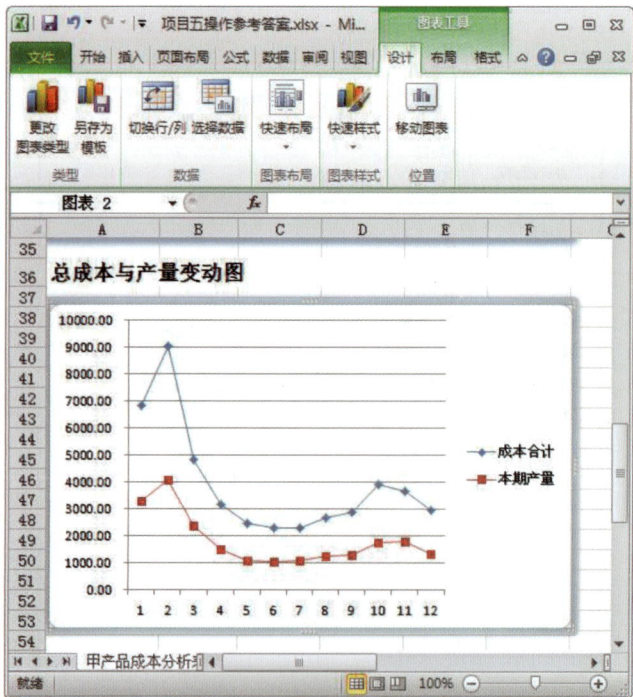

图 5-17　总成本与产量变动图

（三）单位成本变动分析

（1）选中 A55 单元格，输入标题"单位成本变动图"。

（2）选中 A10：M10 单元格区域，选择【插入】→【图表】→【柱形图】→【圆柱图 1】命令，创建如图 5-18 所示柱形图，并移动至合适的位置。

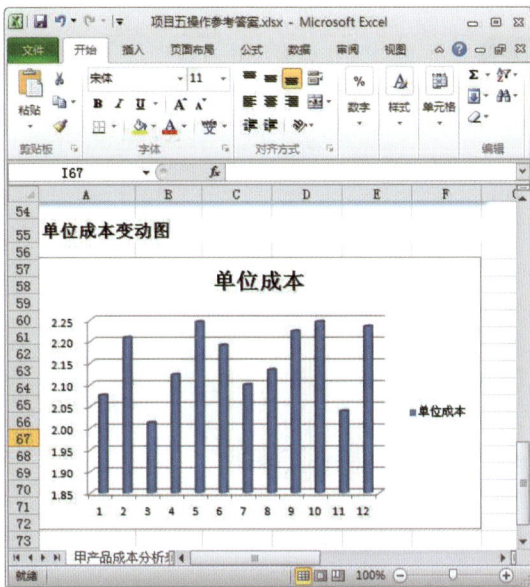

图 5-18　单位成本变动图

（3）右击选择图表区，弹出菜单选择【设置图表区域格式】→【发光和弱化边缘】，选择颜色为第 5 列第 3 行之后，单击【关闭】按钮，得到如图 5-19 所示效果。

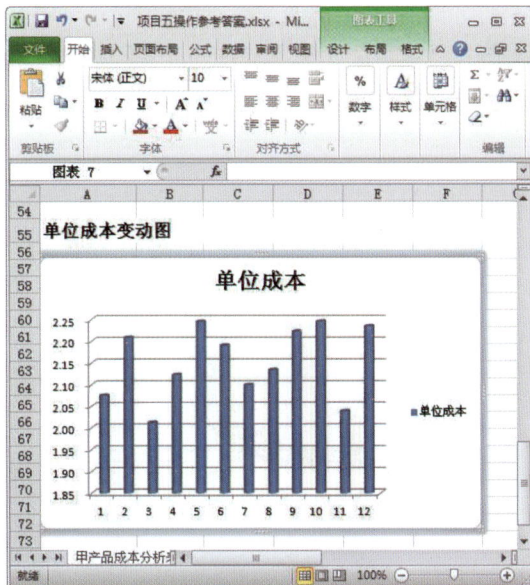

图 5-19　单位成本变动图

(四)年度成本结构图

(1)单击单元格 A74,输入标题"年度成本结构图"。

(2)选中 A11:A14 和 N11:N14 区域,选择【插入】→【图表】→【饼图】→【三维饼图 1】命令,创建如图 5-20 所示饼图,并移动至合适的位置。

图 5-20 年度成本结构图

(3)选择图表后,点击选择【图表工具】→【布局】,选择【数据标签】→【最佳匹配】,得到如图 5-21 所示效果。

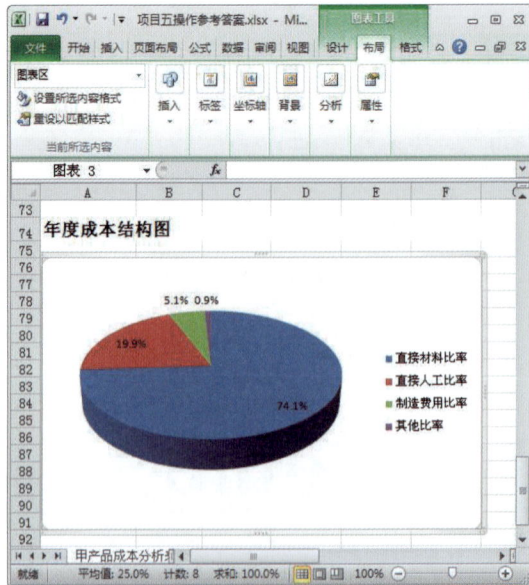

图 5-21 年度成本结构图

（4）右击选择图表区，弹出菜单选择【设置图表区域格式】→【发光和弱化边缘】，选择颜色为第 5 列第 3 行之后，单击【关闭】按钮，得到如图 5-22 所示效果。

图 5-22　年度成本结构图

任务 5-3　建立生产预算表

一、任务描述

根据××公司销售预算表,建立生产预算表。

二、任务分析

本任务主要根据××公司销售预算表,建立生产预算表(建议课时:1 课时)。

三、相关知识

数据输入:具体数据输入及表格设置等相关知识可以参阅模块一。具体使用方法参见下例实际操作部分。

四、实际操作

(1)根据销售预算表,制作生产预算表。

(2)选中 B23 单元格,输入:＝B20＋B21－B22;即:预计生产量＝预计销售量＋预计期末库存－预计期初库存。

(3)选中 B23 单元格,将其复制到 C23:F23,得到如图 5-23 所示。

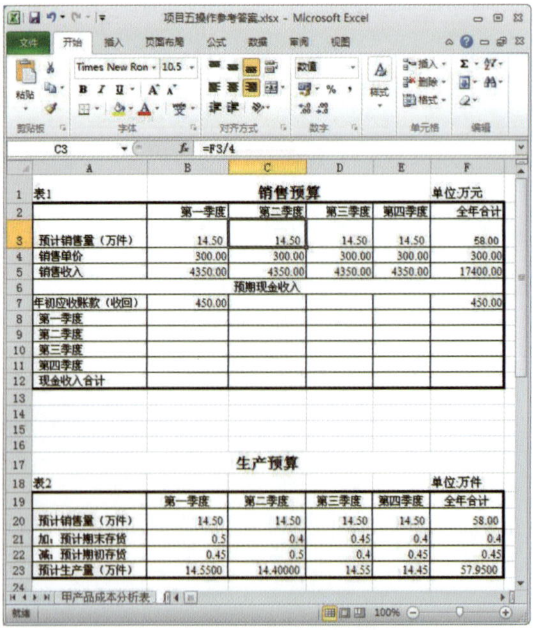

图 5-23　生产预算

任务 5-4 直接材料、直接人工预算

一、任务描述

根据××公司销售及生产预算表,建立直接材料、直接人工预算表。

二、任务分析

根据××公司销售及生产预算表,建立直接材料、直接人工预算表。(建议课时:1 课时)

三、相关知识

数据输入:具体数据输入及表格设置等相关知识可以参阅模块一。具体使用方法参见下例实际操作部分。

四、实际操作

(一)建立直接材料预算表格

(1)建立直接材料预算表格,如图 5-24 所示。

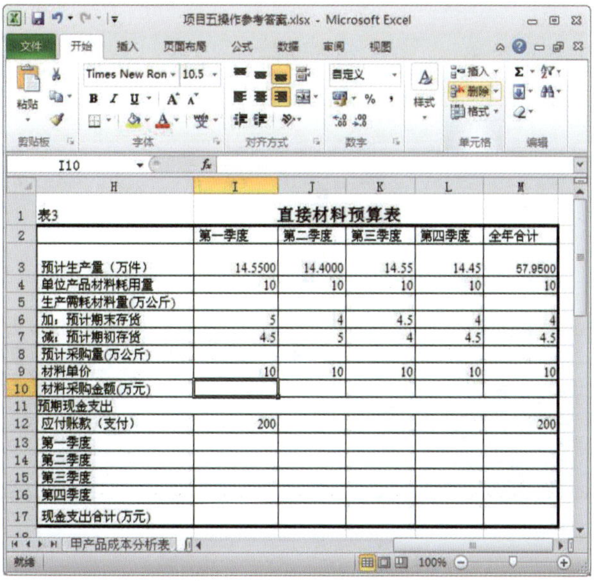

表3 直接材料预算表

	第一季度	第二季度	第三季度	第四季度	全年合计
预计生产量(万件)	14.5500	14.4000	14.55	14.45	57.9500
单位产品材料耗用量	10	10	10	10	10
生产需耗材料量(万公斤)					
加:预计期末存货	5	4	4.5	4	4
减:预计期初存货	4.5	5	4	4.5	4.5
预计采购量(万公斤)					
材料单价	10	10	10	10	10
材料采购金额(万元)					
预期现金支出					
应付账款(支付)	200				200
第一季度					
第二季度					
第三季度					
第四季度					
现金支出合计(万元)					

图 5-24 直接材料预算表

（2）选中相应单元格区域，输入计算公式，得到如图 5-25 所示。其中：

生产需耗材料量＝预计生产量×单位产品材料耗用量

预计采购量＝生产需耗材料量＋预计期末存货－预计期初存货

材料采购金额＝预计采购量×材料单价

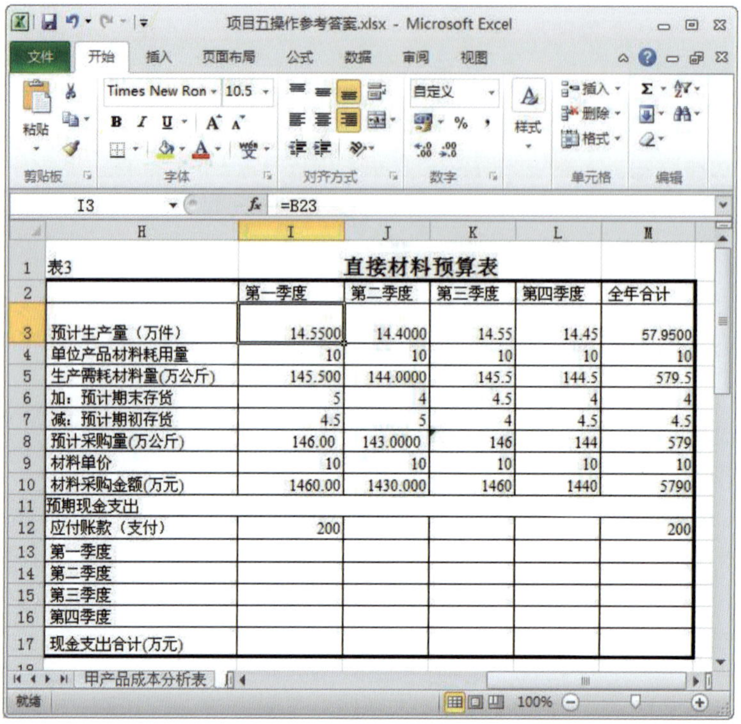

图 5-25　直接材料预算表

（二）建立直接人工预算表格

（1）建立直接人工预算表格，如图 5-26 所示。

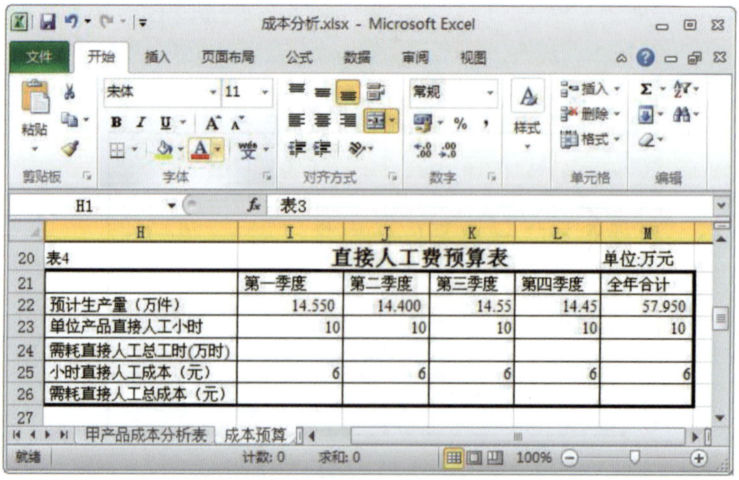

图 5-26　直接人工预算表

(2)选中相应单元格区域,输入计算公式,得到如图 5-27 所示。其中：

需耗直接人工总工时＝预计生产量×单位产品直接人工小时

需耗直接人工总成本＝需耗直接人工总工时×小时直接人工成本

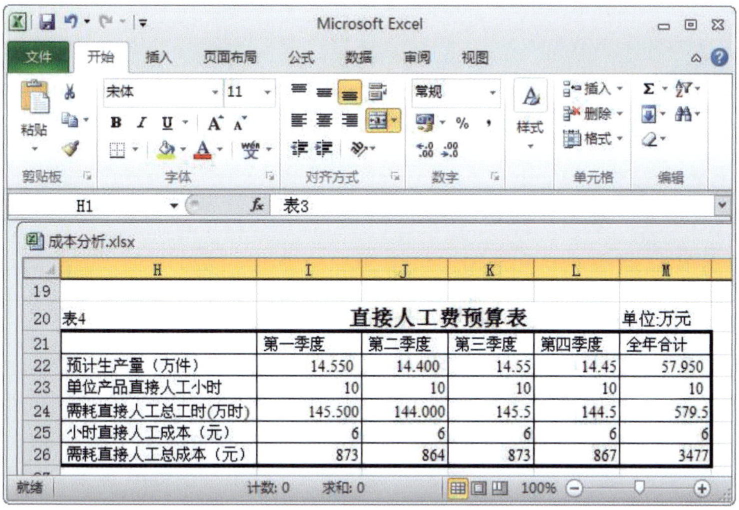

图 5-27　直接人工预算表

以下为图 5-27 中表格内容：

表4	直接人工费预算表				单位:万元
	第一季度	第二季度	第三季度	第四季度	全年合计
预计生产量（万件）	14.550	14.400	14.55	14.45	57.950
单位产品直接人工小时	10	10	10	10	10
需耗直接人工总工时(万时)	145.500	144.000	145.5	144.5	579.5
小时直接人工成本（元）	6	6	6	6	6
需耗直接人工总成本（元）	873	864	873	867	3477

任务 5-5　作业成本管理

一、任务描述

根据产品成本资料，采用作业成本中心和成本动因、传统成本计算法计算两种产品的单位成本，分别计算作业成本动因分配率，利用作业成本法计算两种产品的制造费用，按作业成本法计算两种产品的单位成本，两种产品计算法下的总成本与单位成本对比。

二、任务分析

根据产品成本管理资料，运用作业成本法计算两种产品的单位成本、计算两种产品计算法下的总成本与单位成本差异。（建议课时：2 课时）

三、相关知识

作业成本理论框架；数据输入：具体数据输入及表格设置等相关知识可以参阅模块一，具体使用方法参见下例实际操作部分。

四、实际操作

（1）建立产品成本资料，利用作业成本中心和成本动因、传统成本计算法计算两种产品的单位成本。

①产品成本资料表格，如图 5-28 所示。

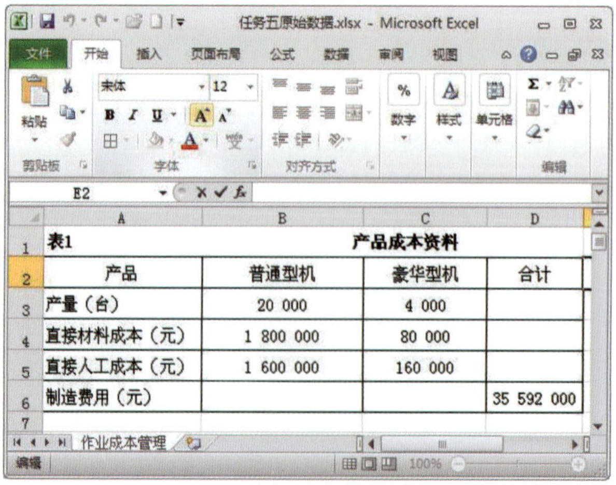

表1		产品成本资料	
产品	普通型机	豪华型机	合计
产量（台）	20 000	4 000	
直接材料成本（元）	1 800 000	80 000	
直接人工成本（元）	1 600 000	160 000	
制造费用（元）			35 592 000

图 5-28　产品成本资料

②作业成本中心和成本动因表格,如图 5-29 所示。

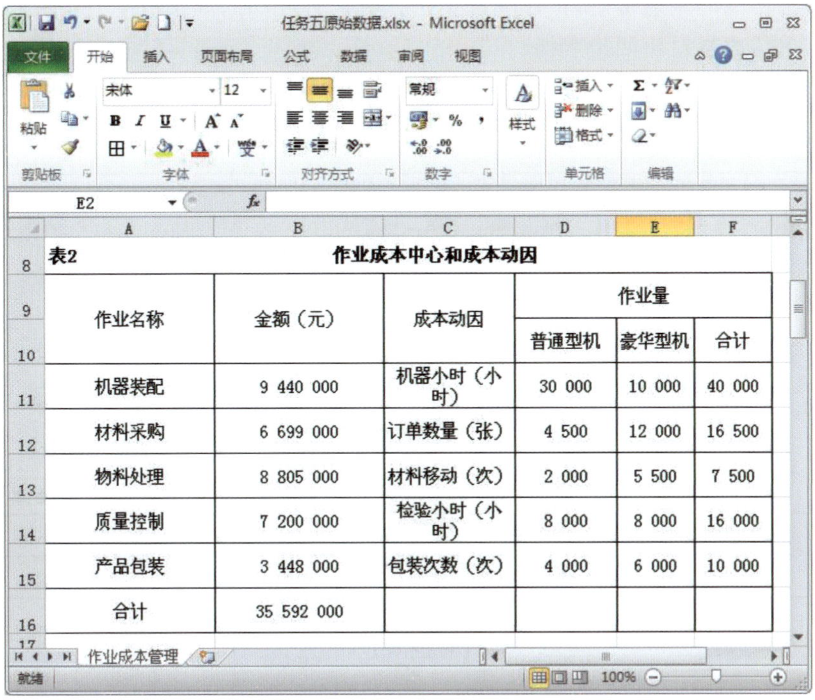

表2 作业成本中心和成本动因

作业名称	金额(元)	成本动因	作业量		
			普通型机	豪华型机	合计
机器装配	9 440 000	机器小时(小时)	30 000	10 000	40 000
材料采购	6 699 000	订单数量(张)	4 500	12 000	16 500
物料处理	8 805 000	材料移动(次)	2 000	5 500	7 500
质量控制	7 200 000	检验小时(小时)	8 000	8 000	16 000
产品包装	3 448 000	包装次数(次)	4 000	6 000	10 000
合计	35 592 000				

图 5-29 作业成本中心和成本动因

③用传统成本计算法计算两种产品的单位成本表格,如图 5-30 所示。

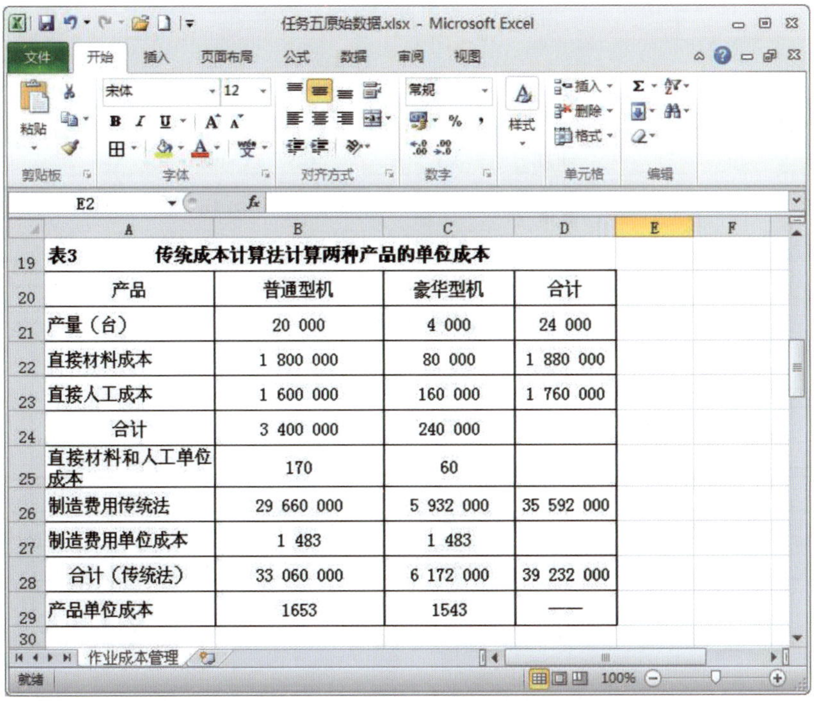

表3 传统成本计算法计算两种产品的单位成本

产品	普通型机	豪华型机	合计
产量(台)	20 000	4 000	24 000
直接材料成本	1 800 000	80 000	1 880 000
直接人工成本	1 600 000	160 000	1 760 000
合计	3 400 000	240 000	
直接材料和人工单位成本	170	60	
制造费用传统法	29 660 000	5 932 000	35 592 000
制造费用单位成本	1 483	1 483	
合计(传统法)	33 060 000	6 172 000	39 232 000
产品单位成本	1653	1543	——

图 5-30 传统成本计算法计算两种产品的单位成本

(2)建立并填制作业成本管理所需计算分析表格:作业成本动因分配率、利用作业成本法计算的两种产品的制造费用、按作业成本法计算两种产品的单位成本、两种产品计算法下的总成本与单位成本对比四份表格。

①建立作业成本动因分配率表格,如图 5-31 所示。

计算并填列作业成本分配率,如图 5-32 所示,分配率=各作业金额÷作业量合计。

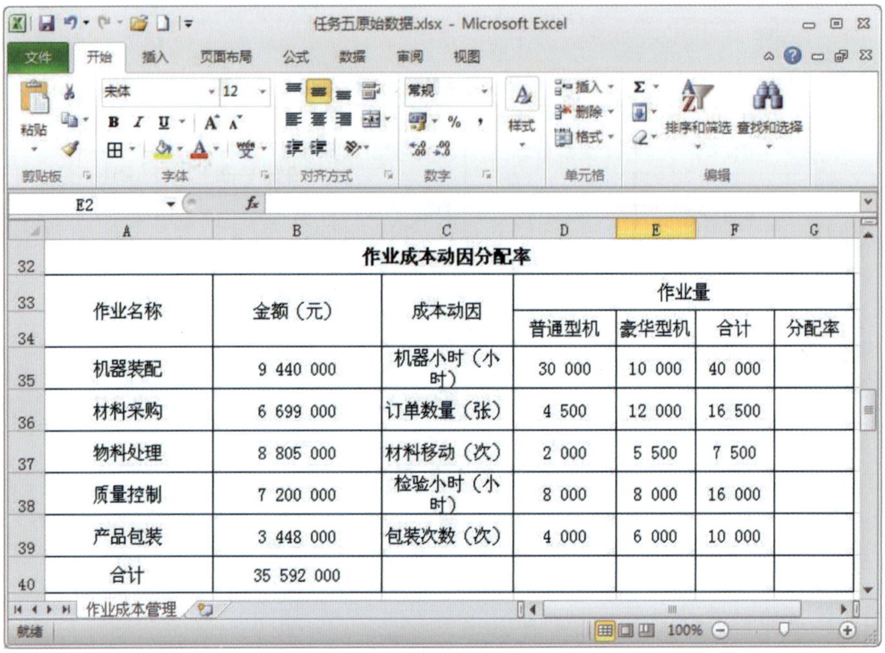

作业成本动因分配率

作业名称	金额(元)	成本动因	作业量			
			普通型机	豪华型机	合计	分配率
机器装配	9 440 000	机器小时(小时)	30 000	10 000	40 000	
材料采购	6 699 000	订单数量(张)	4 500	12 000	16 500	
物料处理	8 805 000	材料移动(次)	2 000	5 500	7 500	
质量控制	7 200 000	检验小时(小时)	8 000	8 000	16 000	
产品包装	3 448 000	包装次数(次)	4 000	6 000	10 000	
合计	35 592 000					

图 5-31　作业成本动因分配率

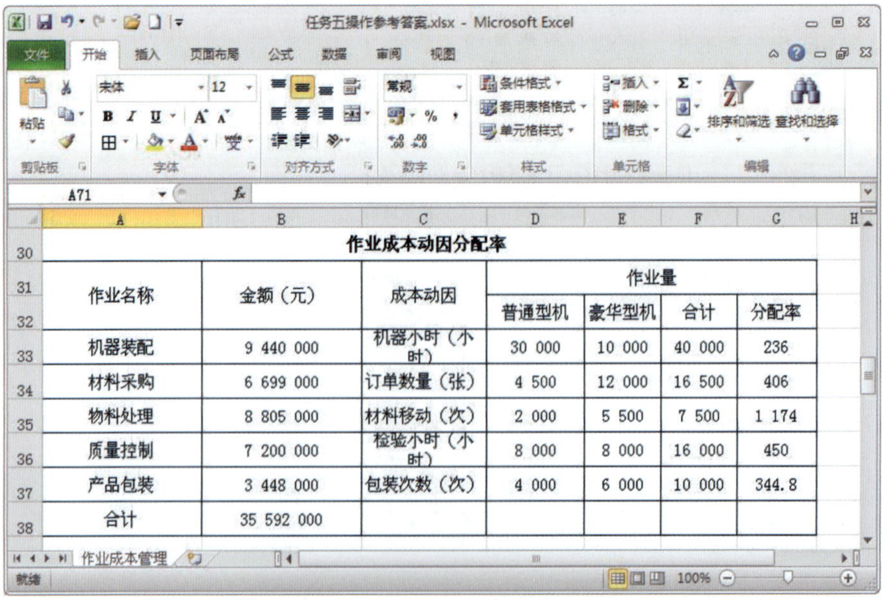

作业成本动因分配率

作业名称	金额(元)	成本动因	作业量			
			普通型机	豪华型机	合计	分配率
机器装配	9 440 000	机器小时(小时)	30 000	10 000	40 000	236
材料采购	6 699 000	订单数量(张)	4 500	12 000	16 500	406
物料处理	8 805 000	材料移动(次)	2 000	5 500	7 500	1 174
质量控制	7 200 000	检验小时(小时)	8 000	8 000	16 000	450
产品包装	3 448 000	包装次数(次)	4 000	6 000	10 000	344.8
合计	35 592 000					

图 5-32　作业成本动因分配率

②建立利用作业成本法计算的两种产品的制造费用表格，如图 5-33 所示。

计算并填列两种产品制造费用分配，如图 5-34 所示，分配金额＝作业量×分配率。

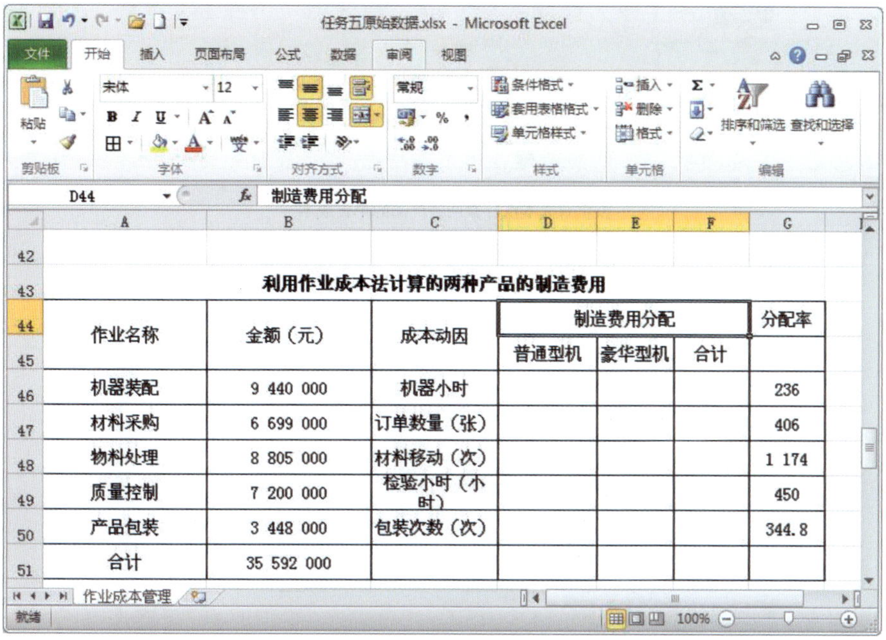

利用作业成本法计算的两种产品的制造费用

作业名称	金额（元）	成本动因	制造费用分配			分配率
			普通型机	豪华型机	合计	
机器装配	9 440 000	机器小时				236
材料采购	6 699 000	订单数量（张）				406
物料处理	8 805 000	材料移动（次）				1 174
质量控制	7 200 000	检验小时（小时）				450
产品包装	3 448 000	包装次数（次）				344.8
合计	35 592 000					

图 5-33　利用作业成本法计算的两种产品的制造费用

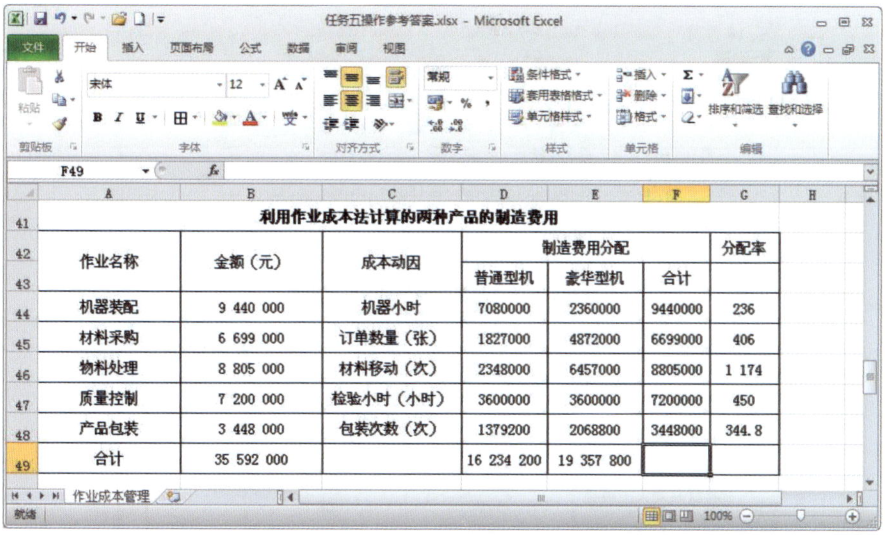

利用作业成本法计算的两种产品的制造费用

作业名称	金额（元）	成本动因	制造费用分配			分配率
			普通型机	豪华型机	合计	
机器装配	9 440 000	机器小时	7080000	2360000	9440000	236
材料采购	6 699 000	订单数量（张）	1827000	4872000	6699000	406
物料处理	8 805 000	材料移动（次）	2348000	6457000	8805000	1 174
质量控制	7 200 000	检验小时（小时）	3600000	3600000	7200000	450
产品包装	3 448 000	包装次数（次）	1379200	2068800	3448000	344.8
合计	35 592 000		16 234 200	19 357 800		

图 5-34　利用作业成本法计算的两种产品的制造费用

③建立按作业成本法计算的两种产品的单位成本表格，如图 5-35 所示。

计算并填列作业成本法核算的两种产品的单位成本表格，如图 5-36 所示。

其中：制造费用作业法＝相应两种产品图 5-31 合计栏

制造费用单位成本＝制造费用作业法金额÷产量

合计（作业法）＝直接材料和人工成本合计（行 58）＋制造费用合计（行 60）

产品单位成本＝合计作业法(行 62)÷产量

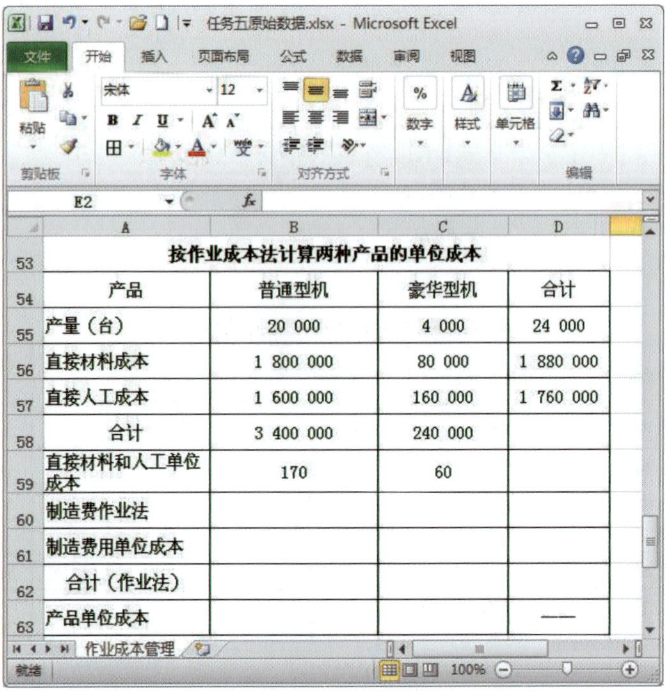

按作业成本法计算两种产品的单位成本			
产品	普通型机	豪华型机	合计
产量（台）	20 000	4 000	24 000
直接材料成本	1 800 000	80 000	1 880 000
直接人工成本	1 600 000	160 000	1 760 000
合计	3 400 000	240 000	
直接材料和人工单位成本	170	60	
制造费作业法			
制造费用单位成本			
合计（作业法）			
产品单位成本			——

图 5-35　按作业成本法计算两种产品的单位成本

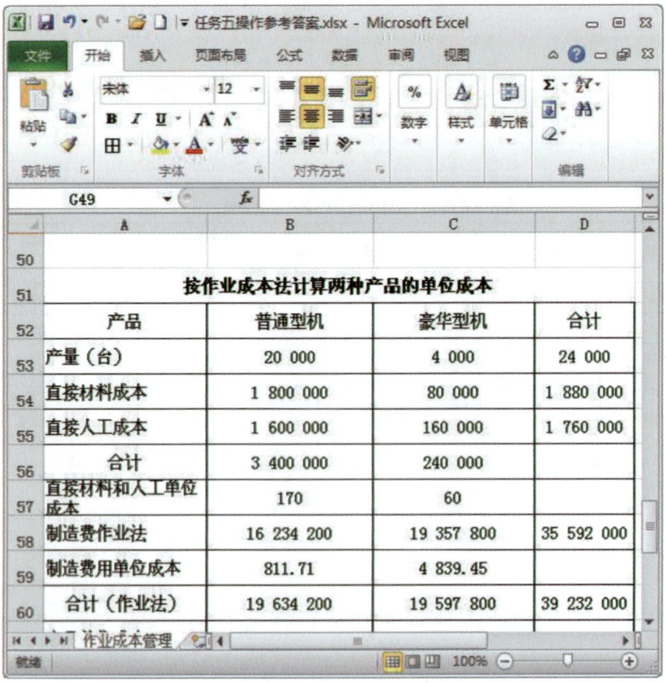

按作业成本法计算两种产品的单位成本			
产品	普通型机	豪华型机	合计
产量（台）	20 000	4 000	24 000
直接材料成本	1 800 000	80 000	1 880 000
直接人工成本	1 600 000	160 000	1 760 000
合计	3 400 000	240 000	
直接材料和人工单位成本	170	60	
制造费作业法	16 234 200	19 357 800	35 592 000
制造费用单位成本	811.71	4 839.45	
合计（作业法）	19 634 200	19 597 800	39 232 000

图 5-36　按作业成本法计算两种产品的单位成本

④建立两种产品计算法下的总成本与单位成本对比表格，如图 5-37 所示。

计算并填列两种产品计算法下的总成本与单位成本对比，如图 5-38 所示。

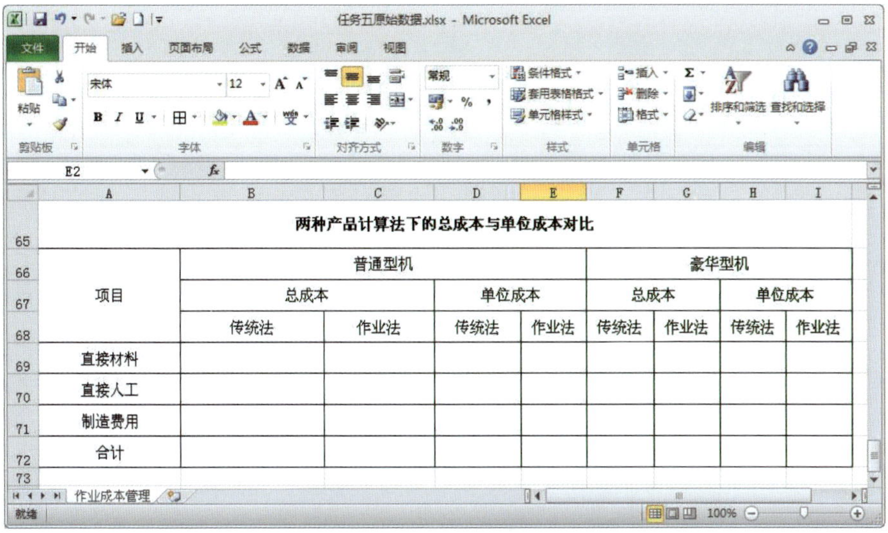

图 5-37　两种产品计算法下的总成本与单位成本对比

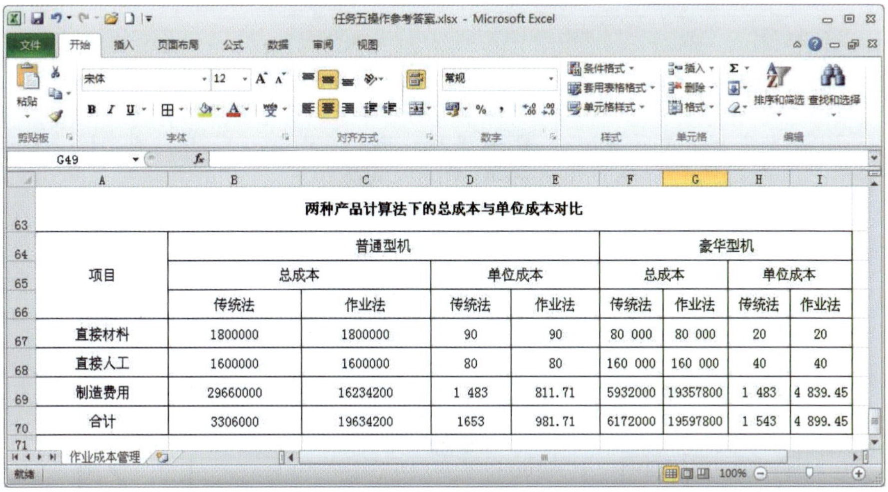

两种产品计算法下的总成本与单位成本对比

项目	普通型机				豪华型机			
	总成本		单位成本		总成本		单位成本	
	传统法	作业法	传统法	作业法	传统法	作业法	传统法	作业法
直接材料	1800000	1800000	90	90	80 000	80 000	20	20
直接人工	1600000	1600000	80	80	160 000	160 000	40	40
制造费用	29660000	16234200	1 483	811.71	5932000	19357800	1 483	4 839.45
合计	3306000	19634200	1653	981.71	6172000	19597800	1 543	4 899.45

图 5-38　两种产品计算法下的总成本与单位成本对比

综合实训五

一、实训要求

根据任务五××公司销售及生产预算表、直接材料、直接人工预算表，进行现金预算。

二、实训步骤

(1)该公司应收账款收回为当季度销售收入收回 70%，其余的第二季度收回。要求填列销售预算中预期现金收入金额，得到如图 5-39 所示。

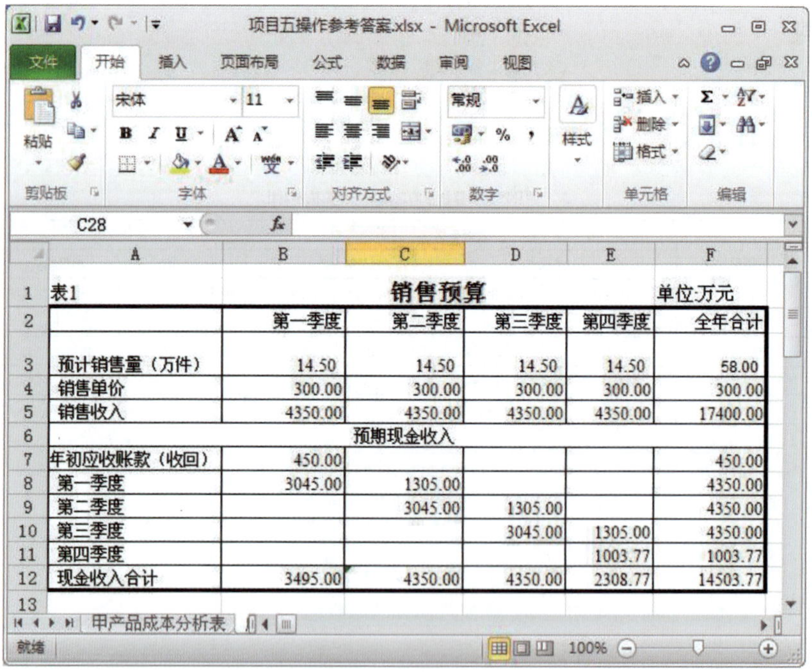

表1		销售预算			单位:万元
	第一季度	第二季度	第三季度	第四季度	全年合计
预计销售量（万件）	14.50	14.50	14.50	14.50	58.00
销售单价	300.00	300.00	300.00	300.00	300.00
销售收入	4350.00	4350.00	4350.00	4350.00	17400.00
		预期现金收入			
年初应收账款（收回）	450.00				450.00
第一季度	3045.00	1305.00			4350.00
第二季度		3045.00	1305.00		4350.00
第三季度			3045.00	1305.00	4350.00
第四季度				1003.77	1003.77
现金收入合计	3495.00	4350.00	4350.00	2308.77	14503.77

图 5-39 销售预算

(2)该公司应付账款支付为当期材料采购金额 60%当期支付，其余第二季度支付。要求填列直接材料预算表中预期现金支出部分，得到如图 5-40 所示。

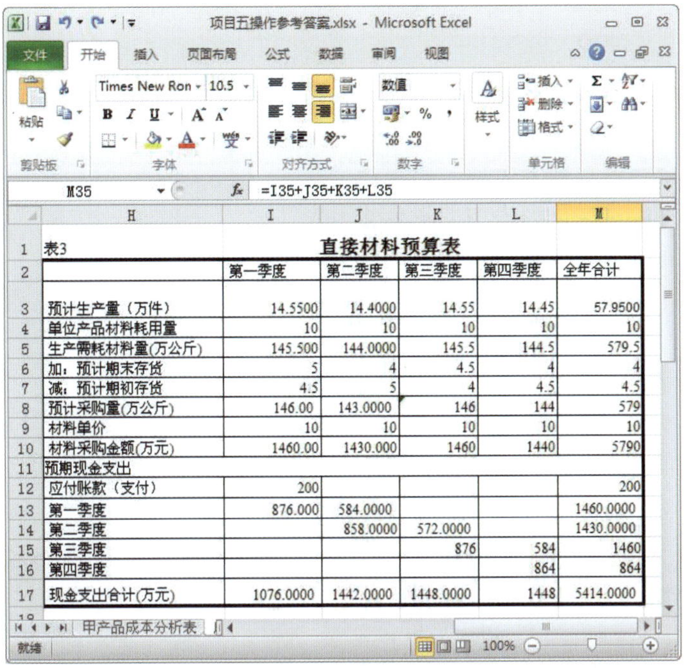

表3 直接材料预算表

	第一季度	第二季度	第三季度	第四季度	全年合计
预计生产量(万件)	14.5500	14.4000	14.55	14.45	57.9500
单位产品材料耗用量	10	10	10	10	10
生产需耗材料量(万公斤)	145.500	144.0000	145.5	144.5	579.5
加:预计期末存货	5	4	4.5	4	4
减:预计期初存货	4.5	5	4	4.5	4.5
预计采购量(万公斤)	146.00	143.0000	146	144	579
材料单价	10	10	10	10	10
材料采购金额(万元)	1460.00	1430.000	1460	1440	5790
预期现金支出					
应付账款(支付)	200				200
第一季度	876.000	584.0000			1460.0000
第二季度		858.0000	572.0000		1430.0000
第三季度			876	584	1460
第四季度				864	864
现金支出合计(万元)	1076.0000	1442.0000	1448.0000	1448	5414.0000

图 5-40 直接材料预算表

(3)建立现金收支预算表,如图 5-41 所示。

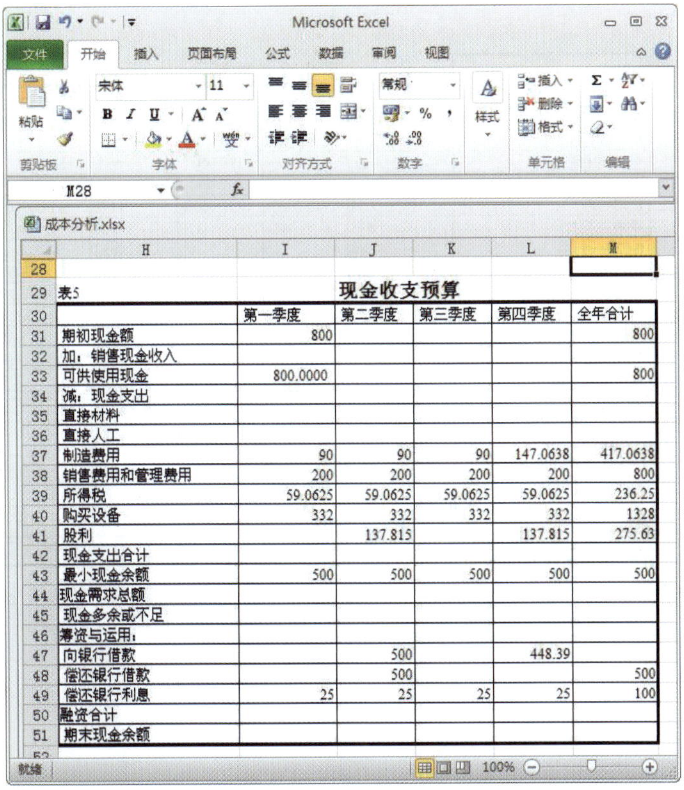

表5 现金收支预算

	第一季度	第二季度	第三季度	第四季度	全年合计
期初现金额	800				800
加:销售现金收入					
可供使用现金	800.0000				800
减:现金支出					
直接材料					
直接人工					
制造费用	90	90	90	147.0638	417.0638
销售费用和管理费用	200	200	200	200	800
所得税	59.0625	59.0625	59.0625	59.0625	236.25
购买设备	332	332	332	332	1328
股利		137.815		137.815	275.63
现金支出合计					
最小现金余额	500	500	500	500	500
现金需求总额					
现金多余或不足					
筹资与运用:					
向银行借款		500		448.39	
偿还银行借款		500			500
偿还银行利息	25	25	25	25	100
融资合计					
期末现金余额					

图 5-41 现金收支预算

（4）填列现金收支预算表中相应的数值，得到如图 5-42 所示。

其中：

次季度的期初现金余额＝上一季度的期末现金余额

销售现金收入＝销售预算中的现金收入合计

可供使用现金＝期初现金余额＋销售现金收入

直接材料＝直接材料预算表中的现金支出合计

直接人工＝直接人工预算表中的需耗直接人工总成本

现金支出合计＝直接材料＋直接人工＋制造费用＋销售费用和管理费用＋所得税＋购买设备＋股利

现金需求总额＝现金支出合计＋最小现金余额

现金多余或不足＝可供使用现金－现金需求总额

融资合计＝向银行借款－偿还银行借款－偿还银行利息

期末现金余额＝现金多余或不足＋最小现金余额＋融资合计

	H	I	J	K	L	M
29	表5			现金收支预算		
30		第一季度	第二季度	第三季度	第四季度	全年合计
31	期初现金额	800	1639.9375	2840.0600	4162.9975	800
32	加：销售现金收入	3495.0000	4350.0000	4350.0000	2308.7675	14503.7675
33	可供使用现金	4295.0000	5989.9375	7190.0600	6471.7650	15303.7675
34	减：现金支出					
35	直接材料	1076.0000	1442.0000	1448.0000	1448	5414.0000
36	直接人工	873	864	873	867	3477
37	制造费用	90	90	90	147.0638	417.0638
38	销售费用和管理费用	200	200	200	200	800
39	所得税	59.0625	59.0625	59.0625	59.0625	236.25
40	购买设备	332	332	332	332	1328
41	股利		137.815		137.815	275.63
42	现金支出合计	2630.0625	3124.8775	3002.0625	3190.9413	11947.9438
43	最小现金余额	500	500	500	500	500
44	现金需求总额	3130.063	3624.8775	3502.0625	3690.9413	12447.9438
45	现金多余或不足	1164.9375	2365.0600	3687.9975	2780.8237	2855.8237
46	筹资与运用：					
47	向银行借款		500		448.39	948.39
48	偿还银行借款		500			500
49	偿还银行利息	25	25	25	25	100
50	融资合计	-25	-25	-25	423.39	348.39
51	期末现金余额	1639.9375	2840.0600	4162.9975	3704.2137	3704.2137

图 5-42　现金收支预算

模块六:Excel 在总账会计岗位中的应用

学习目标

总账处理是会计业务的核心。总账处理是指从归集原始凭证、编制记账凭证开始,通过登账、对账、结账等一系列会计核算处理,最终编制出会计报表的过程。通过本章学习,掌握财务人员在总账处理工作中应具备的基本知识和操作技能,主要包括以下几点:

1.设置企业会计科目;

2.编制记账凭证;

3.编制期初余额表;

4.登记明细账;

5.登记总账;

6.编制资产负债表和利润表;

7.进行财务分析。

本模块建议课时:10 课时

任务 6-1   设置企业会计科目

一、任务描述

本任务是利用 Excel 来设置企业会计科目编码和科目名称。

二、任务分析

会计科目根据公司经营性质不同,其具体编号和科目名称也有所不同,因此不同的企业可以在财政部颁布的企业会计制度的会计科目基础上结合各自的实际情况来设置会计科目。本任务以某企业为例,参照我国《企业会计制度》,在 Excel 工作表中设置企业会计科目。(建议课时:1 课时)

三、相关知识

会计科目是会计核算的基础和纽带,一般设到三级,多的可以设到五级。会计科目分为会计科目代码与会计科目名称两部分。其中,会计科目代码是指会计科目统一规定的代码,如一级会计科目代码由行业会计制度确定,二级及以下的代码可以结合本企业的情况自己设置。会计科目名称应按企业制度的规定设置,不应随意简化。

四、实际操作

创建会计科目表是为了在录入记账凭证时,通过选择对应的科目代码来自动输入该代码对应的科目名称。会计科目表的制作非常简单,只需在其中输入相应的科目代码和对应的科目名称即可,这里为了以后方便查阅和引用,可为相应的类别创建超链接。其具体操作如下:

(1)新建一个工作簿,将其保存为"总账处理.xlsx",将工作表"Sheet1"重命名为"会计科目",并建立表单基本标识,如图 6-1 所示。

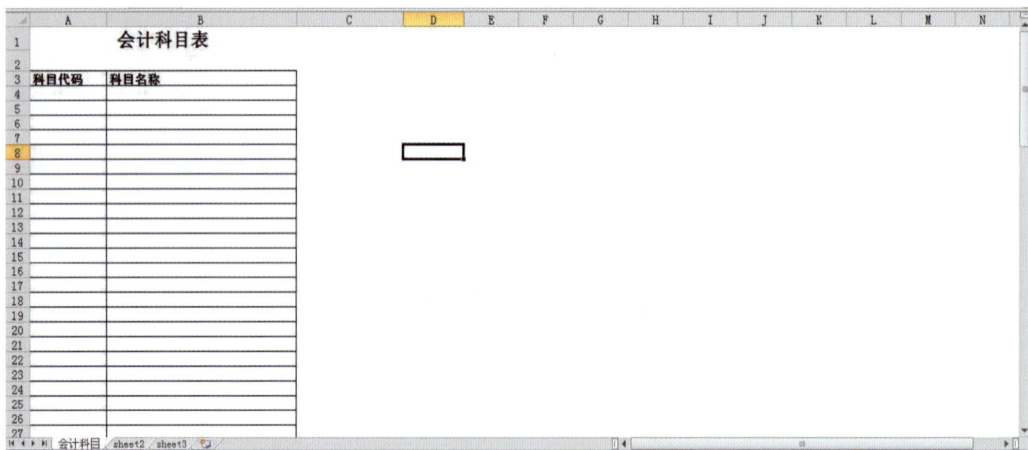

图 6-1　设置会计科目表基本标识

(2)在"会计科目"工作表中,选中 A4:A89 单元格区域,点击右键,选择"设置单元格格式",如图 6-2 所示。

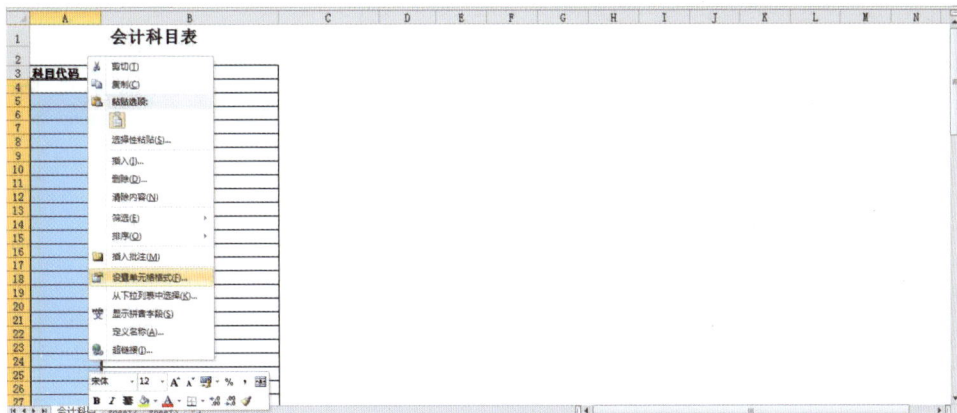

图 6-2　右键单击"设置单元格格式"按钮

（3）在"设置单元格格式"对话框中，单击"数字"选项卡，选择"文本"选项，最后点击"确定"按钮，如图 6-3 所示。

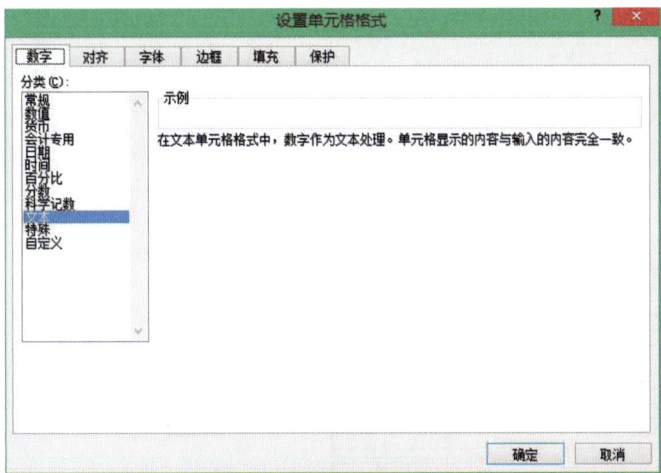

图 6-3　设置科目代码格式

（4）在 A4:B89 单元格区域中依次输入科目代码和对应的科目名称，如图 6-4 所示。

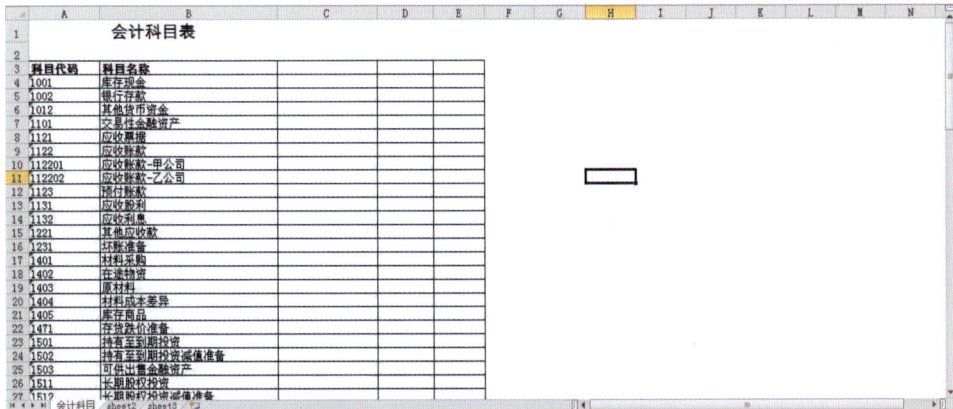

图 6-4　输入科目代码和科目名称

（5）在打开的"插入超链接"对话框的"请键入单元格引用"文本框中输入需链接的单元格区域"A4：B42"，然后单击"确定"按钮如图 6-5 所示。

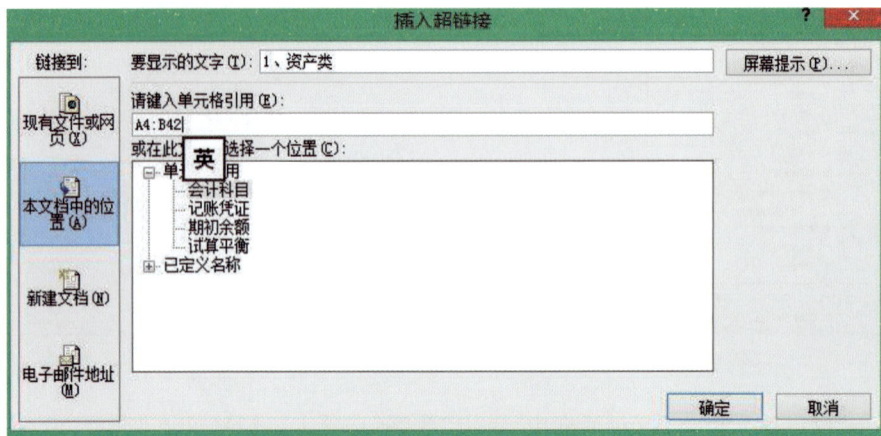

图 6-5　插入资产类的超链接

（6）在工作表中单击 A2 单元格中的超链接，将选择资产类的所有会计科目。

（7）用相同的方法为 B2 单元格中的文本超链接到 A43：B65 单元格区域，为 C2 单元格中的文本创建超链接到 A66：B70 单元格区域，为 D2 单元格中的文本创建超链接到 A71：B74 单元格区域，为 E2 单元格中的文本创建超链接到 A75：B89 单元格区域，如图 6-6 所示。

图 6-6　创建更多超链接

五、技能训练

根据所学知识，以任意企业为例，建立企业科目表。

任务 6-2　记录记账凭证

一、任务描述

完成会计科目表的创建后，下面将根据××公司本期发生的经济业务数据录入记账凭证。

二、任务分析

由于在账务处理中，记账凭证既要能概括地反映经济业务的基本情况，同时又要能满足登记账簿的需要，所以它需包含凭证的填制日期和编号、经济业务内容、会计科目、金额、借贷方向等相关内容。在记录记账凭证过程中将涉及数据有效性的设置、查询函数的使用、条件格式的设置等操作。（建议课时：1 课时）

三、相关知识

（一）记账凭证

记账凭证是根据审核无误的原始凭证编制的，用来确定会计分录、作为记账依据的一种会计凭证。

记账凭证按其适用的经济业务，分为通用记账凭证和专用记账凭证两种。在经济业务比较简单的单位，为了简化凭证可以采用通用记账凭证记录所发生的各种经济业务。专用记账凭证则是用来专门记录某一类经济业务的记账凭证。专用记账凭证按其记录的经济业务与现金和银行存款的收付有无关系，又分为收款凭证、付款凭证和转账凭证。

（二）函数的引用

1.IF 函数

IF(logical_test,value_if_true,value_if_false)

执行真假值判断，根据逻辑计算的真假值，返回不同结果

logical_test：逻辑判断真价值的表达式

value_if_true：逻辑判断为真时返回的值

value_if_false：逻辑判断为假时返回的值

2.LOOKUP 函数

Lookup(lookup_value,lookup_vector,result_vector)

在查找范围中查询指定的值，并返回另一个范围中对应位置的值

lookup_value：查找值，可使用单元格引用、常量数组和内存数组

lookup_vector：查找范围

result_vector：结果范围

四、实际操作

（1）打开"总账处理.xlsx"工作簿，将"Sheet2"工作表重命名为"记账凭证"，并建立表单基本标识，如图 6-7 所示。

图 6-7　建立记账凭证的基本框架

（2）设置自动选择科目代码

为了防止无效科目代码的输入，可以使用数据有效性功能建立序列来自动选择科目代码，具体操作如下：

①选中 G3 单元格，在"数据"选项卡的"数据工具"组中单击"数据有效性"按钮，如图 6-8 所示。

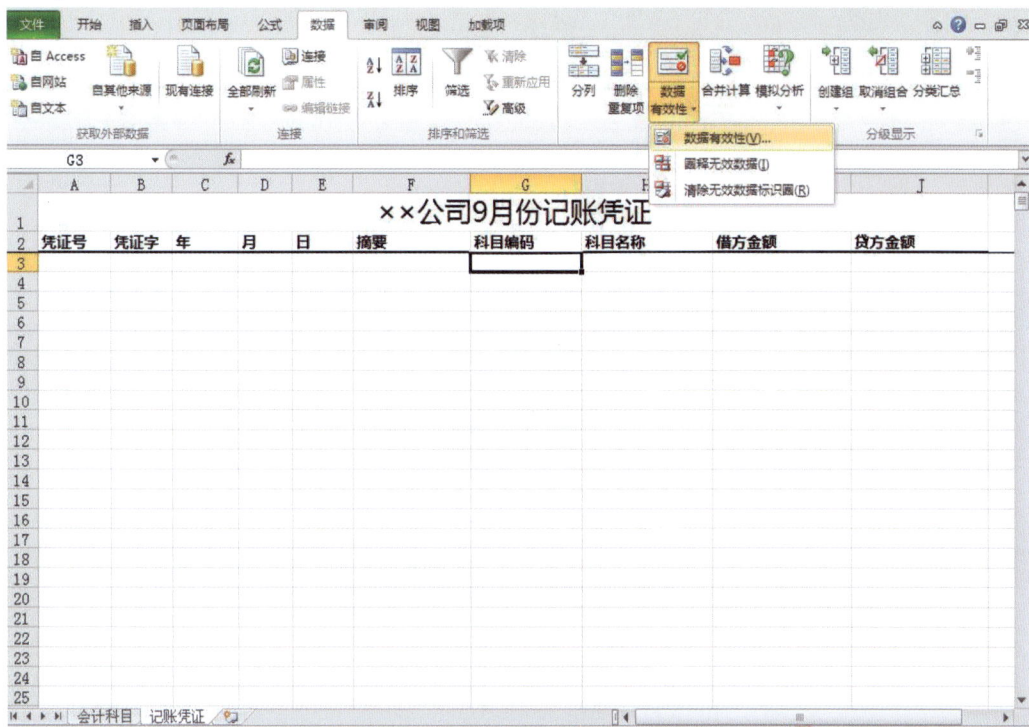

图 6-8　单击"数据有效性"按钮

②弹出"数据有效性"对话框，在"允许"下拉列表框中选择"序列"选项，在"来源"文本框中输入"＝会计科目！＄A＄4：＄A＄89"，单击"确定"按钮，如图 6-9 所示。

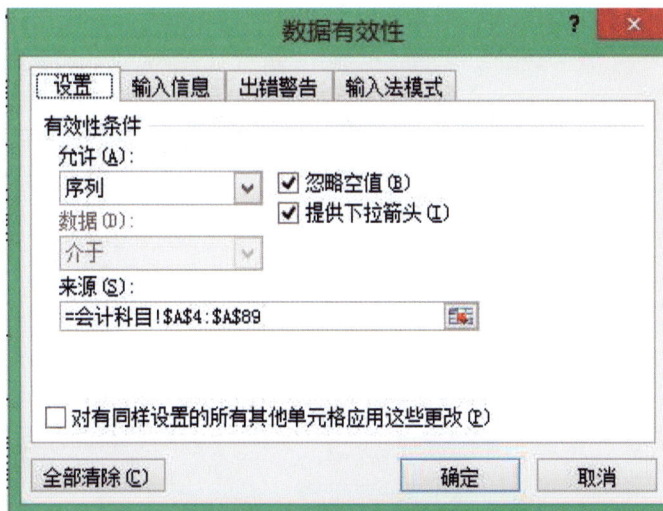

图 6-9　设置数据有效性

③设置 G3 单元格的数据有效性后，将其复制到下方单元格即可，如图 6-10 所示。

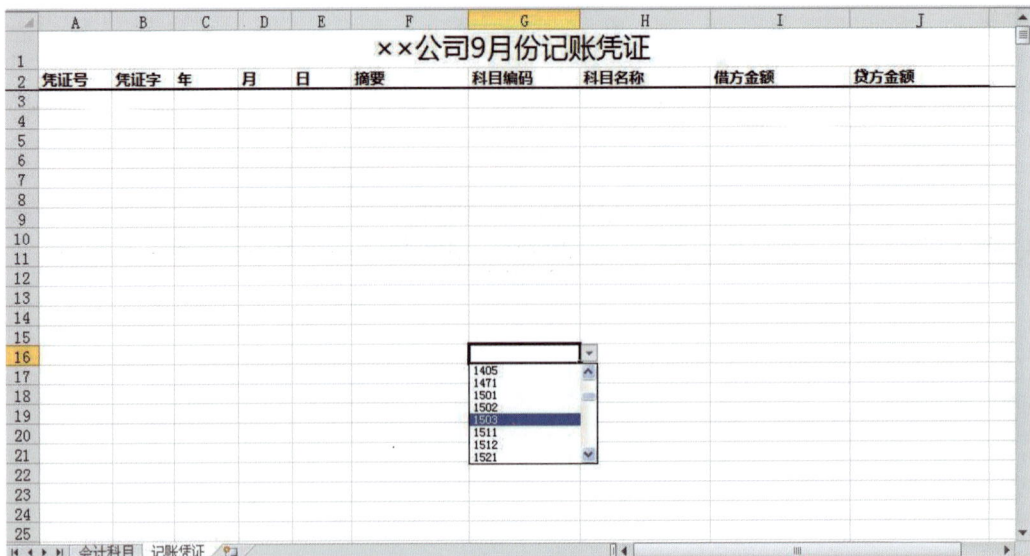

图 6-10 填充 G 列数据有效性

（3）设置根据科目代码返回科目名称。

①选中 H3 单元格，在编辑栏中输入公式"＝IF（G3＜＞""，LOOKUP（G3，会计科目！＄A＄4：＄A＄89，会计科目！＄B＄4：＄B＄89），""）"，按回车键即可，如图 6-11 所示。

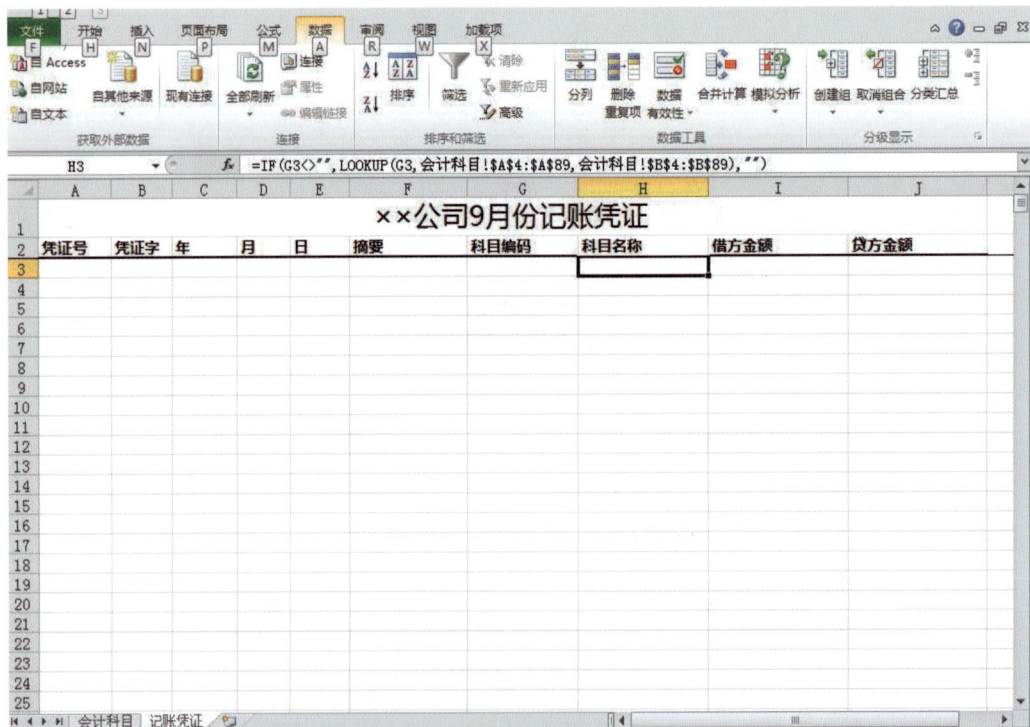

图 6-11 输入 H3 单元格公式

②将 H3 单元格中的公式复制到下方单元格即可。由于使用了 IF 函数作判断，因此即

使未选择科目代码，也不会出现"♯N/A"错误，而一旦选择科目代码，Excel 便自动返回相应的科目名称，如图 6-12 所示。

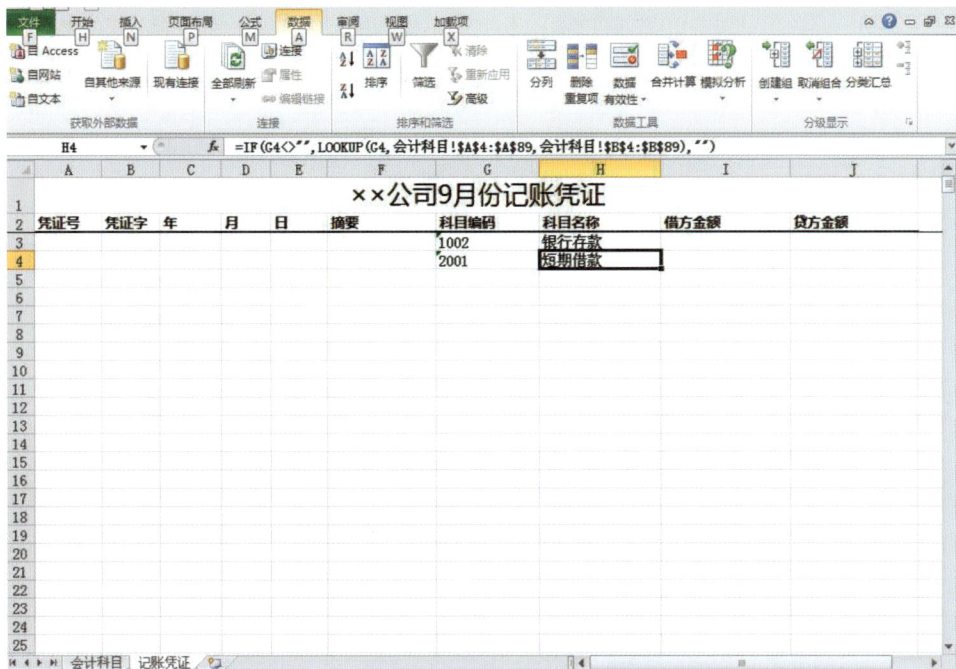

图 6-12　填充 H 列公式

（3）录入记账凭证内容

依次输入每笔经济业务对应的记账凭证内容，并利用条件格式为不同的记账凭证添加边框来划分区域，其具体操作如下：

①在"记账凭证"工作表的 A3:F3 单元格区域中依次输入第一笔经济业务对应的记账凭证内容，包括凭证号、凭证字、年月日和摘要等数据，如图 6-13 所示。

图 6-13　输入借方内容

②选择 G3 单元格，单击右侧出现的下拉按钮，在弹出的下拉列表中选择“1002”代码选项，自动输入对应的会计科目“银行存款”，如图 6-14 所示。

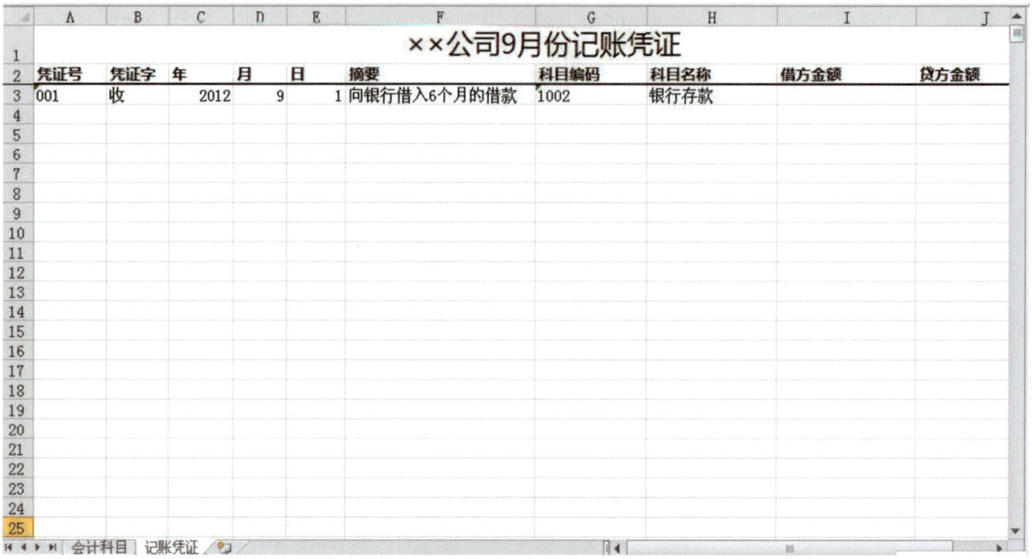

××公司9月份记账凭证

凭证号	凭证字	年	月	日	摘要	科目编码	科目名称	借方金额	贷方金额
001	收	2012	9	1	向银行借入6个月的借款	1002	银行存款		

图 6-14 自动输入借方科目代码和名称

③在 I3 单元格输入具体的借方金额数据，效果如图 6-15 所示。

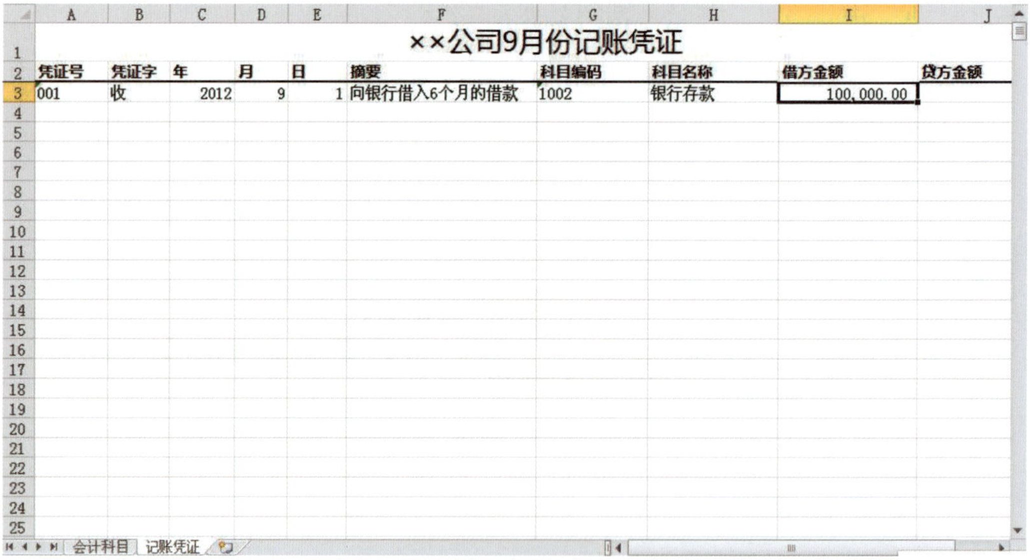

××公司9月份记账凭证

凭证号	凭证字	年	月	日	摘要	科目编码	科目名称	借方金额	贷方金额
001	收	2012	9	1	向银行借入6个月的借款	1002	银行存款	100,000.00	

图 6-15 输入借方金额

④通过复制粘贴的方法快速输入该笔凭证的贷方相同内容，效果如图 6-16 所示。

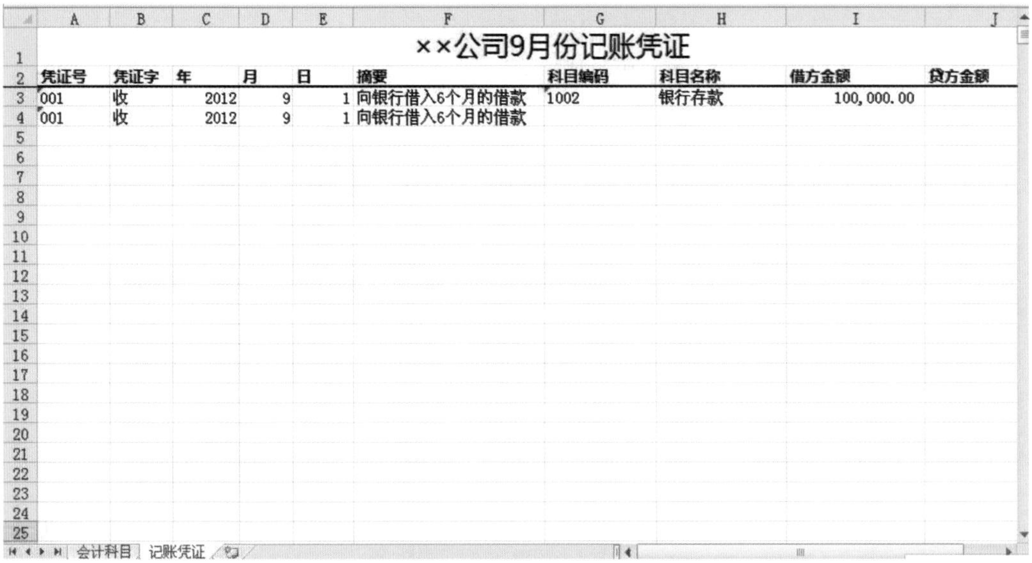

××公司9月份记账凭证

凭证号	凭证字	年	月	日	摘要	科目编码	科目名称	借方金额	贷方金额
001	收	2012	9	1	向银行借入6个月的借款	1002	银行存款	100,000.00	
001	收	2012	9	1	向银行借入6个月的借款				

图 6-16　输入贷方相同内容

⑤在 G4 单元格选择“2001”代码选项,自动输入对应的会计科目“短期借款”,如图 6-17 所示。

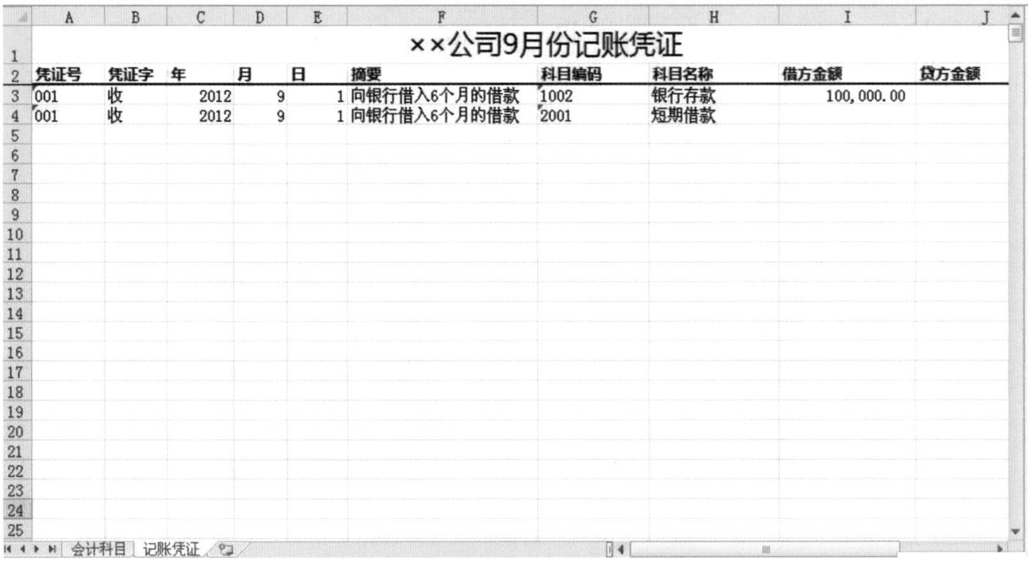

××公司9月份记账凭证

凭证号	凭证字	年	月	日	摘要	科目编码	科目名称	借方金额	贷方金额
001	收	2012	9	1	向银行借入6个月的借款	1002	银行存款	100,000.00	
001	收	2012	9	1	向银行借入6个月的借款	2001	短期借款		

图 6-17　自动输入贷方科目代码和名称

⑥在 J4 单元格中输入相同的贷方金额,如图 6-18 所示。

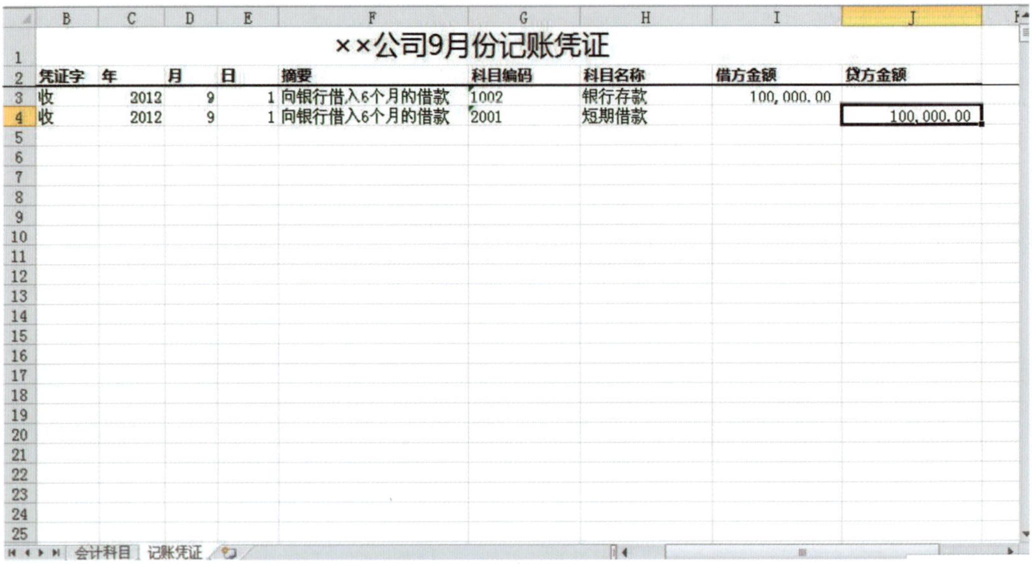

××公司9月份记账凭证

凭证字	年	月	日	摘要	科目编码	科目名称	借方金额	贷方金额
收	2012	9	1	向银行借入6个月的借款	1002	银行存款	100,000.00	
收	2012	9	1	向银行借入6个月的借款	2001	短期借款		100,000.00

图 6-18　输入贷方金额

⑦按照相同的方法依次输入其他经济业务发生的记账凭证数据，如图 6-19 所示。

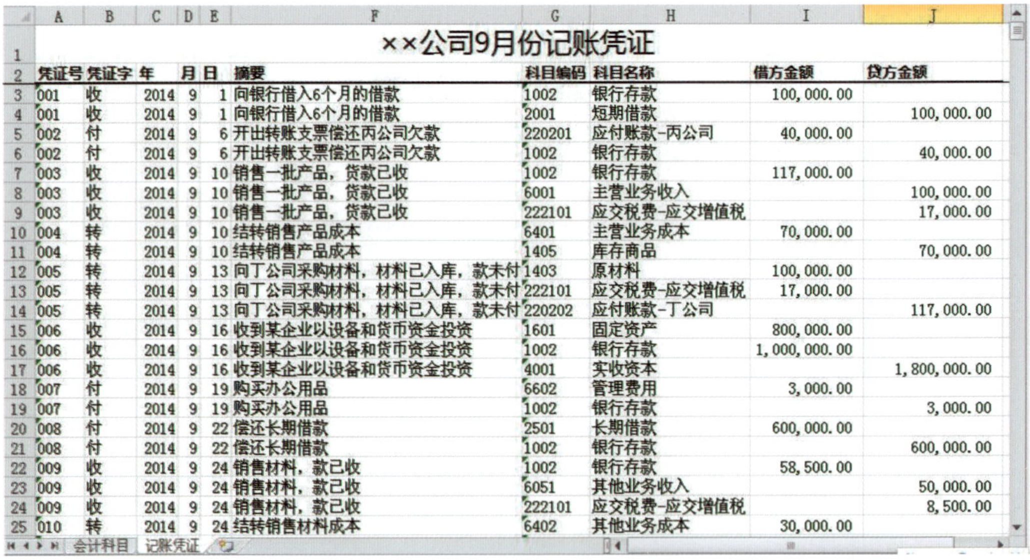

××公司9月份记账凭证

凭证号	凭证字	年	月	日	摘要	科目编码	科目名称	借方金额	贷方金额
001	收	2014	9	1	向银行借入6个月的借款	1002	银行存款	100,000.00	
001	收	2014	9	1	向银行借入6个月的借款	2001	短期借款		100,000.00
002	付	2014	9	6	开出转账支票偿还丙公司欠款	220201	应付账款-丙公司	40,000.00	
002	付	2014	9	6	开出转账支票偿还丙公司欠款	1002	银行存款		40,000.00
003	收	2014	9	10	销售一批产品，货款已收	1002	银行存款	117,000.00	
003	收	2014	9	10	销售一批产品，货款已收	6001	主营业务收入		100,000.00
003	收	2014	9	10	销售一批产品，货款已收	222101	应交税费-应交增值税		17,000.00
004	转	2014	9	10	结转销售产品成本	6401	主营业务成本	70,000.00	
004	转	2014	9	10	结转销售产品成本	1405	库存商品		70,000.00
005	转	2014	9	13	向丁公司采购材料，材料已入库，款未付	1403	原材料	100,000.00	
005	转	2014	9	13	向丁公司采购材料，材料已入库，款未付	222101	应交税费-应交增值税	17,000.00	
005	转	2014	9	13	向丁公司采购材料，材料已入库，款未付	220202	应付账款-丁公司		117,000.00
006	收	2014	9	16	收到某企业以设备和货币资金投资	1601	固定资产	800,000.00	
006	收	2014	9	16	收到某企业以设备和货币资金投资	1002	银行存款	1,000,000.00	
006	收	2014	9	16	收到某企业以设备和货币资金投资	4001	实收资本		1,800,000.00
007	付	2014	9	19	购买办公用品	6602	管理费用	3,000.00	
007	付	2014	9	19	购买办公用品	1002	银行存款		3,000.00
008	付	2014	9	22	偿还长期借款	2501	长期借款	600,000.00	
008	付	2014	9	22	偿还长期借款	1002	银行存款		600,000.00
009	收	2014	9	24	销售材料，款已收	1002	银行存款	58,500.00	
009	收	2014	9	24	销售材料，款已收	6051	其他业务收入		50,000.00
009	收	2014	9	24	销售材料，款已收	222101	应交税费-应交增值税		8,500.00
010	转	2014	9	24	结转销售材料成本	6402	其他业务成本	30,000.00	

图 6-19　录入更多记账凭证数据

⑧选择 A3:J44 单元格区域，在“开始”选项卡“样式”组中单击“条件格式”按钮，在弹出的下拉菜单中选择“新建规则”命令，如图 6-20 所示。

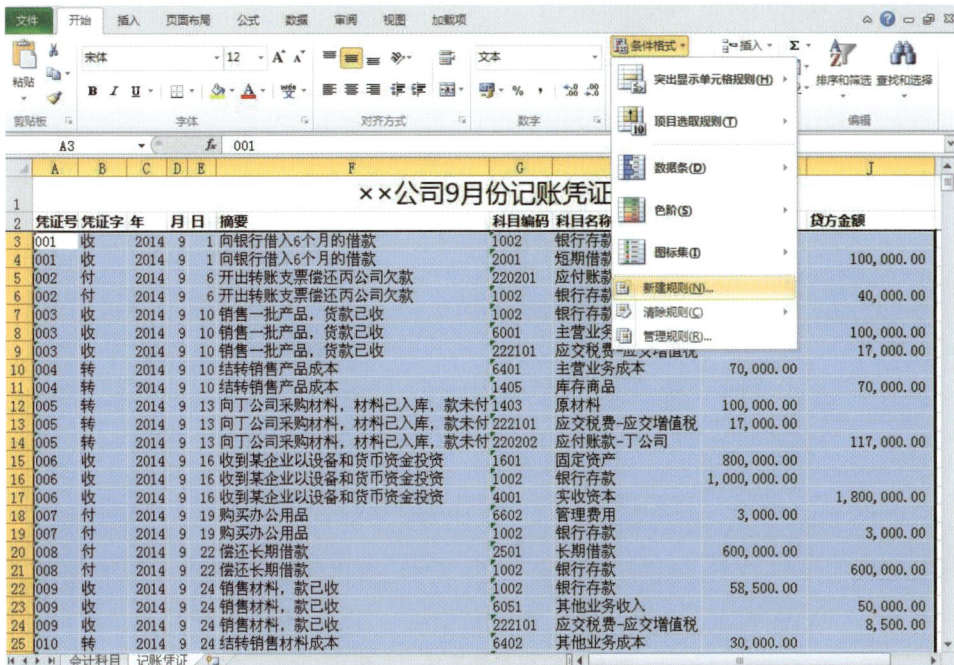

图 6-20　单击"新建规则"按钮

⑨打开"新建格式规则"对话框，在"选择规则类型"列表框中选择"使用公式确定要设置格式的单元格"选项，在下方的文本框中输入"=＄A3＜＞＄A4"，单击"格式"按钮，如图 6-21 所示。

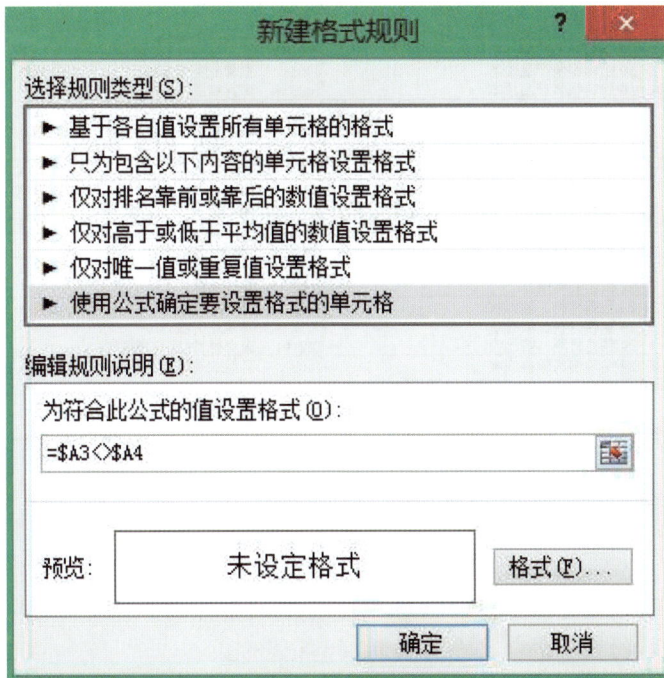

图 6-21　新建条件规则

⑩打开"设置单元格格式"对话框,单击"边框"选项卡,在"样式"列表框中选择实线选项,在预览区中单击表格下边框位置,然后单击"确定"按钮,完成每笔记账凭证的区域划分,如图 6-22、图 6-23 所示。

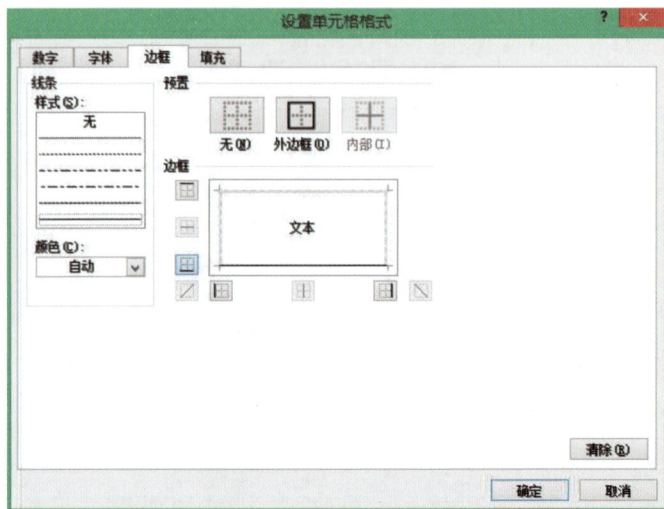

图 6-22 设置条件规则的格式

图 6-23 查看效果

五、技能训练

根据所学知识,以任务 6-1 技能训练中所选取的企业为例,以建立的企业科目表为基础,根据该企业×月份发生的经济业务资料编制记账凭证。

任务 6-3　编制期初余额表

一、任务描述

本任务是以××公司为例，在 Excel 中建立一个期初余额表，有利于后续编制会计账簿和会计报表。

二、任务分析

期初余额的输入分直接输入与汇总两种，如果某一科目还有下级，那么一级科目的余额为下级科目余额的自动汇总数。（建议课时：1 课时）

三、相关知识

总账科目余额＝下级科目余额之和

借方总账科目余额之和＝贷方总账科目余额之和

四、实际操作

（1）打开"总账处理.xlsx"工作簿，将"Sheet3"工作表重命名为"期初余额"，并建立表单基本标识，如图 6-24 所示。

图 6-24　设置期初余额表的基本框架

（2）将"会计科目"表的 A4:B89 单元格内容复制到"期初余额"表的 A3:B88 单元格中，如图 6-25 所示。

	A	B	C	D	E	F	G	H	I
1		××公司2014年9月期初余额							
2	科目编码	科目名称	输入借	输入贷	借方余额	贷方余额			
28	1531	长期应收款							
29	1601	固定资产							
30	1602	累计折旧							
31	1603	固定资产减值准备							
32	1604	在建工程							
33	1605	工程物资							
34	1606	固定资产清理							
35	1701	无形资产							
36	1702	累计摊销							
37	1703	无形资产减值准备							
38	1711	商誉							
39	1801	长期待摊费用							
40	1811	递延所得税资产							
41	1901	待处理财产损溢							
42	2001	短期借款							
43	2201	应付票据							
44	2202	应付账款							
45	220201	应付账款-丙公司							
46	220202	应付账款-丁公司							
47	2203	预收账款							
48	2211	应付职工薪酬							
49	2221	应交税费							
50	222101	应交税费-应交增值税							
51	222102	应交税费-应交消费税							

图 6-25　复制粘贴科目代码和名称

（3）输入 C 列和 D 列的期初数据。根据公司实际业务情况输入期初借、贷方余额。如果某一科目有下级科目，那么只在下级科目登记。如"应收账款"科目分甲公司70 000、乙公司117 000，则直接在 C9、C10 单元格中输入70 000、117 000，C8 应为70 000与117 000之和，暂时不用输入，效果如图 6-26 所示。

	A	B	C	D	E	F	G	H	I
1		××公司2014年9月期初余额							
2	科目编码	科目名称	输入借	输入贷	借方余额	贷方余额			
3	1001	库存现金	5000.00						
4	1002	银行存款	1080000.00						
5	1012	其他货币资金							
6	1101	交易性金融资产							
7	1121	应收票据							
8	1122	应收账款							
9	112201	应收账款-甲公司	70000.00						
10	112202	应收账款-乙公司	117000.00						
11	1123	预付账款							
12	1131	应收股利							
13	1132	应收利息							
14	1221	其他应收款							
15	1231	坏账准备							
16	1401	材料采购							
17	1402	在途物资							
18	1403	原材料	153020.00						
19	1404	材料成本差异							
20	1405	库存商品	175910.00						
21	1471	存货跌价准备							
22	1501	持有至到期投资							
23	1502	持有至到期投资减值准备							
24	1503	可供出售金融资产							
25	1511	长期股权投资							
26	1512	长期股权投资减值准备							

图 6-26　输入 C 列和 D 列的期初数据

（4）将 C3:D88 单元格的内容复制粘贴到 E3:F88 单元格后，一级科目的数据需要通过函数计算求出，如在 E8 单元格区域中输入公式"＝SUM(E9:E10)"，在 F44 单元格区域中输入公式"＝SUM(F45:F46)"，在 F49 单元格区域中输入"＝SUM(F50:F55)"，效果如图 6-27 所示。

	A	B	C	D	E	F	G	H	I
1		×××公司2014年9月期初余额							
2	科目编码	科目名称	输入借	输入贷	借方余额	贷方余额			
3	1001	库存现金	5000.00		5000.00				
4	1002	银行存款	1080000.00		1080000.00				
5	1012	其他货币资金							
6	1101	交易性金融资产							
7	1121	应收票据							
8	1122	应收账款			187000.00				
9	112201	应收账款-甲公司	70000.00		70000.00				
10	112202	应收账款-乙公司	117000.00		117000.00				
11	1123	预付账款							
12	1131	应收股利							
13	1132	应收利息							
14	1221	其他应收款							
15	1231	坏账准备							
16	1401	材料采购							
17	1402	在途物资							
18	1403	原材料	153020.00		153020.00				
19	1404	材料成本差异							
20	1405	库存商品	175910.00		175910.00				
21	1471	存货跌价准备							
22	1501	持有至到期投资							
23	1502	持有至到期投资减值准备							
24	1503	可供出售金融资产							
25	1511	长期股权投资							
26	1512	长期股权投资减值准备							

会计科目 记账凭证 期初余额

图 6-27 计算一级科目的期初余额

五、技能训练

根据所学知识，以任务 6-1 技能训练中所选取的企业为例，建立该企业×月份的期初余额表。

任务 6-4　编制明细账本期发生额及余额明细表

一、任务描述

本任务是根据××公司编制的期初余额表和记账凭证表生成一张明细分类账户本期发生额及余额明细表。

二、任务分析

本任务依次引用期初余额表和本期记账凭证表中的数据,结合 SUMIF、IF、ABS、SUM 等函数来完成明细账本期发生额及余额明细表的编制。(建议课时:1 课时)

三、相关知识

(一)明细账

明细账是按照明细分类账户开设的,能够具体、详细地反映经济活动情况,对总账起辅助和补充作用,同时也为会计报表的编制提供必要的明细资料。

(二)函数的使用

1.SUMIF 函数

SUMIF(range,criteria,sum_range)

根据指定条件对若干单元格求和

√ Range:条件区域,用于条件判断的单元格区域。

√ Criteria:求和条件,由数字、逻辑表达式等组成的条件。

√ Sum_range:实际求和区域,需要求和的单元格、区域或引用。

2.ABS 函数

ABS(number)

返回给定数值的绝对值,即不带符号的数值

四、实际操作

(1)打开"总账处理.xlsx"工作簿,插入一张新工作表,将其重命名为"明细账",并建立表单基本标识,如图 6-28 所示。

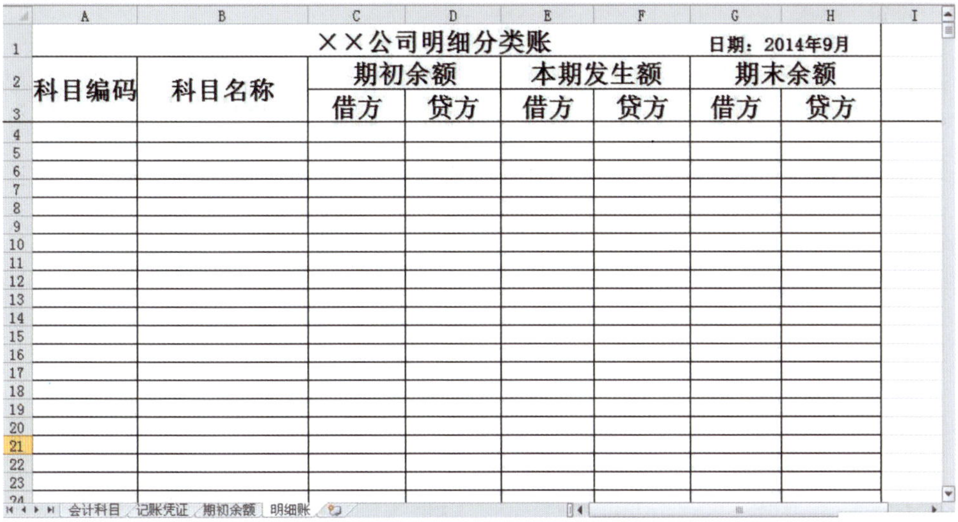

图 6-28　设置明细账的基本框架

（2）将"期初余额"表的 A3:D88 单元格内容复制到"明细账"表的 A4:D89 单元格中，如图 6-29 所示。

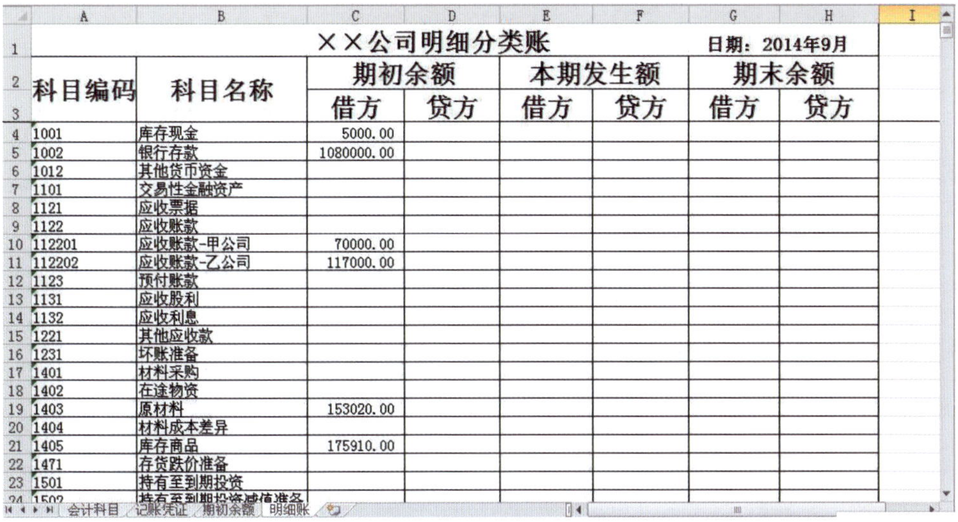

图 6-29　复制粘贴期初余额

（3）计算本月发生额

①选中 E4 单元格，在编辑栏中输入公式"＝SUMIF（记账凭证！＄G＄3：＄G＄44，A4，记账凭证！＄I＄3：＄I＄44）"，按回车键，然后将 E4 单元格向下复制即可快速计算出其他科目的借方发生额，如图 6-30 所示。

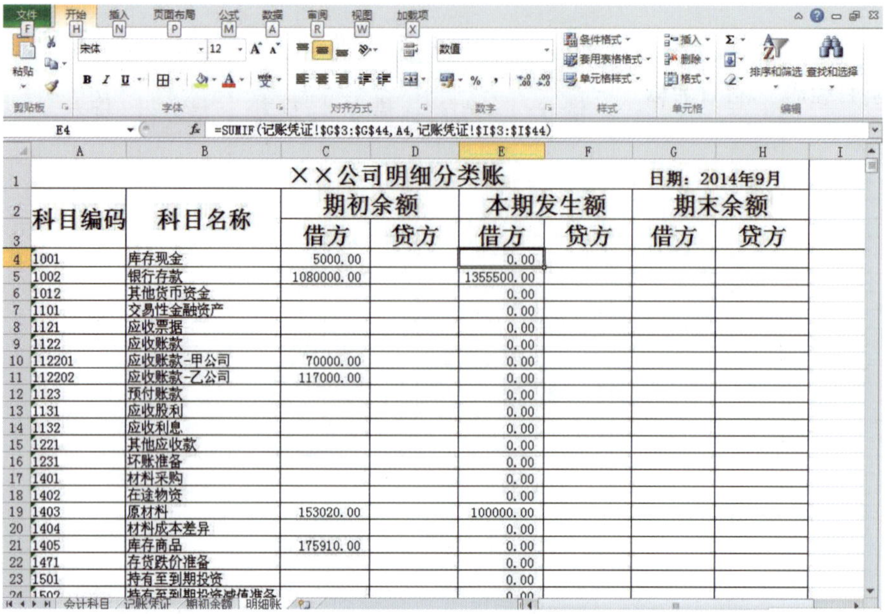

××公司明细分类账						日期：2014年9月	
科目编码	科目名称	期初余额		本期发生额		期末余额	
		借方	贷方	借方	贷方	借方	贷方
1001	库存现金	5000.00		0.00			
1002	银行存款	1080000.00		1355500.00			
1012	其他货币资金			0.00			
1101	交易性金融资产			0.00			
1121	应收票据			0.00			
1122	应收账款			0.00			
112201	应收账款-甲公司	70000.00		0.00			
112202	应收账款-乙公司	117000.00		0.00			
1123	预付账款			0.00			
1131	应收股利			0.00			
1132	应收利息			0.00			
1221	其他应收款			0.00			
1231	坏账准备			0.00			
1401	材料采购			0.00			
1402	在途物资			0.00			
1403	原材料	153020.00		100000.00			
1404	材料成本差异			0.00			
1405	库存商品	175910.00		0.00			
1471	存货跌价准备			0.00			
1501	持有至到期投资			0.00			
1502	持有至到期投资减值准备			0.00			

图 6-30　计算明细账本期借方发生额

②选中 F4 单元格，在编辑栏中输入公式“＝SUMIF(记账凭证！$G$3:$G$44，A4，记账凭证！$J$3:$J$44)”，按回车键，然后将 F4 单元格向下复制即可快速计算出其他科目的贷方发生额，如图 6-31 所示。

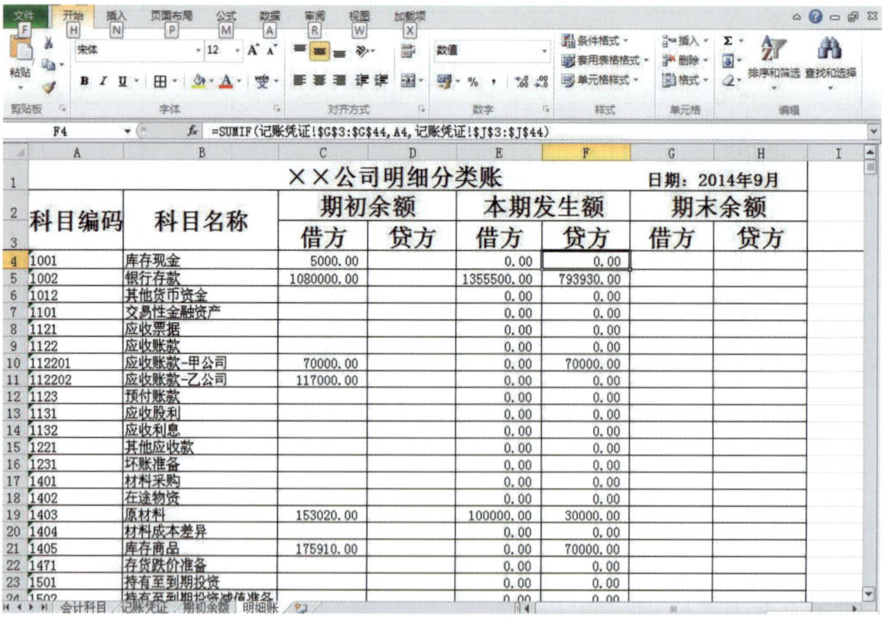

××公司明细分类账						日期：2014年9月	
科目编码	科目名称	期初余额		本期发生额		期末余额	
		借方	贷方	借方	贷方	借方	贷方
1001	库存现金	5000.00		0.00	0.00		
1002	银行存款	1080000.00		1355500.00	793930.00		
1012	其他货币资金			0.00	0.00		
1101	交易性金融资产			0.00	0.00		
1121	应收票据			0.00	0.00		
1122	应收账款			0.00	0.00		
112201	应收账款-甲公司	70000.00		0.00	70000.00		
112202	应收账款-乙公司	117000.00		0.00	0.00		
1123	预付账款			0.00	0.00		
1131	应收股利			0.00	0.00		
1132	应收利息			0.00	0.00		
1221	其他应收款			0.00	0.00		
1231	坏账准备			0.00	0.00		
1401	材料采购			0.00	0.00		
1402	在途物资			0.00	0.00		
1403	原材料	153020.00		100000.00	30000.00		
1404	材料成本差异			0.00	0.00		
1405	库存商品	175910.00		0.00	70000.00		
1471	存货跌价准备			0.00	0.00		
1501	持有至到期投资			0.00	0.00		
1502	持有至到期投资减值准备			0.00	0.00		

图 6-31　计算明细账本期贷方发生额

(4)计算期末余额

①选中 G4 单元格，在编辑栏中输入公式“＝IF(C4－D4＋E4－F4＞＝0，C4－D4＋E4

—F4,0)”，按回车键，然后将 G4 单元格向下复制即可快速计算出其他科目的借方期末余额，如图 6-32 所示。

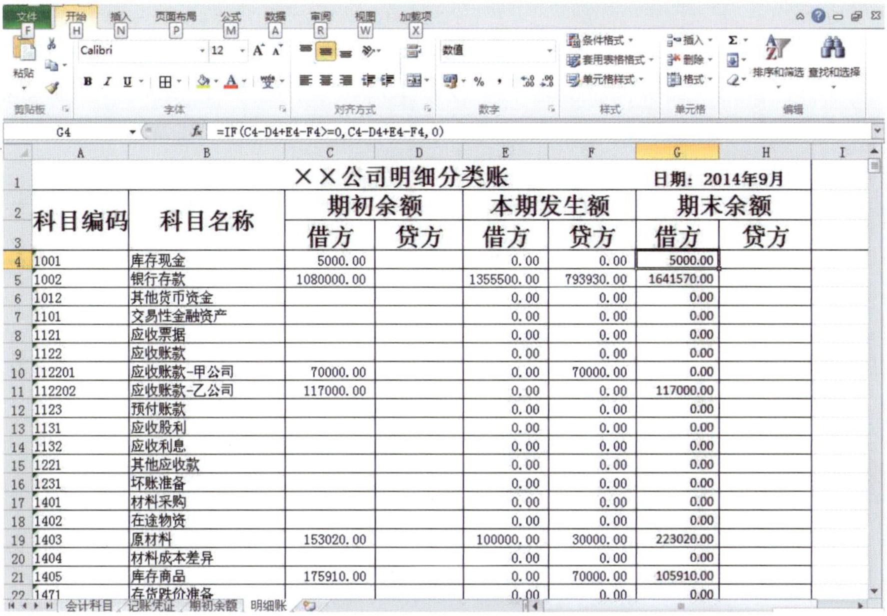

G4 =IF(C4-D4+E4-F4>=0,C4-D4+E4-F4,0)

×× 公司明细分类账 日期：2014年9月

科目编码	科目名称	期初余额		本期发生额		期末余额	
		借方	贷方	借方	贷方	借方	贷方
1001	库存现金	5000.00		0.00	0.00	5000.00	
1002	银行存款	1080000.00		1355500.00	793930.00	1641570.00	
1012	其他货币资金			0.00	0.00	0.00	
1101	交易性金融资产			0.00	0.00	0.00	
1121	应收票据			0.00	0.00	0.00	
1122	应收账款			0.00	0.00	0.00	
112201	应收账款-甲公司	70000.00		0.00	70000.00	0.00	
112202	应收账款-乙公司	117000.00		0.00	0.00	117000.00	
1123	预付账款			0.00	0.00	0.00	
1131	应收股利			0.00	0.00	0.00	
1132	应收利息			0.00	0.00	0.00	
1221	其他应收款			0.00	0.00	0.00	
1231	坏账准备			0.00	0.00	0.00	
1401	材料采购			0.00	0.00	0.00	
1402	在途物资			0.00	0.00	0.00	
1403	原材料	153020.00		100000.00	30000.00	223020.00	
1404	材料成本差异			0.00	0.00	0.00	
1405	库存商品	175910.00		0.00	70000.00	105910.00	
1471	存货跌价准备			0.00	0.00	0.00	

图 6-32　计算明细账期末借方余额

②选中 H4 单元格，在编辑栏中输入公式“=IF(C4—D4+E4—F4<0,ABS(C4—D4+E4—F4),0)”，按回车键，然后将 H4 单元格向下复制即可快速计算出其他科目的贷方期末余额，如图 6-33 所示。

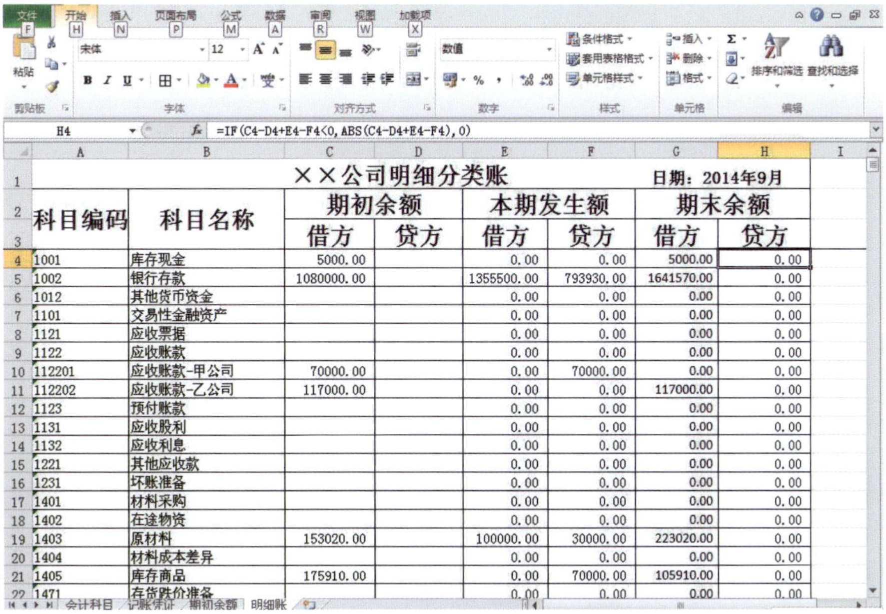

H4 =IF(C4-D4+E4-F4<0,ABS(C4-D4+E4-F4),0)

×× 公司明细分类账 日期：2014年9月

科目编码	科目名称	期初余额		本期发生额		期末余额	
		借方	贷方	借方	贷方	借方	贷方
1001	库存现金	5000.00		0.00	0.00	5000.00	0.00
1002	银行存款	1080000.00		1355500.00	793930.00	1641570.00	0.00
1012	其他货币资金			0.00	0.00	0.00	0.00
1101	交易性金融资产			0.00	0.00	0.00	0.00
1121	应收票据			0.00	0.00	0.00	0.00
1122	应收账款			0.00	0.00	0.00	0.00
112201	应收账款-甲公司	70000.00		0.00	70000.00	0.00	0.00
112202	应收账款-乙公司	117000.00		0.00	0.00	117000.00	0.00
1123	预付账款			0.00	0.00	0.00	0.00
1131	应收股利			0.00	0.00	0.00	0.00
1132	应收利息			0.00	0.00	0.00	0.00
1221	其他应收款			0.00	0.00	0.00	0.00
1231	坏账准备			0.00	0.00	0.00	0.00
1401	材料采购			0.00	0.00	0.00	0.00
1402	在途物资			0.00	0.00	0.00	0.00
1403	原材料	153020.00		100000.00	30000.00	223020.00	0.00
1404	材料成本差异			0.00	0.00	0.00	0.00
1405	库存商品	175910.00		0.00	70000.00	105910.00	0.00
1471	存货跌价准备			0.00	0.00	0.00	0.00

图 6-33　计算明细账期末贷方余额

五、技能训练

根据所学知识,以任务 6-1 技能训练中所选取的企业为例,结合任务 6-1 技能训练所建立的企业科目表、任务 6-2 技能训练所建立的记账凭证表、任务 6-3 技能训练所建立的期初余额表,编制该企业×月份的明细账表。

任务 6-5　编制总账本期发生额及余额表

一、任务描述

本任务是根据××公司编制的期初余额表、明细账表生成一张总分类账户本期发生额及余额表。

二、任务分析

本任务依次引用期初余额表、明细账表的数据，结合 SUMIF、IF、ABS、SUM 等函数来完成总账本期发生额及余额表的编制。（建议课时：2 课时）

三、相关知识

（一）总账

总账是对明细账的汇总，一般不包含二级及以下明细科目，后续编制报表时需要引用总账的数据。

总账处理完毕后，需要计算出所有账户的借方余额合计与贷方余额合计是否相等，以及所有账户的本期借方发生额与合计和本期贷方发生额合计是否相等。如果相等，表示试算平衡；如果不相等，表示账目处理有误，需要重新查账。

（二）函数的使用

LEFT 函数

LEFT(string,n)

用于从一个文本字符串的第一个字符开始返回指定个数的字符

string：字符串表达式，其中最左边的那些字符将被返回

n：数值表达式，指出将返回多少个字符

四、实际操作

1.提取总账科目

(1)将鼠标指针置于工作表"期初余额"的 A2 单元格中，在"开始"选项卡的"编辑"组中单击"排序和筛选"按钮，在弹出的下拉菜单中选择"筛选"命令，如图 6-34 所示。

图 6-34　单击"筛选"按钮

（2）单击待筛选列"科目编码"右侧的下拉按钮，在弹出的下拉菜单中选择"文本筛选/自定义筛选"命令，如图 6-35 所示。

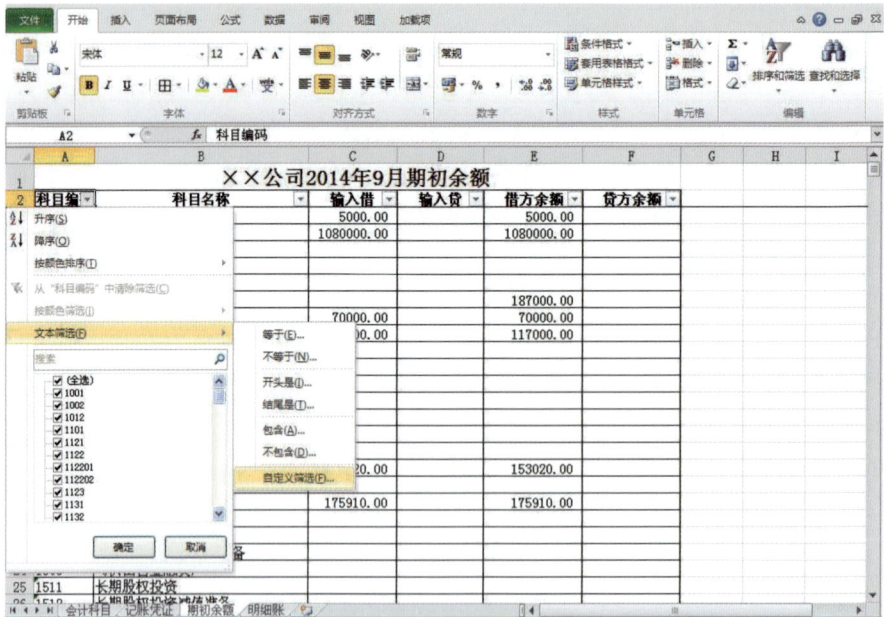

图 6-35　选择"自定义筛选"

（3）弹出"自定义自动筛选方式"对话框，在右侧的文本框中输入"????"，然后单击"确定"按钮，如图 6-36 所示。

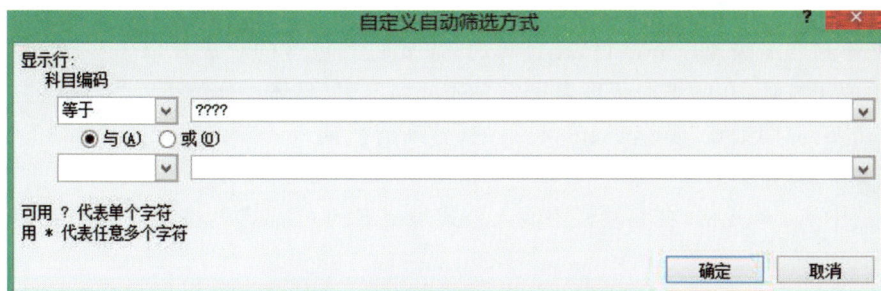

图 6-36 设置会计科目的筛选方式

筛选出的一级会计科目如图 6-37 所示。

图 6-37 筛选出一级会计科目

2.建立总账工作表

插入一张新工作表,将其重命名为"总账",建立表单基本标识,并将筛选出的一级会计科目编码及名称复制过来,然后将相对应的期初余额也复制过来,如图 6-38 所示。

图 6-38 建立总账的科目代码、名称及期初余额

3.在明细账工作表中分列出总账科目

总账不包含二级及以下科目,在计算时,需要将其包含的二级及以下科目的发生额相加。为了便于统计,在明细账工作表中将总账分列出来,具体操作如下:

(1)切换到"明细账"工作表,在"科目编码"列前面插入一新列。合并 A2:A3 单元格区域,输入文字"总账科目"。

(2)选中 A4 单元格,在编辑栏中输入公式"＝LEFT(B4,4)",按回车键得到结果,如图6-39 所示。

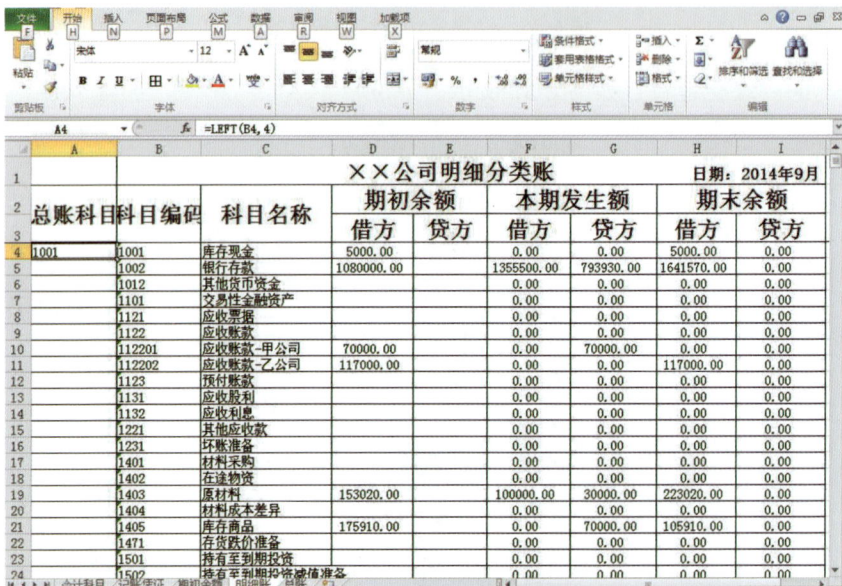

图 6-39 从明细账分列出总账科目

(3)将 A4 单元格向下复制即可得到所有总账科目,如图 6-40 所示。

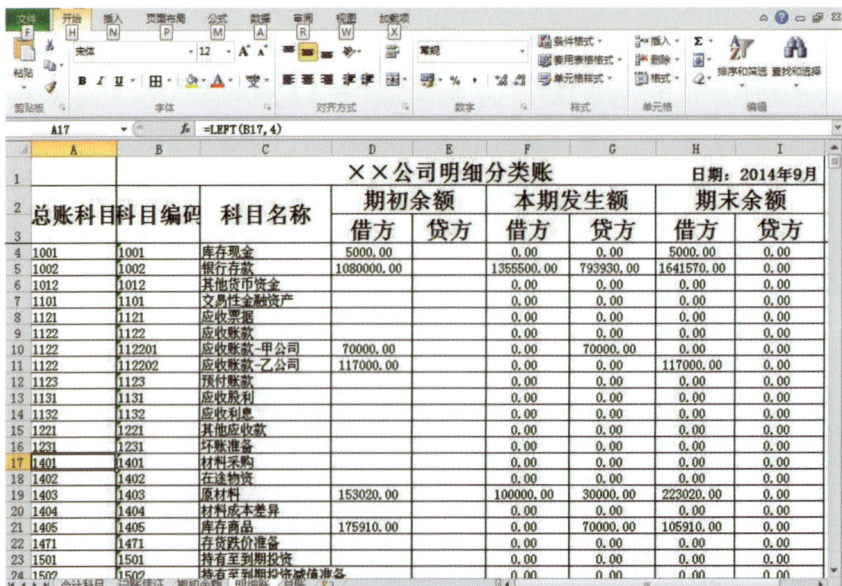

图 6-40 填充从明细账分列出总账科目的公式

4.计算总账本期发生额

(1)切换到"总账"工作表,选中 E4 单元格,在编辑栏中输入公式"=SUMIF(明细账!$A$4:$A$89,A4,明细账!$F$4:$F$89)",按回车键,然后将 E4 单元格向下复制即可快速求出其他科目的借方发生额,如图 6-41 所示。

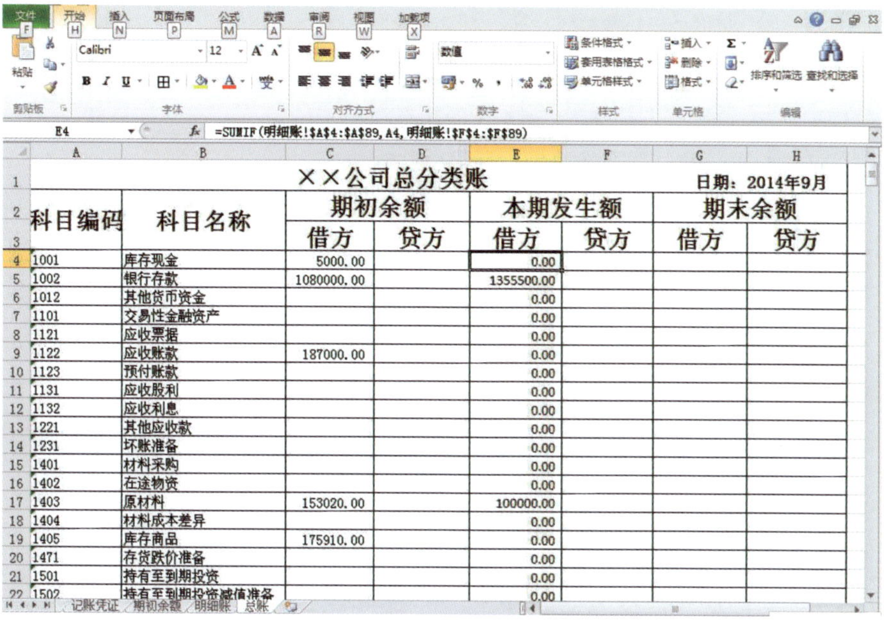

科目编码	科目名称	期初余额 借方	期初余额 贷方	本期发生额 借方	本期发生额 贷方	期末余额 借方	期末余额 贷方
1001	库存现金	5000.00		0.00			
1002	银行存款	1080000.00		1355500.00			
1012	其他货币资金			0.00			
1101	交易性金融资产			0.00			
1121	应收票据			0.00			
1122	应收账款	187000.00		0.00			
1123	预付账款			0.00			
1131	应收股利			0.00			
1132	应收利息			0.00			
1221	其他应收款			0.00			
1231	坏账准备			0.00			
1401	材料采购			0.00			
1402	在途物资			0.00			
1403	原材料	153020.00		100000.00			
1404	材料成本差异			0.00			
1405	库存商品	175910.00		0.00			
1471	存货跌价准备			0.00			
1501	持有至到期投资			0.00			
1502	持有至到期投资减值准备			0.00			

图 6-41 计算总账本期借方发生额

(2)选中 F4 单元格,在编辑栏中输入公式"=SUMIF(明细账!$A$4:$A$89,A4,明细账!$G$4:$G$89)",按回车键,然后将 F4 单元格向下复制即可快速计算出其他科目的贷方发生额,如图 6-42 所示。

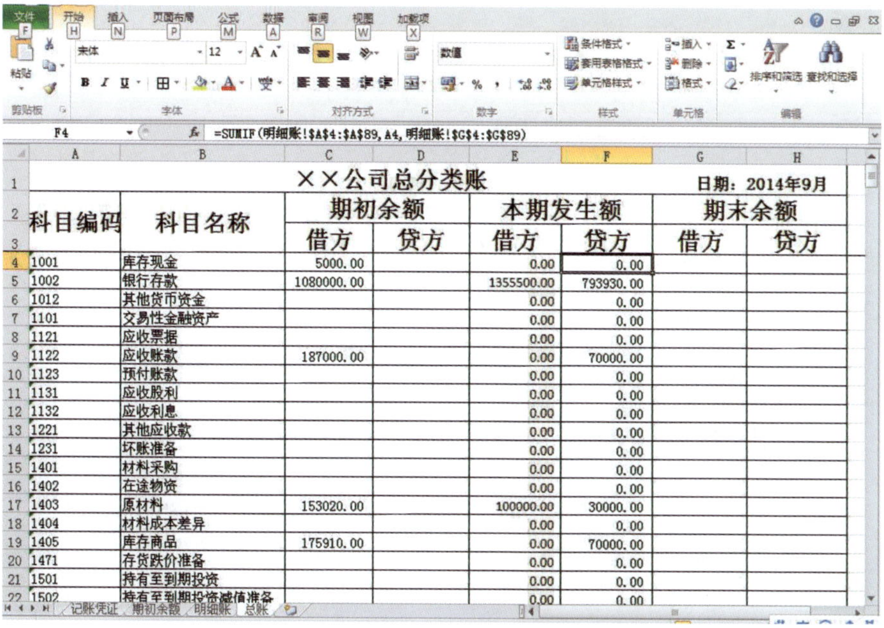

科目编码	科目名称	期初余额 借方	期初余额 贷方	本期发生额 借方	本期发生额 贷方	期末余额 借方	期末余额 贷方
1001	库存现金	5000.00		0.00	0.00		
1002	银行存款	1080000.00		1355500.00	793930.00		
1012	其他货币资金			0.00	0.00		
1101	交易性金融资产			0.00	0.00		
1121	应收票据			0.00	0.00		
1122	应收账款	187000.00		0.00	70000.00		
1123	预付账款			0.00	0.00		
1131	应收股利			0.00	0.00		
1132	应收利息			0.00	0.00		
1221	其他应收款			0.00	0.00		
1231	坏账准备			0.00	0.00		
1401	材料采购			0.00	0.00		
1402	在途物资			0.00	0.00		
1403	原材料	153020.00		100000.00	30000.00		
1404	材料成本差异			0.00	0.00		
1405	库存商品	175910.00		0.00	70000.00		
1471	存货跌价准备			0.00	0.00		
1501	持有至到期投资			0.00	0.00		
1502	持有至到期投资减值准备			0.00	0.00		

图 6-42 计算总账本期贷方发生额

5.计算总账期末余额

(1)选中 G4 单元格,在编辑栏中输入公式“=IF(C4－D4＋E4－F4＞＝0,C4－D4＋E4－F4,0)”,按回车键,然后将 G4 单元格向下复制即可快速计算出其他科目的借方期末余额,如图 6-43 所示。

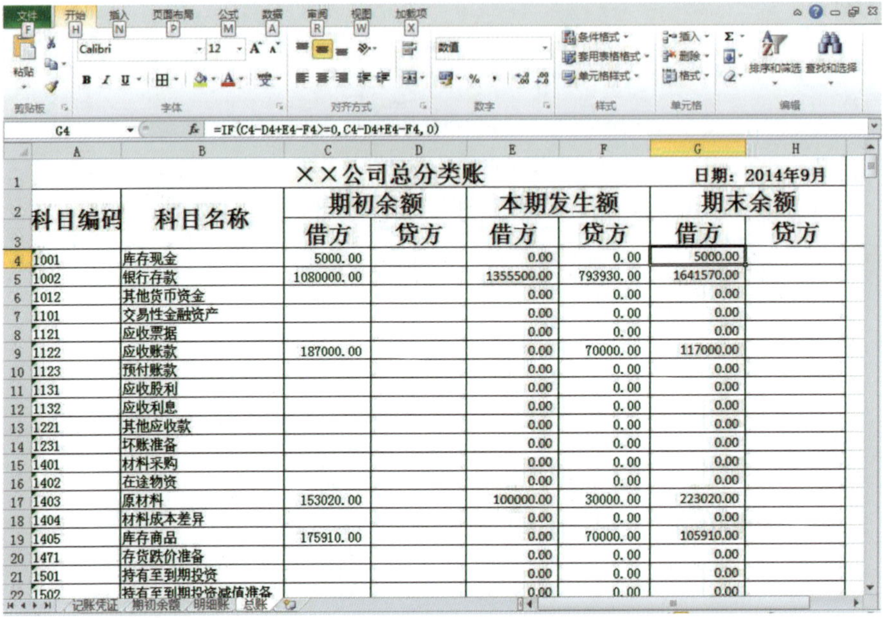

1			××公司总分类账				日期：2014年9月	
2	科目编码	科目名称	期初余额		本期发生额		期末余额	
3			借方	贷方	借方	贷方	借方	贷方
4	1001	库存现金	5000.00		0.00	0.00	5000.00	
5	1002	银行存款	1080000.00		1355500.00	793930.00	1641570.00	
6	1012	其他货币资金			0.00	0.00	0.00	
7	1101	交易性金融资产			0.00	0.00	0.00	
8	1121	应收票据			0.00	0.00	0.00	
9	1122	应收账款	187000.00		0.00	70000.00	117000.00	
10	1123	预付账款			0.00	0.00	0.00	
11	1131	应收股利			0.00	0.00	0.00	
12	1132	应收利息			0.00	0.00	0.00	
13	1221	其他应收款			0.00	0.00	0.00	
14	1231	坏账准备			0.00	0.00	0.00	
15	1401	材料采购			0.00	0.00	0.00	
16	1402	在途物资			0.00	0.00	0.00	
17	1403	原材料	153020.00		100000.00	30000.00	223020.00	
18	1404	材料成本差异			0.00	0.00	0.00	
19	1405	库存商品	175910.00		0.00	70000.00	105910.00	
20	1471	存货跌价准备			0.00	0.00	0.00	
21	1501	持有至到期投资			0.00	0.00	0.00	
22	1502	持有至到期投资减值准备			0.00	0.00	0.00	

图 6-43 计算总账期末借方余额

(2)选中 H4 单元格,在编辑栏中输入公式“=IF(C4－D4＋E4－F4＜0,ABS(C4－D4＋E4－F4),0)”,按回车键,然后将 H4 单元格向下复制即可快速计算出其他科目的贷方期末余额,如图 6-44 所示。

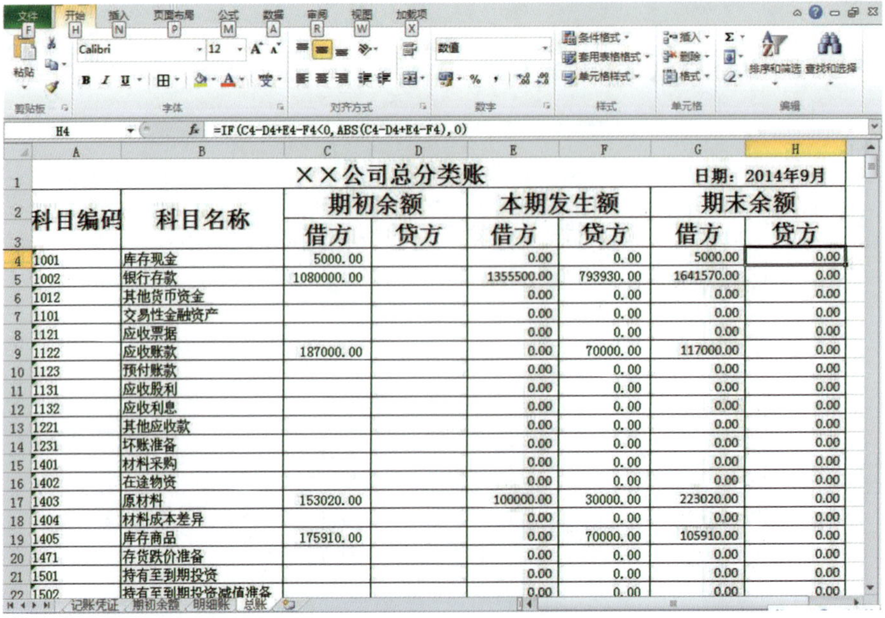

1			××公司总分类账				日期：2014年9月	
2	科目编码	科目名称	期初余额		本期发生额		期末余额	
3			借方	贷方	借方	贷方	借方	贷方
4	1001	库存现金	5000.00		0.00	0.00	5000.00	0.00
5	1002	银行存款	1080000.00		1355500.00	793930.00	1641570.00	0.00
6	1012	其他货币资金			0.00	0.00	0.00	0.00
7	1101	交易性金融资产			0.00	0.00	0.00	0.00
8	1121	应收票据			0.00	0.00	0.00	0.00
9	1122	应收账款	187000.00		0.00	70000.00	117000.00	0.00
10	1123	预付账款			0.00	0.00	0.00	0.00
11	1131	应收股利			0.00	0.00	0.00	0.00
12	1132	应收利息			0.00	0.00	0.00	0.00
13	1221	其他应收款			0.00	0.00	0.00	0.00
14	1231	坏账准备			0.00	0.00	0.00	0.00
15	1401	材料采购			0.00	0.00	0.00	0.00
16	1402	在途物资			0.00	0.00	0.00	0.00
17	1403	原材料	153020.00		100000.00	30000.00	223020.00	0.00
18	1404	材料成本差异			0.00	0.00	0.00	0.00
19	1405	库存商品	175910.00		0.00	70000.00	105910.00	0.00
20	1471	存货跌价准备			0.00	0.00	0.00	0.00
21	1501	持有至到期投资			0.00	0.00	0.00	0.00
22	1502	持有至到期投资减值准备			0.00	0.00	0.00	0.00

图 6-44 计算总账期末贷方余额

6.进行试算平衡

（1）设置窗口冻结。选择要冻结窗格的下一行，即第 4 行，在"视图"选项卡的"窗口"组中单击"冻结窗格"按钮，在弹出的下拉菜单中选择"冻结拆分窗格"命令，如图 6-45 所示。

图 6-45　设置总账窗口冻结

（2）将 A80:B80 单元格区域合并及居中，在此输入"合计"。选中 C80 单元格，在编辑栏中输入公式"=SUM(C4:C79)"，按回车键，然后将 C80 向右复制到 H80 即可，效果如图 6-46 所示。

从图 6-46 可以看出，期初借方余额合计等于期初贷方余额合计，本期借方发生额合计等于本期贷方发生额合计，期末借方余额合计等于期末贷方余额合计，表示试算平衡。

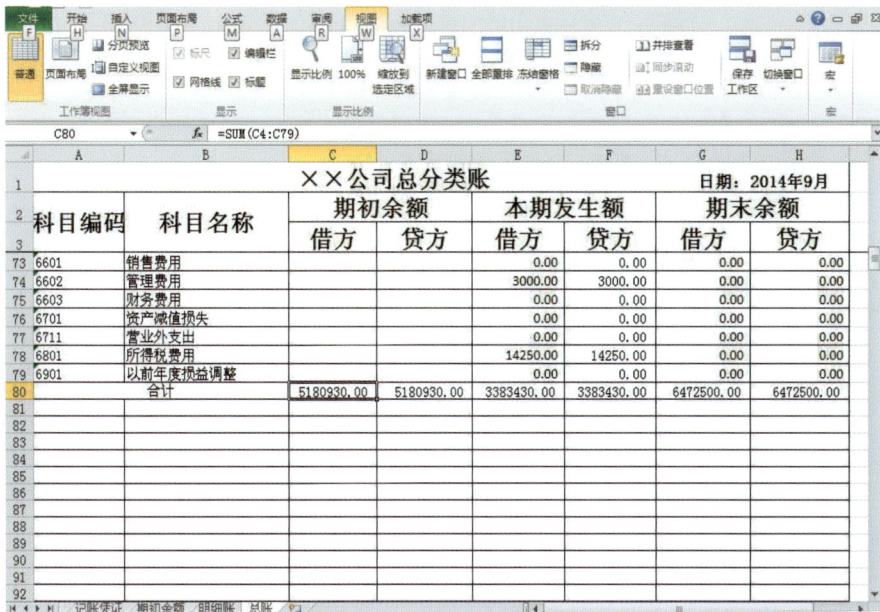

图 6-46　对总账进行试算平衡

五、技能训练

根据所学知识,以任务 6-1 技能训练中所选取的企业为例,结合任务 6-1 技能训练所建立的企业科目表、任务 6-2 技能训练所建立的记账凭证表、任务 6-3 技能训练所建立的期初余额表、任务 6-4 技能训练所建立的明细账表,编制该企业×月份的总账表。

任务 6-6　编制财务报表

一、任务描述

本任务包含两个子任务：第一是对企业资产负债表的格式、内容及其信息数据进行基本操作；第二是编制一个多步式利润表，将不同性质的收入和费用类别进行对比。

二、任务分析

财务报表是企业对日常会计记录的经济业务资料定期进行加工、整理和汇总，形成的一个完整的经济体系，是企业会计核算的最终成果。本任务将根据财务报表反映的经济内容不同，分别制作反映财务状况的资产负债表和反映经营成果的利润表。

资产负债表是根据"资产＝负债＋所有者权益"这个公式所反映的经济内容设计的，它是从资产与负债及所有者权益两个方面进行列示的报表。因此，在制作资产负债表时，首先应将发生的经济业务从资产与负债及所有者权益两个方面进行整理，获得资产负债表的原始数据，然后引用并计算出资产与负债及所有者权益的期初与期末数。

利润表是根据"收入－费用＝利润"这个公式所反映的经济内容设计的，在编制利润表时，首先须将本期的发生额引用到相应的单元格中，然后计算"本月数"和"本年累计数"。（建议课时：2 课时）

三、相关知识

（一）资产负债表

1.资产负债表的概念

资产负债表是反映企业在某一特定日期财务状况的会计报表。它反映企业在特定日期所拥有或控制的经济资源、所承担的现时义务和所有者对净资产的要求权。

2.资产负债表模块的列示

3.资产负债表的基本格式和内容

资产负债表分为表头和表体两个部分。

表头：报表的标题、报表的编号、编制单位、编制日期及计量单位等，报表的时间应该为某年某月某日。

表体：表体部分一般为账户式，资产负债表的左部为资产模块，右部为负债及所有者权益模块。

排列：编制资产负债表时，模块的排列顺序主要按模块的流动性排列。（流动性由强到弱进行排列）

4.资产负债表的编制方法

资产负债表内"年初数"栏内各项数字，应根据上年末资产负债表中"期末数"栏内所列数填列，"期末数"栏内各模块金额的填列由于资产负债表模块与账簿记录不完全一样，所以具体编制时可分为以下几种情况：

（1）直接根据总账科目的余额填列。

例如："交易性金融资产"、"短期借款"、"应付票据"、"应付职工薪酬"等模块。

（2）根据几个总账科目的余额计算填列。

例如："货币资金"＝"库存现金"＋"银行存款"＋"其他货币资金"

"存货"＝"在途物资"＋"原材料"＋"库存商品"＋"生产成本"

（3）根据有关明细科目的余额计算填列。

应付账款所属明细账户期末贷方余额之和＋预付账款所属明细账户期末贷方余额之和＝"应付账款"模块

应收账款所属明细账户期末借方余额之和＋预收账款所属明细账户期末借方余额之和－坏账准备期末贷方余额＝"应收账款"模块

预付账款所属明细账户期末借方余额之和＋应付账款所属明细账户期末借方余额之和＝"预付账款"模块

预收账款所属明细账户期末贷方余额之和＋应收账款所属明细账户期末贷方余额之和＝"预收账款"模块

（4）根据总账科目和明细科目的余额进行分析填列。

例如："长期借款"模块中，本模块反映的是企业借入归还期在一年以上（不含1年）的借款。那么，将在1年内（含1年）归还的长期借款，其性质已经转化成了流动负债，就不能填列在本模块中，而应转入流动负债的"一年内到期的非流动负债"模块填列。

（5）根据总账科目与其备抵科目抵消后的净额填列。

例如："固定资产"＝固定资产总分类账户期末借方余额—

累计折旧期末贷方余额—固定资产减值准备期末贷方余额

"无形资产"＝无形资产总分类账户期末借方余额—

累计摊销期末贷方余额—无形资产减值准备期末贷方余额

（二）利润表

1.利润表的概念

利润表是反映企业在一定会计期间经营成果的会计报表。

2.利润表的列报格式

利润表采用多步式列报利润表，将不同性质的收入和费用类别进行对比，从而可以得出一些中间性的利润数据，以便于使用者理解企业经营成果的不同来源。

3.利润表计算企业净利润的步骤

(1)营业利润＝营业收入－营业成本－营业税金及附加－财务费用－销售费用－管理费用－资产减值损失＋公允价值变动净收益＋投资净收益

(2)利润总额＝营业利润＋营业外收入－营业外支出

(3)净利润＝利润总额－所得税

4.利润表的编制

"本期金额"栏反映各模块的本期实际发生数。

"上期金额"栏：如果上年度利润表的模块名称和内容与本年度利润表不相一致，应对上年度利润表模块的名称和数字按本年度的规定进行调整，然后填入报表中。

报表中的各模块主要根据各损益类科目的本期发生额分析填列。

四、实际操作

(一)编制资产负债表

(1)打开"总账处理.xlsx"工作簿，插入一张新工作表，重命名为"资产负债表"。

(2)资产负债表格式的设置。

在"资产负债表"的A1单元格输入表头"资产负债表"，然后选中A1至H1，设置合并及居中。在A3单元格中输入"编制单位：××公司"。在E3单元格中输入"2014年9月30日"。在H2单元格中输入"会企01表"。在H3单元格中输入"单位：元"。在A4至H37单元格中分别输入模块名称及行次。效果如图6-47所示。

	A	B	C	D	E	F	G	H
1					资产负债表			
2								会企01表
3	编制单位：××公司				2014年9月30日			单位：元
4	资　产	行次	年初余额	期末余额	负债和所有者权益	行次	年初余额	期末余额
5	流动资产：				流动负债：			
6	货币资金	1			短期借款	29		
7	交易性金融资产	2			应付票据	30		
8	应收票据	3			应付账款	31		
9	应收账款	4			预收账款	32		
10	预付账款	5			应付职工薪酬	33		
11	应收利息	6			应交税费	34		
12	应收股利	7			应付利息	35		
13	其他应收款	8			应付股利	36		
14	存货	9			其他应付款	37		
15	一年内到期的非流动资产	10			一年内到期的非流动负债	38		
16	其他流动资产	11			其他流动负债	39		
17	流动资产合计	12			流动负债合计	40		
18	非流动资产：				非流动负债：			
19	可供出售金融资产	13			长期借款	41		
20	持有至到期投资	14			应付债券	42		
21	长期应收款	15			长期应付款	43		
22	长期股权投资	16			专项应付款	44		
23	投资性房地产	17			预计负债	45		
24	固定资产	18			递延所得税负债	46		
25	在建工程	19			其他非流动负债	47		
26	工程物资	20			非流动负债合计	48		

图 6-47　建立资产负债表的基本框架

(3)数据的填制

①年初余额的填制

"年初余额"按照上年的资产负债表中的数据进行填充。

②期末余额的填制

资产负债表重难点模块的计算方法：

货币资金＝库存现金＋银行存款＋其他货币资金

存货＝原材料＋库存商品＋在途物资＋生产成本＋周转材料－存货跌价准备

固定资产(净值)＝固定资产－累计折旧－固定资产减值准备

应收账款＝应收账款借方＋预收账款借方－坏账准备

预付账款＝预付账款借方＋应付账款借方

预收账款＝应收账款贷方＋预收账款贷方

应付账款＝应付账款贷方＋预付账款贷方

未分配利润＝本年利润＋利润分配

"期末余额"可以以链接数据的方式引用"总账"表中相关的数据，在"期末余额"列的相关单元格输入公式，公式设置如图 6-48。

单元格	公式	单元格	公式
D6	=SUM(总账!G4:G6)	H6	=总账!H41
D7	=总账!G7	H7	=总账!H42
D8	=总账!G8	H8	=总账!H43+总账!H10
D9	=总账!G9-总账!H14+总账!G44	H9	=总账!H44+总账!H9
D10	=总账!G10+总账!G43	H10	=总账!H45
D11	=总账!G12	H11	=总账!H46
D12	=总账!G11	H12	=总账!H47
D13	=总账!G13	H13	=总账!H48
D14	=总账!G16+总账!G17+总账!G19+总账!G61-总账!H20	H14	=总账!H49
D17	=SUM(D6:D16)	H17	=SUM(H6:H16)
D19	=总账!G23	H19	=总账!H50
D20	=总账!G21-总账!H22	H20	=总账!H51
D21	=总账!G27	H21	=总账!H52
D22	=总账!G24-总账!H25	H22	=总账!H53
D23	=总账!G26	H23	=总账!H54
D24	=总账!G28-总账!H29-总账!H30	H24	=总账!H55
D25	=总账!G31	H26	=SUM(H19:H25)
D26	=总账!G32	H27	=H17+H26
D27	=总账!G33	H29	=总账!H56
D28	=总账!G34-总账!H35-总账!H36	H30	=总账!H57
D29	=总账!G37	H31	=总账!H58
D30	=总账!G38	H32	=总账!H60+总账!H59
D31	=总账!G38	H33	=SUM(H29:H32)
D33	=SUM(D19:D32)	H35	=H27+H33
D35	=D17+D33		

图 6-48　设置资产负债表期末余额的公式

公式输入完毕，资产负债表最终结果如图 6-49 所示。

资 产	行次	年初余额	期末余额	负债和所有者权益	行次	年初余额	期末余额
流动资产：				流动负债：			
货币资金	1	1182000.00	1666570.00	短期借款	29	30000.00	170000.00
交易性金融资产	2	15000.00	0.00	应付票据	30	0.00	0.00
应收票据	3	60000.00	0.00	应付账款	31	106500.00	117000.00
应收账款	4	199100.00	117000.00	预收账款	32	0.00	0.00
预付账款	5	0.00	0.00	应付职工薪酬	33	110000.00	0.00
应收利息	6	0.00	0.00	应交税费	34	37600.00	62750.00
应收股利	7	0.00	0.00	应付利息	35	0.00	0.00
其他应收款	8	5000.00	0.00	应付股利	36	0.00	0.00
存货	9	238000.00	328930.00	其他应付款	37	10000.00	0.00
一年内到期的非流动资产	10	0.00	0.00	一年内到期的非流动负债	38	0.00	0.00
其他流动资产	11	0.00	0.00	其他流动负债	39	0.00	0.00
流动资产合计	12	1699100.00	2112500.00	**流动负债合计**	40	294100.00	349750.00
非流动资产：				非流动负债：			
可供出售金融资产	13	0.00	0.00	长期借款	41	600000.00	0.00
持有至到期投资	14	0.00	0.00	应付债券	42	0.00	0.00
长期应收款	15	25000.00	0.00	长期应付款	43	0.00	0.00
长期股权投资	16	0.00	0.00	专项应付款	44	0.00	0.00
投资性房地产	17	0.00	0.00	预计负债	45	0.00	0.00
固定资产	18	3080000.00	4080000.00	递延所得税负债	46	0.00	0.00
在建工程	19	500000.00	0.00	其他非流动负债	47	0.00	0.00
工程物资	20	0.00	0.00	**非流动负债合计**	48	6000000.00	

图 6-49　查看资产负债表效果

（二）编制利润表

（1）打开"总账处理.xlsx"工作簿，插入一张新工作表，重命名为"利润表"。

（2）利润表格式的设置。

"利润表"的 A1 单元格中输入表头"利润表"，然后选中 A1 至 D1，设置合并且居中。在 A3 单元格中输入"编制单位：××公司"；在 B3 单元格中输入"2014 年 9 月"；在 D2 单元格中输入"会企 02 表"；在 D3 单元格中输入"单位：元"。在 A4 至 D24 单元格中输入模块名称及行次。效果如图 6-50 所示。

	A	B	C	D	E	F	G	H
1		利润表						
2				会企02表				
3	编制单位：××公司	2014年9月		单位：元				
4	项目	行次	本期金额	上期金额				
5	一、营业收入	1						
6	减：营业成本	2						
7	营业税金及附加	3						
8	减：销售费用	4						
9	管理费用	5						
10	财务费用	6						
11	资产减值损失	7						
12	加：公允价值变动收益（损失以"－"号填列）	8						
13	投资收益（损失以"－"号填列）	9						
14	二、营业利润（亏损以"－"号填列）	10						
15	加：营业外收入	11						
16	减：营业外支出	12						
17	三、利润总额（亏损总额以"－"号填列）	13						
18	减：所得税费用	14						
19	四、净利润（净亏损以"－"号填列）	15						
20	五、每股收益							
21	（一）基本每股收益							
22	（二）稀释每股收益							
23	六、其他综合收益							
24	七、综合收益总额							
25								
26								

会计科目 记账凭证 期初余额 明细账 总账 资产负债表 利润表

图 6-50　建立利润表的基本框架

（3）数据的填制

①上期金额的填制

"上期金额"可以按上期的数据进行填充。将上期利润表的数据复制到本期利润表中"上期余额"相关单元格中。

②本期金额的填制

利润表重点模块的计算方法如下：

营业利润＝营业收入－营业成本－营业税金及附加－销售费用－管理费用－财务费用－资产减值损失＋公允价值变动收益（除去公允价值变动损失）＋投资收益（除去投资损失）

其中：营业收入＝主营业务收入＋其他业务收入

营业成本＝主营业务成本＋其他业务成本

利润总额＝营业利润＋营业外收入－营业外支出

净利润＝利润总额－所得税费用

"本期金额"可以以数据链接方式引用"总账"表中的相关数据，在利润表的相关单元格输入公式（注意：利润表中本期没有发生的模块，不定义该模块的本期金额公式），公式设置如图 6-51 所示。

单元格	公式
C5	=总账!F65+总账!F66
C6	=总账!E70+总账!E71
C9	=总账!E74
C14	=C5−C6−C7−C8−C9−C10−C11+C12+C13
C15	=总账!F69
C17	=C14+C15−C16
C18	=总账!E78
C19	=C17−C18

图 6-51　设置利润表本期金额的公式

数据填制完毕后,利润表最终结果如图 6-52 所示。

	A	B	C	D	E	F	G	H
1			利润表					
2				会企02表				
3	编制单位:××公司		2014年9月	单位:元				
4	项目	行次	本期金额	上期金额				
5	一、营业收入	1	150000.00	260000.00				
6	减:营业成本	2	100000.00	200000.00				
7	营业税金及附加	3	0.00	5000.00				
8	减:销售费用	4	0.00	10000.00				
9	管理费用	5	3000.00	8000.00				
10	财务费用	6	0.00	3000.00				
11	资产减值损失	7	0.00	0.00				
12	加:公允价值变动收益(损失以"−"号填列)	8	0.00	0.00				
13	投资收益(损失以"−"号填列)	9	0.00	20000.00				
14	二、营业利润(亏损以"−"号填列)	10	47000.00	540000.00				
15	加:营业外收入	11	10000.00	0.00				
16	减:营业外支出	12	0.00	0.00				
17	三、利润总额(亏损总额以"−"号填列)	13	57000.00	54000.00				
18	减:所得税费用	14	14250.00	13500.00				
19	四、净利润(净亏损以"−"号填列)	15	42750.00	40500.00				
20	五、每股收益							
21	(一)基本每股收益							
22	(二)稀释每股收益							
23	六、其他综合收益							
24	七、综合收益总额							
25								
26								

会计科目　记账凭证　期初余额　明细账　总账　资产负债表　利润表

图 6-52　查看利润表效果

五、技能训练

根据所学知识,以任务 6-1 技能训练中所选取的企业为例,结合任务 6-1 技能训练所建立的企业科目表、任务 6-2 技能训练所建立的记账凭证表、任务 6-3 技能训练所建立的期初余额、任务 6-4 技能训练所建立的明细账表以及任务 6-5 技能训练所建立的总账表,编制该企业×月份的资产负债表和利润表。

任务 6-7　进行财务分析

一、任务描述

本任务是对××公司的资产负债表和利润表进行比率分析,从而对××公司的财务状况和经营成果有更清晰的认识。

二、任务分析

首先,要熟知各种财务比率的计算方法。

然后,引用资产负债表和利润表的数据计算得出各种财务比率,从而进行偿债能力、营运能力、盈利能力以及结构的分析。(建议课时:2 课时)

三、相关知识

(一)反映偿债能力的比率指标

1.营运资本

营运资本=流动资产-流动负债

一般来说,营运资本越高,说明企业短期偿债能力越强,但营运资本是个绝对数指标,不便于在不同规模的企业之间进行横向比较,一般是用于企业内部不同时期的纵向比较。

对短期债权人来说,营运资本越高越好;但对企业来说,营运资本过高会使企业资金占用在流动资产上过多,导致盈利能力受到影响。

2.流动比率

流动比率=流动资产/流动负债

流动比率越高,说明企业短期偿债能力越强,但指标过高会使企业流动资产占用过多,造成资金闲置。一般认为,生产企业合理的最低流动比率是 2。流动比率是个相对数指标,一般既可以与本企业历史的流动比率进行比较,也可以与同行业平均流动比率比较。

3.速动比率

速动比率=速动资产/流动负债

速动资产=现金+银行存款+短期投资+应收票据+应收账款+其他应收款+预付账款

速动比率弥补了流动比率的缺陷,能够更为可靠地反映企业偿还短期负债的能力。根据经验,速动比率一般以等于 1 为宜,并非绝对以 1 为标准,还要结合其他因素考虑。

4.现金比率

现金比率＝(货币资金＋交易性金融资产)/流动负债

速动资产中,流动性最强、可直接用于偿债的资产称为现金资产,包括货币资金、交易性金融资产等。

5.资产负债率

资产负债率＝负债总额/资产总额×100％

资产负债率反映企业的长期偿债能力。一般来说,资产负债率越低,长期偿债能力越强。

6.所有者权益比率(或称股权比率)

所有者权益比率＝所有者权益总额/资产总额×100％

所有者权益比率＋资产负债率＝1

一般来说,所有者权益比率越高,长期偿债能力越强。

7.产权比率

产权比率＝负债总额/所有者权益总额

产权比率＝资产负债率/股权比率

该指标表明企业所有者权益对负债的保障程度,是企业财务结构是否稳健的重要指标。

8.权益乘数

权益乘数＝资产总额/所有者权益总额

(二)反映营运能力的比率指标

1.应收账款周转次数

应收账款周转次数＝销售收入/应收账款

2.存货周转次数

存货周转次数＝销售收入/存货

3.流动资产周转次数

流动资产周转次数＝销售收入/流动资产总额

4.总资产周转次数

总资产周转次数＝销售收入/资产总额

(三)反映盈利能力的比率指标

1.销售毛利率

销售毛利率＝(销售毛利/销售收入)×100％

＝(销售收入－销售成本)/销售收入×100％

2.销售净利率

销售净利率＝(净利润/销售收入)×100％

3.权益净利率

权益净利率＝(净利润/所有者权益总额)×100％

4.资产净利率

资产净利率＝(净利润/资产总额)×100％

（四）结构比率

1.资产结构比率

资产结构比率＝某项资产金额/资产总额×100％

2.负债结构比率

负债结构比率＝某项负债金额/负债总额×100％

3.所有者权益结构比率

所有者权益结构比率＝某项所有者权益金额/所有者权益总额×100％

四、实际操作

（1）打开"总账处理.xlsx"工作簿，插入一张新工作表，重命名为"财务分析"，建立好表头、抬头、输入相关文本信息，并将资产负债表中的期末余额数据复制到"财务分析"表的相关单元格中，如图 6-53 所示。

图 6-53　建立财务分析表的基本框架

（2）在 B4、B5、B6、B7、B8、B10、B11、B12、B13、B15、B16、B17 单元格输入公式，完成偿债能力比率、营运能力比率及盈利能力比率的分析，单元格公式设置如图 6-54 所示。

单元格	公式
B4	=资产负债表!D17/资产负债表!H17
B5	=(资产负债表!D6+资产负债表!D7+资产负债表!D8+资产负债表!D9+资产负债表!D10+资产负债表!D13)/资产负债表!H17
B6	=(资产负债表!D6+资产负债表!D7)/资产负债表!H17
B7	=资产负债表!H27/资产负债表!D35
B8	=资产负债表!H27/资产负债表!H33
B10	=利润表!C5/资产负债表!D9
B11	=利润表!C5/资产负债表!D14
B12	=利润表!C5/资产负债表!D17
B13	=利润表!C5/资产负债表!D35
B15	=利润表!C19/利润表!C5
B16	=利润表!C19/资产负债表!H33
B17	=利润表!C19/资产负债表!D35

图 6-54　设置财务指标的公式

(3)在 F3 单元格中输入公式“＝E3/＄E＄30”可得到货币资金的期末结构，向下复制可快速得到资产其他模块的期末结构，如图 6-55 所示。

F3 =E3/$E$30

	A	B	C	D	E	F	G	H	I
1				2014年9月财务分析					
2	财务指标	数据		资产项目	期末数	结构比率	负债及所有者权益项目	期末数	结构比率
3	偿债能力比率：			货币资金	1646570.00	25.44%	短期借款	150000.00	
4	流动比率	6.35		交易性金融资产	0.00	0.00%	应付票据	0.00	
5	速动比率	5.35		应收票据	0.00	0.00%	应付账款	117000.00	
6	现金比率	4.99		应收账款	117000.00	1.81%	预收账款	0.00	
7	资产负债率	5.09%		预付账款	0.00	0.00%	应付职工薪酬	0.00	
8	产权比率	0.05		应收利息	0.00	0.00%	应交税费	62750.00	
9	营运能力比率：			应收股利	0.00	0.00%	应付利息	0.00	
10	应收账款周转次数	1.28		其他应收款	0.00	0.00%	应付股利	0.00	
11	存货周转次数	0.46		存货	328930.00	5.08%	其他应付款	0.00	
12	流动资产周转次数	0.07		一年内到期的非流动资产	0.00	0.00%	一年内到期的非流动负债	0.00	
13	总资产周转次数	0.02		其他流动资产	0.00	0.00%	其他流动负债	0.00	
14	盈利能力比率：			流动资产合计	2092500.00	32.33%	流动负债合计	329750.00	
15	销售净利率	28.50%		可供出售金融资产	0.00	0.00%	长期借款	0.00	
16	权益净利率	0.70%		持有至到期投资	0.00	0.00%	应付债券	0.00	
17	资产净利率	0.66%		长期应收款	0.00	0.00%	长期应付款	0.00	
18				长期股权投资	0.00	0.00%	专项应付款	0.00	
19				投资性房地产	0.00	0.00%	预计负债	0.00	
20				固定资产	4380000.00	67.67%	递延所得税负债	0.00	
21				在建工程	0.00	0.00%	其他非流动负债	0.00	

记账凭证 / 期初余额 / 明细账 / 总账 / 资产负债表 / 利润表 / 财务分析

图 6-55　计算资产模块的结构比率

(4)在 I3 单元格中输入公式“＝H3/＄H＄30”可得到短期借款的期末结构，向下复制可快速得到其他模块的期末结构，如图 6-56 所示。

I3 =H3/$H$30

	A	B	C	D	E	F	G	H	I
1				2014年9月财务分析					
2	财务指标	数据		资产项目	期末数	结构比率	负债及所有者权益项目	期末数	结构比率
3	偿债能力比率：			货币资金	1646570.00	25.44%	短期借款	150000.00	2.32%
4	流动比率	6.35		交易性金融资产	0.00	0.00%	应付票据	0.00	0.00%
5	速动比率	5.35		应收票据	0.00	0.00%	应付账款	117000.00	1.81%
6	现金比率	4.99		应收账款	117000.00	1.81%	预收账款	0.00	0.00%
7	资产负债率	5.09%		预付账款	0.00	0.00%	应付职工薪酬	0.00	0.00%
8	产权比率	0.05		应收利息	0.00	0.00%	应交税费	62750.00	0.97%
9	营运能力比率：			应收股利	0.00	0.00%	应付利息	0.00	0.00%
10	应收账款周转次数	1.28		其他应收款	0.00	0.00%	应付股利	0.00	0.00%
11	存货周转次数	0.46		存货	328930.00	5.08%	其他应付款	0.00	0.00%
12	流动资产周转次数	0.07		一年内到期的非流动资产	0.00	0.00%	一年内到期的非流动负债	0.00	0.00%
13	总资产周转次数	0.02		其他流动资产	0.00	0.00%	其他流动负债	0.00	0.00%
14	盈利能力比率：			流动资产合计	2092500.00	32.33%	流动负债合计	329750.00	5.09%
15	销售净利率	28.50%		可供出售金融资产	0.00	0.00%	长期借款	0.00	0.00%
16	权益净利率	0.70%		持有至到期投资	0.00	0.00%	应付债券	0.00	0.00%
17	资产净利率	0.66%		长期应收款	0.00	0.00%	长期应付款	0.00	0.00%
18				长期股权投资	0.00	0.00%	专项应付款	0.00	0.00%
19				投资性房地产	0.00	0.00%	预计负债	0.00	0.00%
20				固定资产	4380000.00	67.67%	递延所得税负债	0.00	0.00%
21				在建工程	0.00	0.00%	其他非流动负债	0.00	0.00%

记账凭证 / 期初余额 / 明细账 / 总账 / 资产负债表 / 利润表 / 财务分析

图 6-56　计算负债及所有者权益模块的结构比率

五、技能训练

根据所学知识，以任务 6-1 技能训练中所选取的企业为例，对任务 6-6 技能训练所建立的资产负债表和利润表进行财务分析。

综合实训六

【资料】

A 工厂为增值税一般纳税人，执行《企业会计准则》，该企业 2014 年资产负债表年初余额资料见表 6-1 所示。

表 6-1 资产负债表

会企 01 表

编制单位：A 工厂　　　　　　　　　2013 年 12 月 31 日　　　　　　　　　单位：元

资产	期末余额	负债和所有者权益	期末余额
流动资产：		流动负债：	
货币资金	2 500 000.00	短期借款	1 300 000.00
交易性金融资产	400 000.00	应付票据	800 000.00
应收票据	150 000.00	应付账款	520 000.00
应收账款	150 000.00	预收账款	20 000.00
预付账款	10 000.00	应付职工薪酬	0.00
应收利息	0.00	应交税费	0.00
应收股利	0.00	应付利息	0.00
其他应收款	20 000.00	应付股利	0.00
存货	200 000.00	其他应付款	160 000.00
一年内到期的非流动资产	0.00	一年内到期的非流动负债	0.00
其他流动资产	0.00	其他流动负债	0.00
流动资产合计	4 430 000.00	流动负债合计	2 800 000.00
非流动资产：		非流动负债：	
可供出售金融资产	0.00	长期借款	2 300 000.00
持有至到期投资	120 000.00	应付债券	1 000 000.00
长期应收款	0.00	长期应付款	0.00
长期股权投资	100 000.00	专项应付款	0.00
投资性房地产	0.00	预计负债	0.00
固定资产	12 000 000.00	递延所得税负债	0.00

续表

资产	期末余额	负债和所有者权益	期末余额
在建工程	850 000.00	其他非流动负债	0.00
工程物资	0.00	非流动负债合计	3 300 000.00
固定资产清理	0.00	负债合计	6 100 000.00
无形资产	100 000.00	所有者权益：	
商誉	0.00	实收资本（或股本）	10 000 000.00
长期待摊费用	0.00	资本公积	0.00
递延所得税资产	0.00	盈余公积	1 700 000.00
其他非流动资产	0.00	未分配利润	700 000.00
非流动资产合计	14 070 000.00	所有者权益合计	12 400 000.00
资产总计	18 500 000.00	负债和所有者权益总计	18 500 000.00

2014 年 1 月 A 工厂发生下列经济业务：

（1）1 月 1 日购入原材料一批，增值税专用发票上注明的原材料价款为 100 万元，增值税 17 万元，货款尚未支付，材料已验收入库。

（2）1 月 3 日销售商品一批，产品成本 200 万元，销售货款 300 万元，增值税专用发票注明增值税额 51 万元，产品已发出，货款尚未收到。

（3）1 月 6 日销售材料一批，材料成本 5 万元，货款 9 万元，增值税 1.53 万元，材料已发出，货款尚未收到。

（4）1 月 10 日分配并支付职工工资。其中生产工人工资 5 万元，管理人员工资 1 万元。

（5）1 月 12 日取得短期借款 1 200 万元，存入银行。

（6）1 月 14 日应交城市维护建设税为 2.5 万元，应交教育费附加为 1 万元。

（7）1 月 15 日支付短期借款利息 1 万元。

（8）1 月 16 日用银行存款购入不需要安装的固定资产，买价 1 000 万元，增值税 170 万元，款项已经支付，设备已经交付使用。

（9）1 月 20 日从银行取得长期借款 900 万元，存入银行。

（10）1 月 23 日支付广告费 5 万元。

（11）1 月 25 日在建工程完工交付使用，价值 85 万元。

（12）1 月 27 日支付水电费 8 万元，其中：办公楼水电费 2 万元，生产车间水电费 6 万元。

（13）1 月 30 日提取折旧 50 万元。其中应计入制造费用的折旧为 30 万元，应计入管理费用的折旧为 20 万元。

（14）1 月 31 日提取坏账准备 4 万元。

（15）1 月 31 日计算应交所得税 12 万元。

（16）1 月 31 日结转损益。

（17）1 月 31 日结转本年利润。

【要求】

建立 Excel 模型，完成"会计科目"工作表、"记账凭证"工作表、"期初余额"工作表、"明细账本期发生额及余额明细"工作表、"总账本期发生额及余额"工作表、"资产负债表"工作表、"利润表"工作表以及"财务分析"工作表的设计。

模块七：利用 VBA 创建财务系统

学习目标

通过本章的学习，财会人员及其管理人员可以利用学习的 VBA 工具对 Excel 2010 进行二次开发，实现重复数据的快速计算，能够提高效率和避免人为操作的错误。本章内容主要包括以下几点：

1.认识宏在工作表中的作用；

2.Excel 2010 VBA 开发工具的认识；

3.常用控件表单的使用；

4.用户登录界面的设计；

5.工资管理系统的设计；

6.掌握常用 commandbutton、textbox 等控件及 VBA 相关代码。

本模块建议课时：10 课时

任务 7-1　认识宏

一、任务描述

本模块主要以介绍宏为主，介绍宏的概念、作用、宏的录制及执行等内容。

二、任务分析

本任务主要通过对某公司部分员工工资表中插入和删除空白行的实际操作来对宏的应用加以认识。（建议课时：2 课时）

三、相关知识

(一)认识宏

1.什么是宏?

宏是 VBA 语言编出的一段程序,是一系列命令和函数,存储于 Visual Basic 模块中,并且在需要执行该项任务时可随时运行。Excel 宏就是一组指令集,通过执行类似批处理的一组命令,目的是让宏来替我们实现任务执行的自动化。

2.宏的使用及优缺点

一般在如下情况下会使用宏:

(1)批量重复处理某一动作或某一些简单重复操作,如一个工作簿中有很多工作表,要将所有工作表的页面设置为同一版式(左右居中、上下居中、页边距数值等等)。

(2)表格自动化操作,如想按照一定规律填充表格中单元格颜色、调整表格格式(行高、边框线、字体格式)、自动统计、自动完成数据处理并输出达到要求的表格。可以一键实现所有需要人为完成的操作。

(3)自定义函数,按照自己的要求编写函数。

使用宏能够解决工作表中出现重复执行相同操作的问题,提高工作效率,但有的时候使用宏还是无法满足要求,因为它不够智能化,无法交互工作,而且代码冗余,那么就需要使用VBA 来解决宏的缺陷。

(二)宏在工作表中的应用

通过对宏概念的认识,让我们知道宏在工作中具有化繁为简,提高工作效率的作用。那么宏到底该如何使用呢?接下来我们就通过一个简单的实例来熟悉宏的使用:

【例 7-1】已知给定某个公司的部分员工工资表如下图 7-1,具体要求如下:在每一条工资记录下插入空白行。

某某公司员工工资表

姓名	基本工资	补助	总工资
张三	4500	250	4750
李四	2300	200	2500
王二	7600	400	8000
刘德华	5000	200	5200
周星驰	4500	400	4900
援兵	3000	200	3200
梁三伯	4000	300	4300
李六	3000	300	3300

图 7-1 公司部分员工工资表

通过观察可以看出本例数据量小,所以本例既可以用传统的普通方法又可用录制宏的方法。那接下来我们就利用录制宏的方法来进行操作演示。

实际操作步骤:

(1)首先打开已给的某某公司部分员工工资表如图 7-1,其次查看 Excel 工作簿中的宏是否启用。（启用方法：点击【文件】—【选项】—【自定义功能区】—【主选项卡】—【开发工具】选择复选框，启用后的宏如图 7-2）。

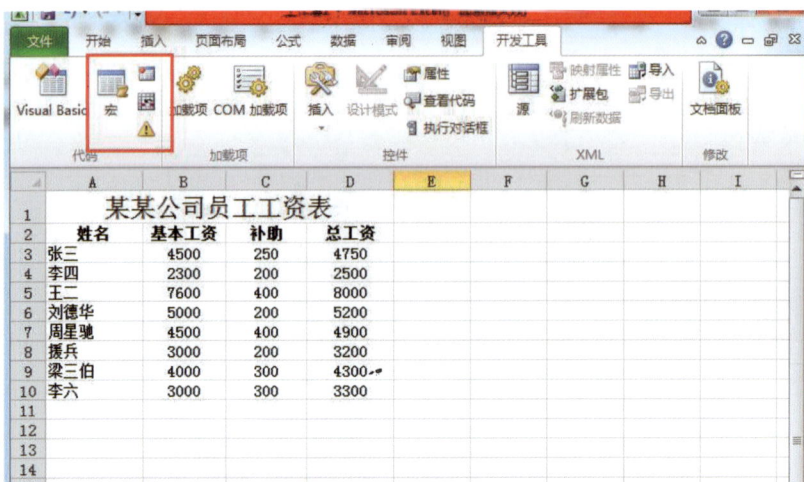

图 7-2　宏启用

（2）宏启用完之后，接下来就进行宏的录制。在录制宏之前先选中其中一个区域如图 7-3 所示，然后单击【录制宏】按钮，此时会弹出一个录制新宏的窗口如图 7-4 所示，可以对录制的宏进行命名、快捷方式设置及保存等操作。那么接下来我们所做的操作都会被记录下来。宏录制的具体操作：

①选择数据第二行，单击右键选择插入一行。

②再隔一行数据选择原来表中第三行数据如图 7-5 所示。

以上操作完即可单击【停止录制】按钮，这时宏已经录制好了，那么接下来执行我们录制好的宏。

宏执行的具体操作：先选中其中一个区域如图 7-3 所示，再点击工具栏—【开发工具】—【宏】—【执行】，以此重复执行即可。

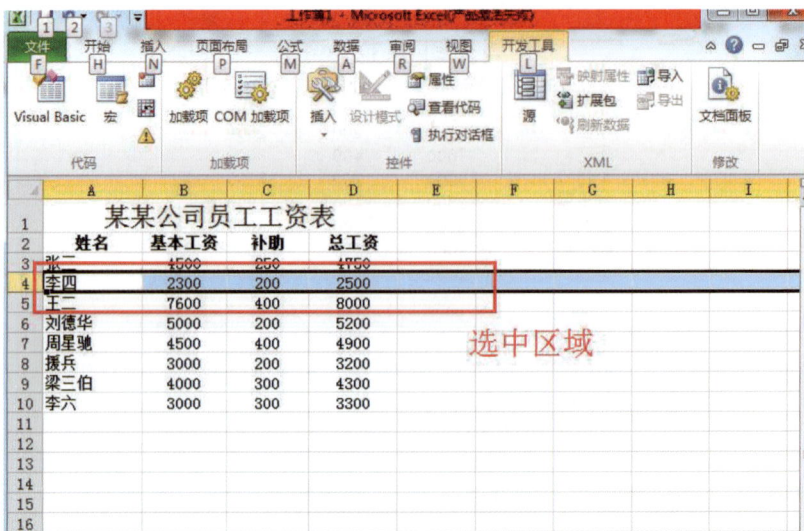

图 7-3　选中区域

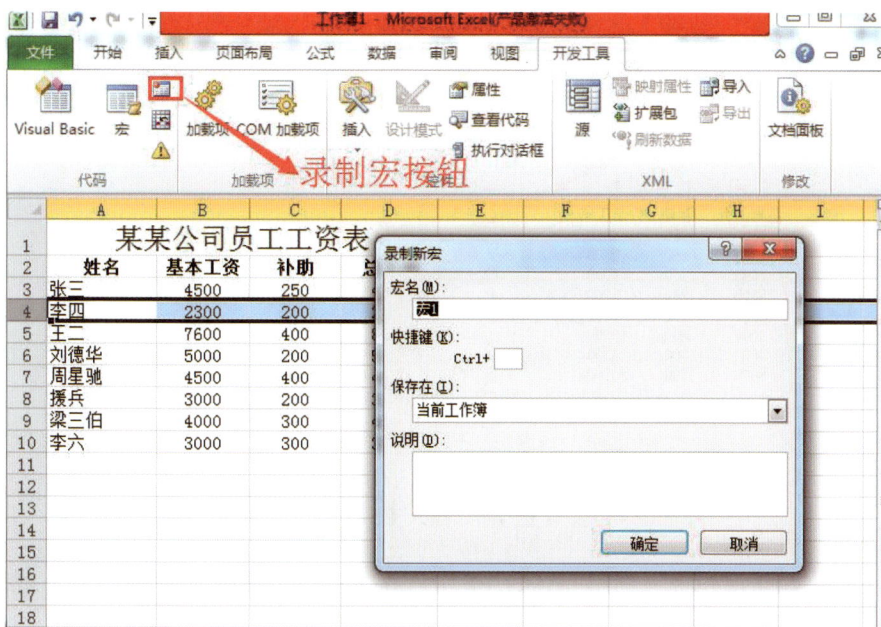

图 7-4　录制新宏窗口

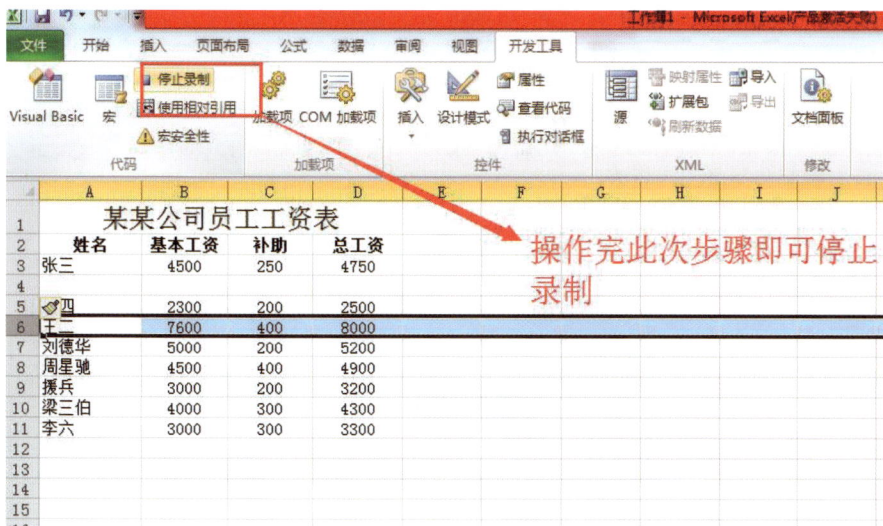

图 7-5　宏录制过程

　　上面通过执行宏来进行插入空行操作,操作上显得还是比较麻烦,现在借助宏调用的方法进一步简化其操作。方法如下:

　　①在工作表中插入一个图形或者按钮(点击工具栏【插入】—【形状】—任意选择一个形状插入),如图 7-6 所示。

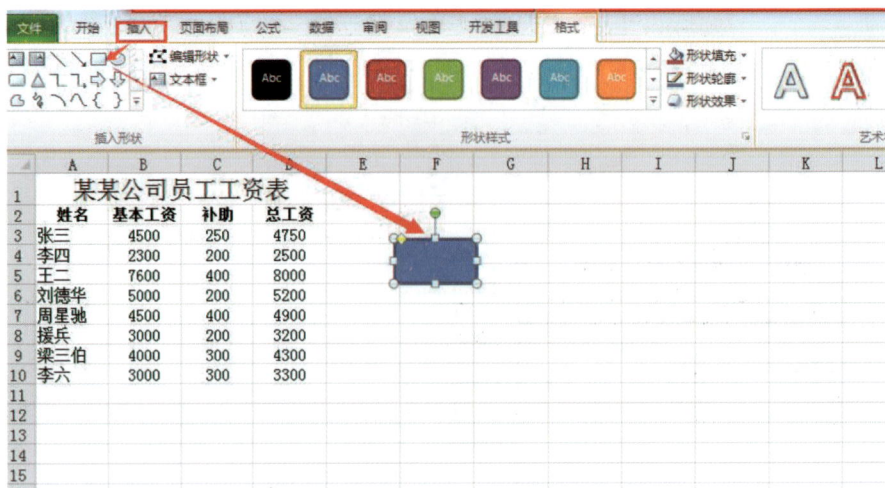

图 7-6　插入图形

提示：上文只是演示插入图形，大家在操作过程中可以尝试插入按钮。方法：点击工具栏【开发工具】—【控件】—【插入】选择相应的按钮插入即可。

②选中图形或按钮点击右键，并选择【指定宏】此时弹出指定宏窗口如图 7-7 所示，选择要调用的宏，点击【确定】即可。

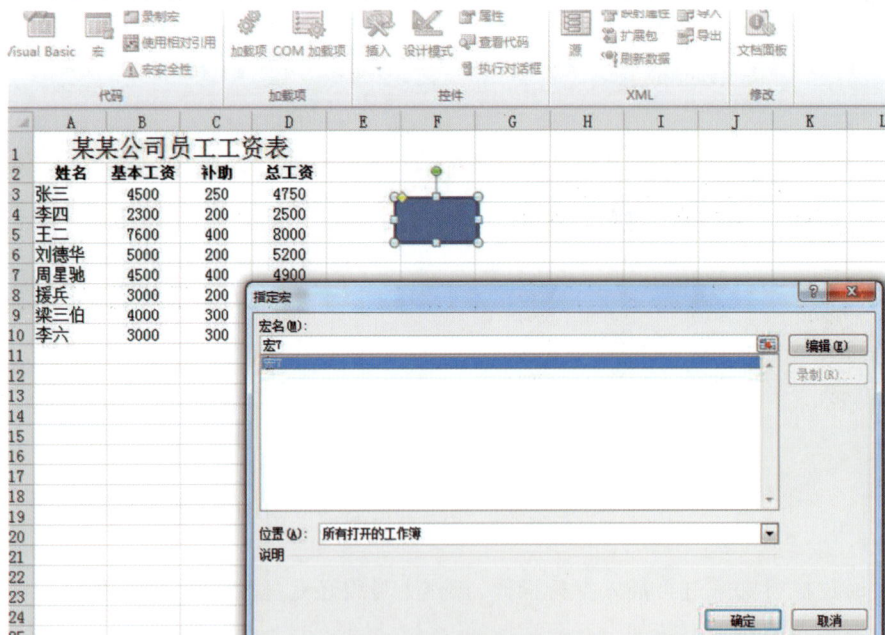

图 7-7　指定宏窗口

以上完成了宏调用的操作，如图 7-8 所示，接下来对员工工资表里插入空白行时，只需选中其中的一行，点击表上的图形即可实现。

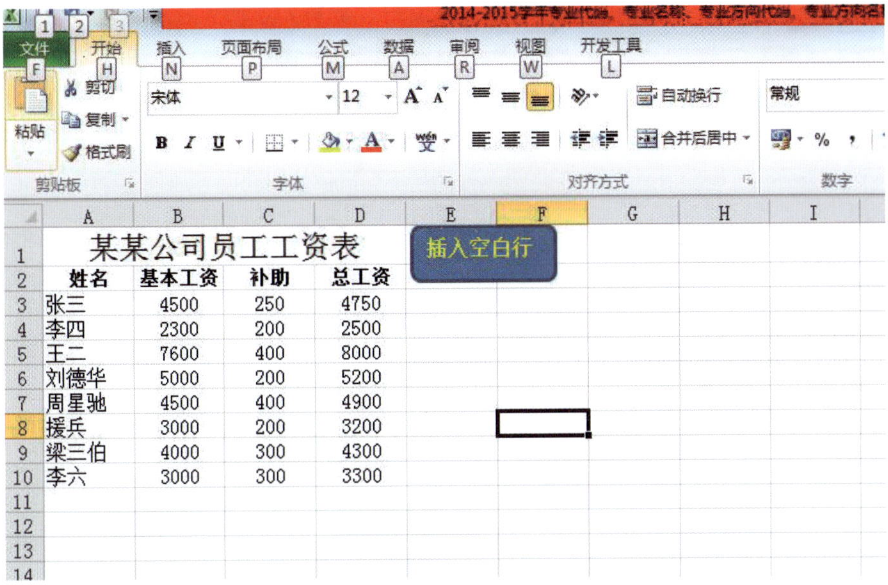

图 7-8　宏调用

五、技能训练

结合上面例题对录制宏、执行宏的操作,练习一下删除表中的空白行,并判断补助大于 250 的标红。

任务 7-2　用户登录系统界面设计

一、任务描述

本模块在模块三的工作簿基础上进行二次开发,设计用户登录界面并对工资管理实现自动化管理。

本任务以某公司员工工资管理系统用户登录界面设计为例,创建一个用户管理登录界面。

二、任务分析

本任务主要利用 Excel 2010 VBA 创建一个简单的用户登录界面;输入用户名、密码。(建议课时:4 课时)

三、相关知识

1.什么是 VBA?

VBA(Visual Basic for Applications)是微软开发出来在其桌面应用程序中执行通用的自动化(OLE)任务的编程语言。VBA 是 Visual Basic 的一个子集,VBA 不同于 VB,原因是 VBA 要求有一个宿主应用程序才能运行(需要在 Excel 等软件的运行下才能运行),而且不能用于创建独立应用程序。而 VB 可用于创建独立的应用程序。VBA 可使常用的过程或者进程自动化,可以创建自定义的解决方案,最适用于来定制已有的桌面应用程序。

通常意义上的 VBA 就是在 Office 中包含着的一种加强 Office 功能的 Basic 语言。经过发展,在 Office 中,Word、Excel、Access、PowerPoint 等各软件都有了自己的程序设计语言,分别称为 WordBasic、ExcelBasic、AccessBasic、PowerPointBasic(在 Outlook 中的开发语言为 Visual Basic Scripting Edition)。通常统一称为 VBA(VB for Application)。

2.如何启动 VBE 环境?

在 Excel 菜单中,选择【工具】—【宏】—【Visual Basic 编辑器】,或者按快捷键 Alt+F11 即可进入。

3.VBE 的应用

进入 VBE 编辑器后,就可以编写相关窗体界面的程序。VBE 编辑器主要包括以下部分:

(1)代码窗口

编写或查看窗体界面 VBA 的代码。

（2）对象窗口

使用窗体情况下，在此对窗体界面及窗体各个控件的布局进行设置。

（3）对象浏览器

查看所有对象库、特定对象或自己的工程，包括所有的对象的列表与每个对象的成员列表。

（4）工程资源管理器

管理工程中的模块、类模块与窗体，方便代码与对象之间的切换。

（5）属性窗口

使用鼠标选择即可方便地对多个对象相关的属性进行设置。

（6）工具箱

在插入窗体后，添加各种控件。

（7）立即窗口

其主要工作是：

①在开发过程中，用 Debug.Print 输出的内容就在此显示。

②当代码是 Break 模式时，查看对象和变量的状态。

③用"?"加上语句，就可以看到运行的结果，在很多情况下比用 msgbox 报出方便多了。

四、实际操作

（一）创建用户登录界面

首先新建一个工作簿，命名为"登录界面"，打开新建的工作簿并在功能区中找到开发工具进行界面设计。由于在 Excel 2010 的功能区中默认设置不显示【开发工具】选项卡。在功能区中显示【开发工具】选项卡的步骤（详细操作如图 7-9）如下：

（1）单击【文件】选项卡中的【选项】命令打开【Excel 选项】对话框。

（2）在打开的【Excel 选项】对话框中单击【自定义功能区】选项卡。

（3）在右侧列表框中勾选【开发工具】复选框，单击【确定】按钮，关闭【Excel 选项】对话框。

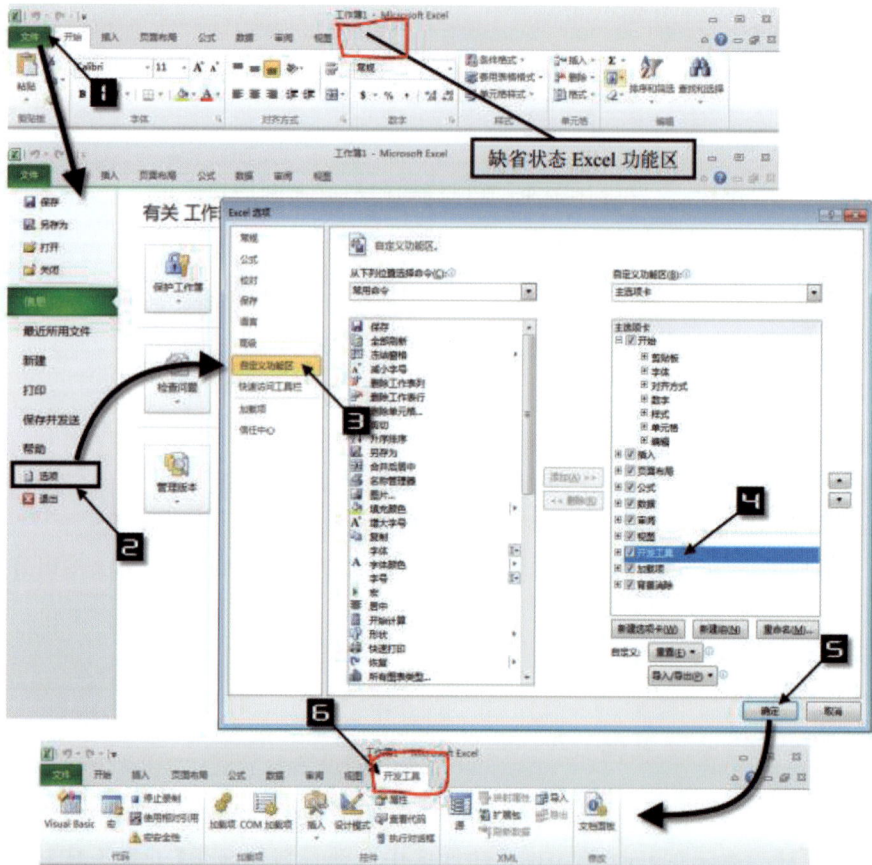

图 7-9　开发工具添加

　　接下来要创建一个用户窗体。用户窗体可以作为程序的对话框和窗口。向用户窗体添加控件基本类似于向工作表添加控件。创建一个用户窗体，可以通过 VBA 编辑器实现。

　　创建登录界面步骤操作如下：

1.登录窗口设计

　　(1)打开已有的名为"登录界面"工作簿，选择【开发工具】—【代码】—【VBA 编辑器】，打开 VBA 编辑器如图 7-10 所示。

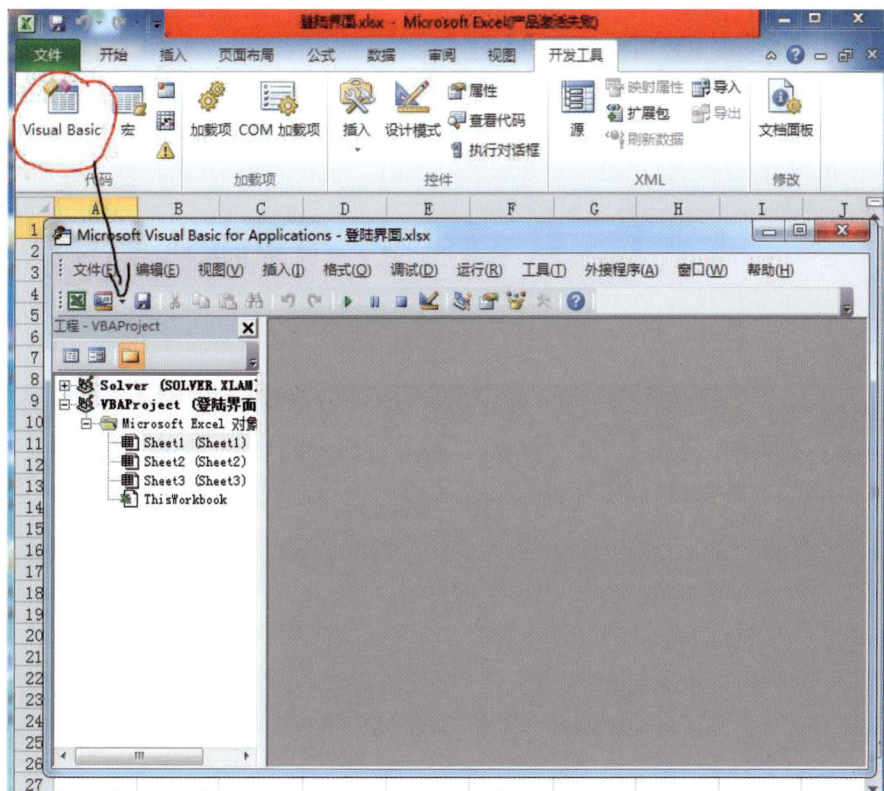

图 7-10　VBA 编辑器界面

（2）在 VBA 编辑器中选择工具栏上的"插入用户窗体"按钮或者选择"插入"菜单,从下拉菜单中选择"用户窗体"。此时出现一个名为"Userform1"的窗体和"控件工具箱",如下图 7-11 所示。

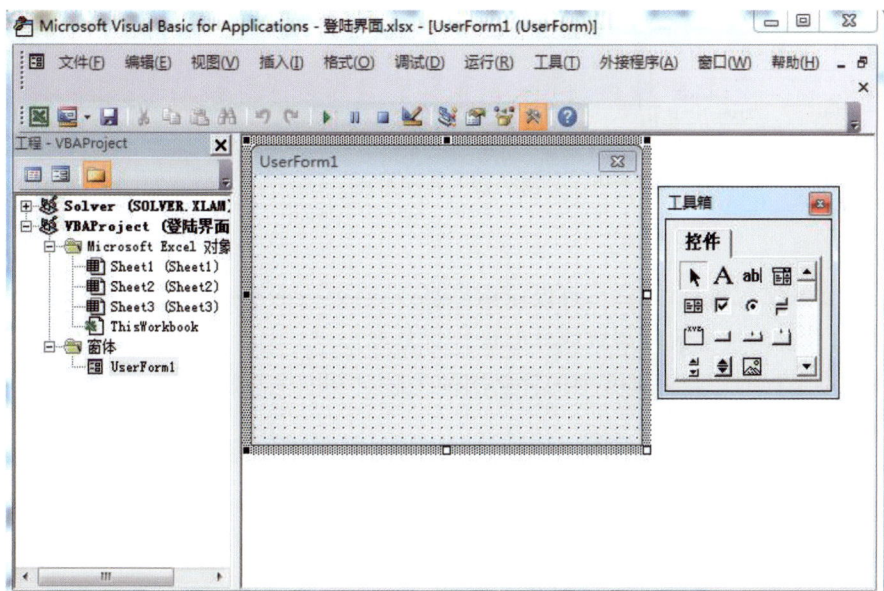

图 7-11　新建用户窗体

接下来添加控件到用户窗体上：从工具箱中选择想要使用的控件，然后使用鼠标把控件拖到窗体上，并对用户窗体上的控件进行布局，登录界面窗口结构如图 7-12 所示。由 1 个用户窗体和 2 个文本框及 2 个命令按钮组成，用户窗体和各个控件的功能及属性设置如下。

用户窗体：名称重命名为"用户登录界面"，caption 属性设置为"用户登录界面"，Picture 属性设置成自带的名为"用户登录界面"的图片。

命令按钮 commandbutton1：输入正确的用户名和密码，单击此按钮即可进入工资管理系统。其 caption 属性设置为"确认"。

命令按钮 commandbutton2：作为退出系统的作用，其 caption 属性设置为"退出"。

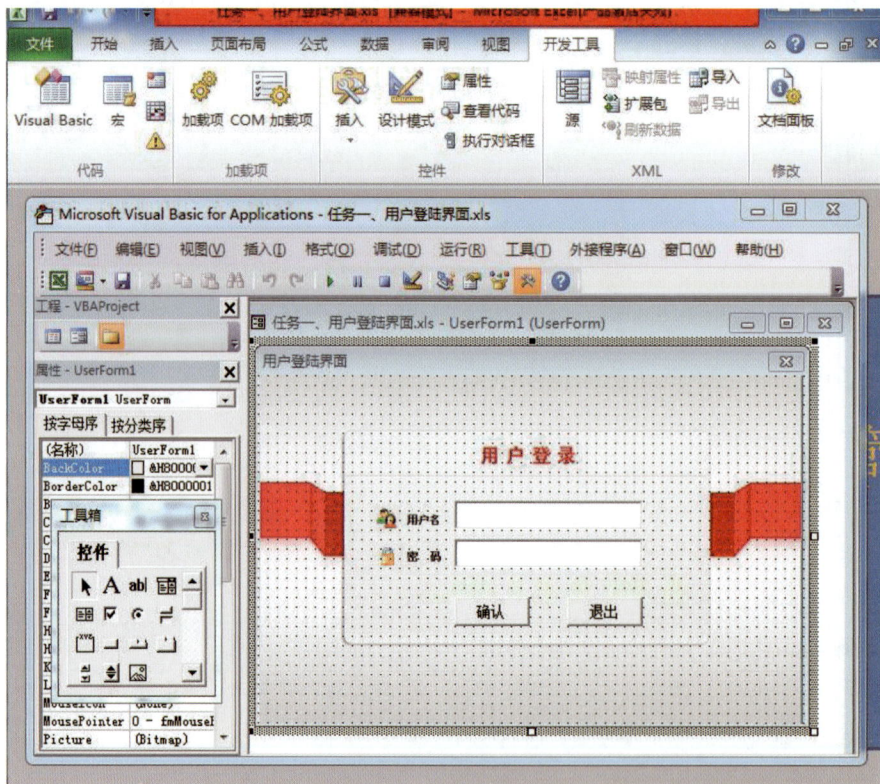

图 7-12 界面布局

注意：

在放置文本框和命令按钮时，可以使用复制、粘贴进行重复操作（复制 ctrl＋c、粘贴 ctrl＋v），此操作放置的控件大小一致使界面设计更美观。

另注意本系统的用户窗体界面的背景图片上包含用户名、密码、用户登录等相关文字。大家也可以利用控件来实现。

2.代码

窗体界面布局完之后，进下来进行代码编写。双击命令按钮"确定"键，进入 VBA 代码编辑界面。代码如下：

Private Sub CommandButton1_Click()

```
A＝TextBox1.Text
B＝TextBox2.Text
If "admin"＝A And "888888"＝B Then
Application.Visible＝True
Unload Me
Else
MsgBox "用户名或密码错误!"
Application.Visible＝False
A＝""
B＝""
End If
End Sub
Private Sub CommandButton2_Click()
Unload Me
Application.Quit
End Sub
```

对应 thisworkbook 代码如下：

```
Private Sub Workbook_Open()
Application.Visible＝False
UserForm1.Show
End Sub
```

对 Msgbox 的进一步说明：

语法：MsgBox(prompt[,buttons][,title][,helpfile,context])

在 MsgBox 函数的语法中，括号内的参数是此函数的命名参数。方括号所包含的参数是选择性的。在 MsgBox 函数中，唯一必须提供的参数(prompt)是作为提示的文本。

在代码中可以利用位置或名称来指定函数与方法的参数。若利用位置来指定参数，则必须根据语法中的顺序，利用逗号来分隔每一个参数，例如：

MsgBox "回答正确!",0,"提示"

若以名称来指定参数，则须使用参数名称或跟着冒号与等号(:＝)，最后再加上参数值。可以任何的顺序来指定命名参数，例如：

MsgBox Title:＝"提示",Prompt:＝"回答正确"

函数以及某些方法的语法会利用圆括号将参数封闭起来。这些函数和方法会返回值，所以必须用圆括号将参数封闭起来，才可以赋值给变量。如果忽略返回值或是没有传递所有的参数，则可以不用圆括号。方法若不返回值，则不用将参数用圆括号封闭起来。

通过对窗体界面布局和代码编写实现了一个简单用户登录界面，系统运行之后的效果图如下图 7-13 所示。

图 7-13　用户登录界面

注意：

安全性设置：要编写 VBA 程序和运行 VBA 程序，需要进行"安全性"设置，不然编写的 VBA 程序无法运行。在 Excel 2010 菜单中，选择【工具】—【宏】—【安全性】，进入安全性设置，一般选择"中"，如果不行就选择"低"。

五、技能训练

根据任务 7-2 内容实现一个简单的登录界面的设计。但实际应用的登录系统是要实现多用户登录的功能。请结合任务 7-2 的内容并通过课外的学习把上述系统与 ACCESS 数据库联系起来实现一个多用户登录的功能。

任务 7-3　工资管理系统设计

一、任务描述

本任务以模块三为背景，设计一套简单的工资管理系统，其中实现查询以下相关表格：职工基本情况表、职工工资查询表、基本工资变更表、职工本月考勤表、职工本月奖金表、社会保险费用表、工资汇总表和退出。

二、任务分析

本任务主要内容是结合任务一利用 Excel 2010 VBA 的知识设计一套简单的工资管理系统。（建议课时：4 课时）

三、相关知识

(一)数据输入

相关表格数据输入请参阅模块一。在信息表输入时，可以利用"数据有效性"这一功能，提高数据输入的效率和准确性。

1.语法

在执行程序时，必须先将程序和数据加载到计算机的内存（RAM）中才能执行，若该数据会随着程序的执行而更改其值，我们称之为变量（variable），而不发生变化的则是常量。常量指的是数据类型特定值的文字表示，常量被用来指定给变量当作变量值。程序运行时，语句中的每一个常量，都会分配到内存空间来存放其值。

2.标识符

变量和常量需要用一个名称来标识，这就是标识符。标识符名称第一个字符允许以大小字母或者中文名称（一般不建议用中文名称）开头，后面的字符可接 A～Z、a～z、0～9 或_ 等字符。

3.关键词(keyword)

程序语言中事先赋予某个标识符的一个特别意义，因此就不得再重复赋予不同的用途。其用法有一定的规范，在编写程序时，这些关键词出现在程序中的语句时会以蓝色标示，以提醒用户这些标识符是属于系统关键词不可误用。在下面系统设计中我们会用到 if、then、while 等关键词。

4.变量的声明方式

在程序中，要使用变量，必须先使用 Dim 声明确定其数据类型，若在声明时未设置其初值,数值变量默认为 0、字符串变量默认为空字符串。

使用 Dim 声明变量的方式如下:

Dim sum As Integer——声明 sum 为整型变量,初值默认为 0。

Dim string1,string2 As String——同时声明 string1、string2 为字符串类型变量,初值空字符串。

Dim cost As Integer =50——声明 cost 为整型变量,并设初值为 50。

5.函数

函数(function)是能完成特定任务的相关语句和表达式的集合。当函数执行完毕时,它会向调用它的语句返回一个值。如果不显示指定函数的返回值类型,就返回缺省的数据类型值。

(1)Sub 函数

Sub 函数是以 Sub…End Sub 语句封闭起来的程序块。每当该函数被调用时,就会将存放在函数块内的语句执行一次。执行中若碰到 End Sub、Exit Sub 或 Return 便离开函数,回到调用此函数的下一个语句继续往下执行。编写程序时,在模块、对象类模块和结构中定义 Sub 函数。模块内的 Sub 函数都默认为 Public,表示可以从应用程序任何位置调用此 Sub 函数。除了 Main 函数外,其他函数是在被调用才执行。

Sub 函数定义的语法如下:

[Private | Public]Sub 函数名称([参数类表])

[程序块]

[Exit Sub]

End Sub

Sub 函数是以 Public Sub 或 Private Sub 开头,最后以 End Sub 结束。当执行到 End Sub 后即返回,紧接着原调用处的下一个语句继续往下执行。若中途要离开函数,可使用 Exit Sub 语句。

调用 Sub 函数的语法有下列两种方式:

语法 1:Call 函数名称([参数列表])

语法 2:函数名称([参数列表])

调用程序与被调用程序之间若无数据传递,参数列表可省略(即不传任何参数);若不省略,参数列表的数目可以是一个或一个以上的参数。

(2)Function 函数

除系统提供的内置函数外,还提供了日期、时间、字符串等函数,另外还可以使用 Function…End Function 函数来编写属于自己的 Function 函数。

Sub 函数和 Function 函数两者都可以做参数传递,但两者使用上的主要差异是 Sub 函数没有返回值,Function 函数则有返回值。有关 Function 函数的语法如下:

[Public | Private] Function 函数名称([参数列表])[As 数据类型]

[语句块]

函数名=表达式

[Exit Function]

或(Return 表达式)End Function

(3)测试函数

IsNumeric(x)是否为数字,返回 Boolean 结果,True or False。

IsDate(x)是否是日期,返回 Boolean 结果,True or False。

IsEmpty(x)是否为 Empty,返回 Boolean 结果,True or False。

IsArray(x)指出变量是否为一个数组。

IsError(expression)指出表达式是否为一个错误值。

IsNull(expression) 指出表达式是否不包含任何有效数据(Null)。

IsObject(identifier)指出标识符是否表示对象变量。

(4)Range 和 Cells

Range 函数代表一单元格、某一行、某一列、某一选定区域(该区域可包含一个或若干连续单元格区域),或者是多个连续或非连续的区域组成的区域。下面介绍 Range 对象的一些属性和方法。

说明:使用 Range(arg)(其中 arg 为区域名称)可返回一个代表单个单元格或单元格区域的 Range 对象。例 7-2 将单元格 A1 中的值赋给单元格 A5。

VBA 中的 Cells 语法是:Cells(行数,列数),行数和列数都是整数值。

如:cells(1,1)代表第一行第一列,也就是 A1 单元格。

在 VBA 中,与 Range("A1")所指单元格一样,可以写成 ells(1,"A")。

cells(2,1)代表第二行第一列,也就是 A2 单元格。

在 VBA 中,与 Range("A2")所指一样,可以写成 cells(2,"A")。

以此类推。

【例 7-2】赋值给某单元格

Sub test1()

Worksheets("sheet1").Range("A5").Value=22

Msgbox"工作表 sheet1 内单元格 A5 中的值为"_& worksheets("sheet1").Range("A5").value

End sub

四、实际操作

本次任务分为两个部分:一是界面设计部分,二是 VBA 的代码部分。

(一)界面设计部分

(1)新建一个工作簿,命名为"工资管理系统"并打开。把工作表 Sheet1 重命名为"首页"。并在首页选择一个 20 行 10 列的区域(A1:J20),将背景颜色填充为"绿色"。

(2)对第三行进行合并居中,输入工资管理系统。并设置为华文行楷、28 号字体,颜色为橙色。

(3)单击 Excel 2010 功能区上的【开发工具】—【控件】—【插入】,选择表单控件中的命名按钮控件,在设定区域画出合适大小的命令按钮,以此方法进行多次操作(另一种方法:直接复制当前控件,进行多次粘贴并把控件位置放好即可),并对控件进行简单的布局。插入控件后效果如下图 7-14、图 7-15 所示：

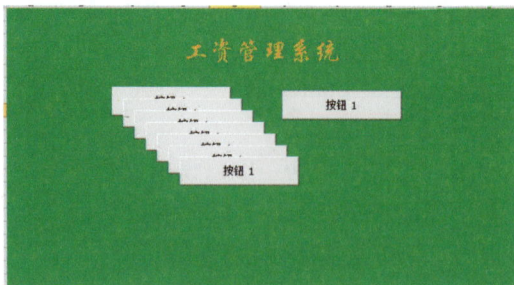

图 7-14　插入控件

上面是采用第二种方法通过对命令按钮的复制，之后粘贴 7 次就可完成（复制 ctrl＋c，粘贴 ctrl＋v）。控件插入完之后需要对其进行排版布局并对控件命名。首先按右键选中要拖动的控件拖到相应的位置后放开，此时会弹出一个框，选择"移动到此位置"。布局完成之后对控件进行命名，选择要重命名的控件，点击右键出现一个"编辑文字"选项，点击一下即可进入编辑状态。如果要进行更多的设置可直接进入"设置控件格式"进行设置，如图 7-15，里面可以设置字体大小、颜色、字体等等。有兴趣的同学可以自己尝试设置一下。

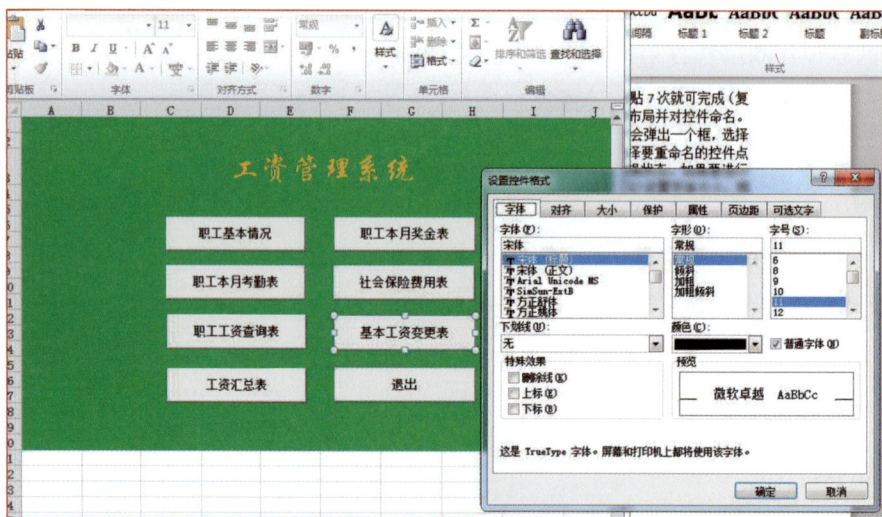

图 7-15　设置控件格式

经过以上的多项操作之后，我们就已经把工资管理系统的主界面的布局完成了，总体效果如下图 7-16：

图 7-16　主界面

(4)系统主界面设计完成后,接下来我们利用前面几个模块及之前学过的相关知识来设计一下职工基本情况表、职工本月奖金表、职工本月考勤表、社会保险费用表、职工工资表、基本工资表等,具体操作参阅前六个模块操作。并在每个表格左上角插入一个"返回主界面"的命令按钮,相关表格的设计如图 7-17 至 7-21。

职工编号	姓名	所属部门	职位	出生年月	婚姻状况	电话	电子邮件	工资卡号
1	东方红	办公室	总经理	1975/2/1	已婚	62263457	liming@163.com	4367423818511103437
2	王山华	办公室	主任	1976/2/1	已婚	62263457	zhangchen@163.com	4367423818511103438
3	吴昆	办公室	职员	1974/1/1	已婚	62263457	hejia@163.com	4367423818511103439
4	欧阳平	财务部	部长	1980/5/1	已婚	62263457	limingchen@163.com	4367423818511103430
5	陈玉	财务部	职员	1966/2/1	已婚	62263457	litao@163.com	4367423818511103431
6	张浩中	采购部	部长	1979/7/1	已婚	62263457	zhangxiaoqun@13.com	4367423818511103432
7	李腾飞	采购部	职员	1965/2/1	已婚	62263457	denjie@163.com	4367423818511103433
8	袁国	客户部	部长	1979/2/1	已婚	62263457	shuxiaoying@163.com	4367423818511103434
9	李想	客户部	职员	1970/2/1	已婚	62263457	lijun@163.com	4367423818511103435
10	何玉明	客户部	职员	1971/1/1	已婚	62263457	hemingtian@163.com	4367423818511103436
11	林政	客户部	职员	1982/1/1	已婚	62263457	lingli@163.com	4367423818511103427
12	林涛	客户部	职员	1974/1/1	已婚	62263457	zhaoyan@163.com	4367423818511103428
13	李亚楠	市场部	部长	1980/2/1	已婚	62263457	lili@163.com	4367423818511103427
14	罗军	市场部	职员	1970/1/1	已婚	62263457	luoxuemeng@163.com	4367423818511103428
15	熊华	市场部	职员	1978/8/1	已婚	62263457	lijunhua@163.com	4367423818511103427
16	赵明	市场部	职员	1978/10/2	已婚	62263457	zhaolei@163.com	4367423818511103428
17	曾小贤	技术部	技术员	1979/2/1	已婚	62263457	zhengzhi@163.com	4367423818511103427
18	罗英	技术部	技术员	1969/8/5	已婚	62263457	luoxiaoying@163.com	4367423818511103428
19	王四	技术部	技术员	1965/5/6	已婚	62263457	zhaomingli@163.com	4367423818511103427
20	吴鹏	技术部	高级技术员	1962/10/1	已婚	62263457	wutiansheng@163.com	4367423818511103428
21	方晓	生产部	技工	1966/10/2	已婚	62263457	shubing@163.com	4367423818511103427
22	张强	生产部	技工	1982/10/2	已婚	62263457	luozheng@163.com	4367423818511103418
23	何红	生产部	技工	1982/10/28	已婚	62263457	helingli@163.com	4367423818511103417
24	赵芳	生产部	技工	1982/1/18	已婚	62263457	zhaojun@163.com	4367423818511103418
25	柳海	生产部	技工	1975/5/6	已婚	62263457	wumingying@163.com	4367423818511103407

图 7-17　职工基本情况表

职工编号	姓名	所属部门	职位	奖金
1	东方红	办公室	总经理	1200.00
2	王山华	办公室	主任	600.00
3	吴昆	办公室	职员	600.00
4	欧阳平	财务部	部长	0.00
5	陈玉	财务部	职员	1200.00
6	张浩中	采购部	部长	620.00
7	李腾飞	采购部	职员	1080.00
8	袁国	客户部	部长	0.00
9	李想	客户部	职员	690.00
10	何玉明	客户部	职员	820.00
11	林政	客户部	职员	700.00
12	林涛	客户部	职员	1200.00
13	李亚楠	市场部	部长	400.00
14	罗军	市场部	职员	1200.00
15	熊华	市场部	职员	620.00
16	赵明	市场部	职员	600.00
17	曾小贤	技术部	技术员	0.00
18	罗英	技术部	技术员	580.00
19	王四	技术部	技术员	800.00
20	吴鹏	技术部	高级技术员	620.00
21	方晓	生产部	技工	900.00
22	张强	生产部	技工	780.00
23	何红	生产部	技工	0.00
24	赵芳	生产部	技工	800.00
25	柳海	生产部	技工	500.00

图 7-18　职工本月奖金表

职工编号	姓名	基本工资	本月累计迟到（分钟）	本月累计事假（天）	扣款
1	东方红	#N/A	3	0	#N/A
2	王山华	#N/A	5	0	#N/A
3	吴昆	#N/A	8	1	#N/A
4	欧阳平	#N/A	0	0	#N/A
5	陈玉	#N/A	0	0	#N/A
6	张浩中	#N/A	15	0.5	#N/A
7	李腾飞	#N/A	0	0	#N/A
8	袁国	#N/A	0	0	#N/A
9	李想	#N/A	30	0	#N/A
10	何玉明	#N/A	0	0	#N/A
11	林政	#N/A	0	0	#N/A
12	林涛	#N/A	80	0	#N/A
13	李亚楠	#N/A	40	2	#N/A
14	罗军	#N/A	0	0	#N/A
15	熊华	#N/A	0	0	#N/A
16	赵明	#N/A	0	1.5	#N/A
17	曾小贤	#N/A	50	0	#N/A
18	罗英	#N/A	0	0	#N/A
19	王四	#N/A	0	0	#N/A
20	吴鹏	#N/A	60	1	#N/A
21	方晓	#N/A	0	0	#N/A
22	张强	#N/A	0	0	#N/A
23	何红	#N/A	0	0	#N/A
24	赵芳	#N/A	0	1	#N/A
25	柳海	#N/A	0	0	#N/A

返回主界面

图 7-19　职工本月考勤表

职位	基本工资
总经理	3200.00
主任	2400.00
部长	2400.00
高级技术员	2000.00
技工	1000.00
职员	800.00
技术员	1500.00

返回主界面

图 7-20　职工基本工资表

职工编号	姓名	所属部门	基本工资	奖金	出勤扣款	保险扣款	应发工资	应扣税	本月扣零	实发工资
1	东方红	办公室	3200.00	1200.00	0.00	53.50	4346.50	227.72	0.78	4118.00
2	王山华	办公室	2400.00	600.00	0.00	30.50	2969.50	117.56	0.94	2851.00
3	吴昆	办公室	800.00	600.00	26.67	30.50	1342.83	0.00	0.83	1342.00
4	欧阳平	财务部	2400.00	0.00	0.00	30.50	2369.50	69.56	0.94	2299.00
5	陈玉	财务部	800.00	1200.00	0.00	53.50	1946.50	35.72	0.78	1910.00
6	张浩中	采购部	2400.00	620.00	50.00	30.50	2939.50	115.16	0.34	2824.00
7	李腾飞	采购部	800.00	1080.00	0.00	30.50	1849.50	27.96	0.54	1821.00
8	袁国	客户部	2400.00	0.00	0.00	53.50	2346.50	67.72	0.78	2278.00
9	李想	客户部	800.00	690.00	10.00	30.50	1449.50	0.00	0.50	1449.00
10	何玉明	客户部	800.00	820.00	0.00	30.50	1589.50	7.16	0.34	1582.00
11	林政	客户部	800.00	700.00	0.00	30.50	1469.50	0.00	0.50	1469.00
12	林涛	客户部	800.00	1200.00	24.00	53.50	1922.50	33.80	0.70	1888.00
13	李亚楠	市场部	2400.00	400.00	180.00	30.50	2589.50	87.16	0.34	2502.00
14	罗军	市场部	800.00	1200.00	0.00	53.50	1946.50	35.72	0.78	1910.00
15	熊华	市场部	800.00	620.00	0.00	30.50	1389.50	0.00	0.50	1389.00
16	赵明	市场部	800.00	600.00	40.00	30.50	1329.50	0.00	0.50	1329.00
17	曾小贤	技术部	1500.00	0.00	20.00	30.50	1449.50	0.00	0.50	1449.00
18	罗英	技术部	1500.00	580.00	0.00	30.50	2049.50	43.96	0.54	2005.00
19	王四	技术部	1500.00	800.00	0.00	30.50	2269.50	61.56	0.94	2207.00
20	吴鹏	技术部	2000.00	620.00	86.67	30.50	2502.83	80.23	0.61	2422.00
21	方晓	生产部	1000.00	900.00	0.00	30.50	1869.50	29.56	0.94	1839.00
22	张强	生产部	1000.00	780.00	0.00	30.50	1749.50	19.96	0.54	1729.00
23	何红	生产部	1000.00	0.00	0.00	30.50	969.50	0.00	0.50	969.00
24	赵芳	生产部	1000.00	800.00	33.33	30.50	1736.17	18.89	0.27	1717.00
25	柳海	生产部	1000.00	500.00	0.00	30.50	1469.50	0.00	0.50	1469.00

图 7-21　职工工资表

以上表之间的数据链接应用到的 VLOOKUP、IF 等函数大家参考前六个模块的函数使用。主界面和表格都设计完成之后，接下来我们就要进入界面代码阶段。

考虑到系统中工资查询、基本工资变更等操作的方便，本模块采用弹窗的形式进行数据的录入及更新。

工资查询窗口结构如图 7-22 所示。由 1 个用户窗体和 3 个标签、2 个文本框及 2 个命令按钮组成，用户窗体和各个控件的功能及属性设置如下。

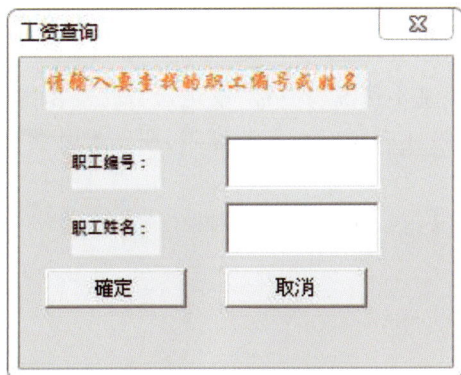

图 7-22　工资查询

用户窗体：名称重命名为"工资查询"，窗口属性中 caption 属性设置为"工资查询"。

标签 label1、label2 和 label3：对两个文本框及窗体的功能进行说明，它们的 caption 属性分别设置为"请输入要查找的职工编号或姓名"、"职工编号"和"职工姓名"。

命令按钮 commandbutton1：输入正确的职工编号或姓名，单击此按钮即可查询到相应的职工工资。其 caption 属性设置为"确定"。

命令按钮 commandbutton2：取消，其 caption 属性设置为"取消"。

基本工资变更窗口结构如图 7-23 所示。其具体操作步骤同上。

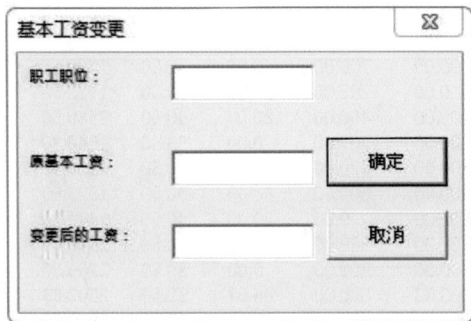

图 7-23 基本工资变更

（二）界面代码部分

本模块采用代码和 Excel 函数相结合的方式设计了一套简单实用的工资管理系统。此系统主界面、工资查询、基本工资变更等采用了代码实现，其他表与表之间的数据传递、数据链接则是利用财务中的相关函数，如 Vlookup、IF、SUM 等函数。那么下面就重点说明一下系统主界面的设计、工资查询界面设计和基本工资变更的设计。

1.主界面的程序设计

界面设计完成之后，接下来就进入 VBA 编辑器中对主界面各个事件进行代码编辑。执行【开发工具】—【VBA 编辑器】，在工程窗口下找到主界面文件并双击即可进入主界面的代码编辑页面。主界面上共有 8 个命令按钮，接下来分别进行代码编写。

（1）职工基本情况

本功能主要实现与职工基本情况表链接，系统运行时点击即可进入职工基本情况表中查看信息，与此类似的命令按钮有职工本月考勤表、职工本月奖金表、社会保险费用表。输入如下代码：

```
Private Sub CommandButton * _Click()
Sheets("表名").Select
Dim x As Integer
x＝1
While(Not IsEmpty(Sheets("XXX").Cells(x,1).Value))
x＝x＋1
Wend
```

```
Worksheets("XXX").Cells(x,1).Select
End Sub
```

代码说明:其中 CommandButton * 根据命令按钮来确定其 * 号的值(* 表示 1、2、3
…);"XXX"表示对应表格的名称,编写代码时只需用表格名称进行替换即可。以上代码是
查找职工基本情况表并实现界面切换功能。

(2)工资查询

本系统采用关键字进行工资查询,考虑到姓名不具备唯一性,所以采用职工编码+姓名
的方式进行查询。

查询工资首先要先调出查询界面,利用 UserForm1.Show 把查询界面显示出来。查询
界面如下图 7-24 所示:

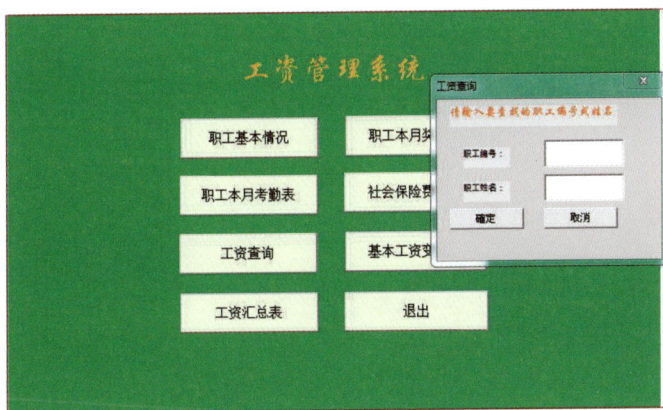

图 7-24　工资查询界面

在 VBE 窗口的窗体设计中,双击"确定"按钮为其设置 click 事件,功能实现程序代码
如下:

```
Private Sub CommandButton1_Click()
Dim tempy As Integer
Dim flage As Boolean
tempy=3
flage=False
If (TextBox1.Text <> "") Then
While(tempy<(Sheets("职工工资表").Cells(1,1).Value))
If(TextBox1.Text=Sheets("职工工资表").Cells(tempy,1).Value)Then
Sheets("职工工资表").Select
Sheets("职工工资表").Range("A" &CStr(tempy)& ":L" &CStr(tempy)).Select
flage=True
End If
tempy=tempy+1
Wend
If(Not flage)Then
```

```
MsgBox "编号不存在"
End If
ElseIf(TextBox2.Text <> "")Then
While(tempy<(Sheets("职工工资表").Cells(1,1).Value))
If(TextBox2.Text=Sheets("职工工资表").Cells(tempy,2).Value)Then
Sheets("职工工资表").Select
Sheets("职工工资表").Range("A" &CStr(tempy)&":L" &CStr(tempy)).Select
flage=True
End If
tempy=tempy+1
Wend
If(Not flage)Then
MsgBox "姓名错误"
End If
Else
MsgBox "请输入编号或姓名!"
End If
End Sub
```

代码说明:上述采用 While…Wend 和 IF…End IF 条件判断,通过表达式 Cells、Range 来查找关键字的位置。

注意:

Range、Cells 的使用。

(3)基本工资变更

本系统采用职位进行检索并把原工资显示出来,输入新的工资,点击"确定"即可完成基本工资变更。基本工资变更窗体如图 7-25 所示:

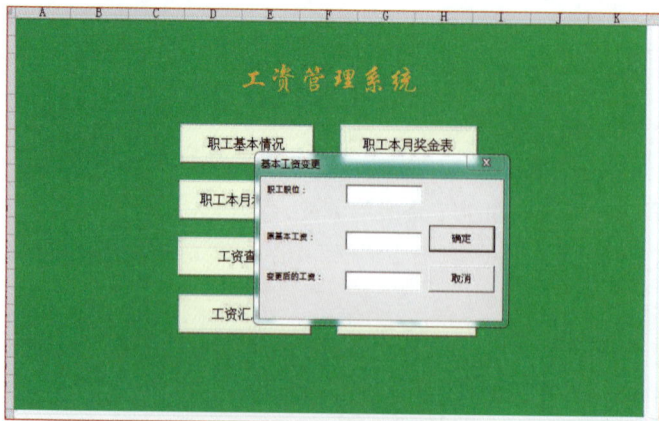

图 7-25 基本工资变更窗体

在 VBE 窗口的窗体设计中,双击"确定"按钮为其设置 click 事件,功能实现程序代码如下:

```
Private Sub CommandButton1_Click()
Dim tempy As Integer
Dim flag As Boolean
flag=False
tempy=2
If (Trim(TextBox1.Text)="")Then
MsgBox "请输入职位"
TextBox1.SetFocus
End If
If (Trim(TextBox3.Text)="")Then
MsgBox "请输入变更后工资"
TextBox3.SetFocus
End If
While(tempy< Sheets("基本工资表").Cells(1,1).Value)
If(TextBox1.Text=Sheets("基本工资表").Cells(tempy,1).Value)Then
TextBox2.Text=Sheets("基本工资表").Cells(tempy,2).Value
Sheets("基本工资表").Cells(tempy,2).Value=TextBox3.Text
flag=True
End If
tempy=tempy+1
Wend
Sheets("基本工资表").Select
End Sub
```

说明:通过 TextBox1.SetFocus 语句每次把光标停在第一个文本框中。

(4)工资汇总表(工资条)

本功能主要通过 Vlookup、if 等相关函数来实现所有职工工资汇总,并以工资条的形式呈现出来。输入如下代码:

```
Private Sub CommandButton4_Click()
Dim tempx As Integer
Dim tempy As Integer
Dim tempcount As Integer
tempcount=3
tempy=1
While(tempcount< Sheets("职工工资表").Cells(1,1).Value)
tempx=1
While(Not IsEmpty(Sheets("职工工资表").Cells(2,tempx).Value))
Sheets("工资条").Cells(tempy,tempx).Value=Sheets("职工工资表").Cells(2,
tempx).Value
Sheets("工资条").Cells((tempy+1),tempx).Value=Sheets("职工工资表").Cells
```

（tempcount，tempx）.Value

```
    tempx＝tempx＋1
    Wend
    tempy＝tempy＋2
    tempcount＝tempcount＋1
    Wend
    Sheets("工资条").Select
End Sub
```

五、技能训练

根据任务 7-3 内容为某企业设计一个工资管理系统，完成基本的工资查询、汇总等功能。

综合实训七

根据所学知识,参考任务 7-2、7-3,完成以下模块:

(1)把任务 7-2、7-3 结合起来,实现一套完整的工资管理系统。

(2)拓展一下知识,创建一个销售库存管理系统,大概包括以下功能:实现用户登录管理、单据录入、进出明细、当前库存、打印记录等。利用课内所学内容再结合课外一些知识制作一套简单的销售库存管理系统。

参考文献

[1]钟爱军等. Excel 在财务与会计中的应用.北京:高等教育出版社,2013

[2]财政部会计司编写组.企业会计准则讲解.北京:人民出版社,2010

[3]查玉祥等.Excel 在会计与财务管理中的应用.北京:人民邮电出版社,2014

[4]邵静等.Excel 在财务管理中的应用.北京:科学出版社,2003

[5]恒盛杰资讯.会计与财务管理的 100 套 Excel 应用技巧.台湾,2012

[6]丁昌萍等.Excel 财务应用教程.北京:人民邮电出版社,2009

[7]赵志东.Excel VBA 基础入门.北京:人民邮电出版社,2006

[8]姬昂等.Excel 在会计中的应用.北京:人民邮电出版社,2013

[9]韩小良等.Excel 会计与财务管理从入门到精通(实用案例版).北京:中国铁道出版社,2013

[10]九州书源.Excel 2010 会计与财务管理从入门到精通(高清视频版).北京:清华大学出版社,2012

[11]周丽媛等.Excel 在财务管理中的应用.辽宁:东北财经大学出版社,2007

图书在版编目（CIP）数据

Excel 在财务管理中的应用/姚树香,黄灯奎主编. —厦门：厦门大学出版社,
2015.9
ISBN 978-7-5615-5756-3

Ⅰ. ①E…　Ⅱ. ①姚…　②黄…　Ⅲ. ①表处理软件-应用-财务管理　Ⅳ. ①F275-39

中国版本图书馆 CIP 数据核字(2015)第 221914 号

官方合作网络销售商：

厦门大学出版社出版发行

(地址:厦门市软件园二期望海路 39 号　邮编:361008)
总 编 办 电 话:0592-2182177　传真:0592-2181406
营销中心电话:0592-2184458　传真:0592-2181365
网址:http://www.xmupress.com
邮箱:xmup @ xmupress.com
厦门集大印刷厂印刷
2015 年 9 月第 1 版　2015 年 9 月第 1 次印刷
开本:787×1092　1/16　印张:17　插页:1
字数:415 千字　印数:1～3 000 册
定价:68.00 元
本书如有印装质量问题请直接寄承印厂调换